资深**HR**教你

# 人力资源管理实操
# 从入门到精通

冯宝珠　佟立金◎主编

**SPM**
南方传媒　广东人民出版社

·广州·

图书在版编目（CIP）数据

资深HR教你人力资源管理实操从入门到精通 / 冯宝珠，佟立金主编. —广州：广东人民出版社，2019.11（2025.11重印）

ISBN 978-7-218-13886-2

Ⅰ.①资…　Ⅱ.①冯…　②佟…　Ⅲ.①人力资源管理　Ⅳ.①F243

中国版本图书馆CIP数据核字（2019）第227096号

Zishen HR Jiao Ni Renliziyuan Guanli Shicao Cong Rumen Dao Jingtong

**资深HR教你人力资源管理实操从入门到精通**

冯宝珠　佟立金　主编

出 版 人：肖风华

责任编辑：冯光艳
责任技编：吴彦斌
封面设计：李明君
内文设计：奔流文化

出版发行：广东人民出版社
地　　址：广州市越秀区大沙头四马路10号（邮政编码：510199）
电　　话：（020）85716809（总编室）
传　　真：（020）83289585
网　　址：https://www.gdpph.com
印　　刷：东莞市翔盈印务有限公司
开　　本：787毫米×1092毫米　1/16
印　　张：18　　　字　　数：350千
版　　次：2019年11月第1版
印　　次：2025年11月第9次印刷
定　　价：59.80元

如发现印装质量问题，影响阅读，请与出版社（020-87712513）联系调换。
售书热线：020-87715147

# 前言

## ●本书起源

我们先来看下面一个小故事！

从前有七个人住在一起，他们每天分吃一大桶粥。要命的是，粥每天都是不够吃的。

一开始，他们是每天轮流由一个人来分粥。于是每周下来，他们只有一天是饱的，也就是轮到自己分粥的那一天。

后来他们开始推选出一个道德高尚的人出来分粥。但有了强权就会产生腐败，于是大家开始挖空心思去讨好他、贿赂他，搞得整个小团体乌烟瘴气。

然后大家开始组成三人的分粥委员会及四人的评选委员会，结果互相攻击、扯皮下来，粥吃到嘴里全是凉的。

最后，他们想出来一个轮流分粥的方法，但分粥的人要等其他人都挑完后自己才拿剩下的最后一碗。为了不让自己吃到最少的一碗，每人都尽量分得平均，就算拿到分得不平均的，也只能认了。于是，大家快快乐乐、和和气气，日子越过越好。

上面这个分粥的小故事折射出了关于人力资源管理的大道理。笔者看完以后，深有感悟：同样是七个人，不同的分配制度就会产生不同的风气。所以一个单位如果有不好的工作习气，一定是机制问题，一定是没有做到完全公平、公正和公开，没有严格的奖勤罚懒制度。如何制订这样一个制度，是每个人力资源管理者都需要考虑的问题。

## ●本书内容

本书是笔者根据多年的人力资源管理相关工作经验和知识积累而编写的，全书内容深入浅出、图文并茂，将枯燥生硬的理论知识用简单易懂的方式呈现给读者。

本书将会通过理论结合实际的讲解方式，将人力资源管理的知识清晰、明了地展现在读者面前，在实际工作中遇到的不懂的、不会的人力资源管理问题，都可以在本书中找到答案！

## ●本书特色

本书采用"【思维导图】+【实例分析】+【疑难解答】+【温馨提示】"的体例进行讲解，在介绍人力资源理论知识的同时，结合笔者多年的工作经验，将实际工作中的一些常见问题拿出来与大家分享。

## ●读者人群

本书适合人力资源管理专业的毕业生、从事人力资源管理工作不久的入门者、企业的高层管理者及与人力资源管理相关的工作人员参考使用。

## ●参编人员

本书由冯宝珠、佟立金主编，孙丽娜、李瑞、刘芳均、刘艳君、张黎黎、于涛等同时参与了相关编写工作。

本书在编写与出版过程中，尽管编者精益求精，但书中难免还存在不足之处，在此敬请读者批评指正。

编　者

2019年3月

# 目录

CONTENTS

## 第一章　人力资源管理概论

### 第一节　走近人力资源　/ 002

一　什么是"以人为本"　/ 002

二　如何理解"人力资本"　/ 005

三　如何理解"人力资源"　/ 005

### 第二节　人力资源开发与管理　/ 008

一　人力资源开发的目标　/ 008

二　人力资源开发的理论体系　/ 009

三　人力资源开发涵盖的内容　/ 011

四　企业人力资源管理的基本理论　/ 013

### 第三节　企业人力资源战略管理　/ 017

一　战略性人力资源管理概述　/ 017

二　人力资源战略与企业战略的协调　/ 019

### 第四节　人力资源管理的组织架构　/ 021

一　20世纪30年代以前的组织架构　/ 021

二　20世纪60年代以后的组织架构　/ 024

### 第五节　人力资源岗位分析与设计　/ 028

一　什么是岗位分析　/ 028

二　如何进行岗位分析　/ 029

三　岗位资料的分析　/ 030

四　岗位规范和工作说明书的编写　/ 031

五　岗位定编定员的方法　/ 033

## 第二章 招聘管理

### 第一节 招聘工作流程 / 037
一 招聘计划工作流程 / 037
二 招聘实施工作流程 / 037
三 招聘入职后的工作内容 / 038

### 第二节 制订招聘计划 / 039
一 调研分析 / 040
二 人力需求预测 / 040
三 招聘决策 / 041

### 第三节 招聘渠道及方式的选择 / 043
一 内部招聘与外部招聘 / 043
二 选择招聘渠道的主要步骤 / 047
三 参加招聘会的主要程序 / 048

### 第四节 对应聘者进行初步筛选 / 050
一 如何快速筛选简历和申请表 / 050
二 如何进行笔试 / 052

### 第五节 面试的组织与实施 / 054
一 面试的适用范围与内容 / 054
二 面试的基本程序 / 054
三 面试的分类 / 055
四 面试场所的设置 / 057
五 面试问题的设计与提问 / 058

### 第六节 人员选拔的其他方法 / 060
一 人格测试 / 060
二 兴趣测试 / 060
三 能力测试 / 061
四 情境模拟测试 / 061

## 第三章 入职、离职及人事档案管理

### 第一节 员工入职管理 / 064
一 办理录用手续 / 064

二　不同用工形式下劳动合同的签订　/ 064

三　入职培训　/ 066

## 第二节　员工离职管理　/ 068

一　办理离职手续　/ 069

二　公司员工离职管理制度　/ 070

## 第三节　人事档案管理　/ 073

一　什么是人事档案　/ 073

二　人事档案涵盖的内容　/ 075

三　人事档案存档方式　/ 077

四　企业人事档案管理　/ 077

五　企业人事档案管理表格　/ 079

## 第四节　各种工作证明　/ 081

# 第四章　员工培训管理

## 第一节　从培训说起　/ 083

一　什么是培训　/ 083

二　培训的流程　/ 084

三　培训的分类　/ 085

## 第二节　培训需求分析　/ 088

一　培训需求的调查与确认　/ 089

二　培训需求分析的内容　/ 089

三　培训需求分析的参与者　/ 090

四　培训需求分析方法　/ 091

## 第三节　培训计划的设计　/ 093

一　培训计划的内容　/ 093

二　培训计划的分类　/ 098

## 第四节　培训课程设计与资源开发　/ 098

一　培训课程概述　/ 098

二　培训课程的设计　/ 099

三　常见培训教学模式　/ 103

四　教学方案的制订　/ 103

五　企业培训资源的开发与利用　/ 104

## 第五节　培训项目实施　/ 105

一　开展培训准备工作　/ 105
二　选择培训机构和培训师　/ 107
三　促进培训成果的转化　/ 108

## 第六节　培训效果评估　/ 111

一　培训效果评估的内容　/ 111
二　培训效果评估的一般程序　/ 112
三　培训效果评估的方法　/ 113
四　培训效果评估方案的设计　/ 113

# 第五章　绩效管理

## 第一节　认识绩效管理　/ 116

一　什么是绩效管理　/ 116
二　绩效、绩效考评、绩效管理的关系　/ 120

## 第二节　绩效计划　/ 122

一　绩效计划的内涵　/ 122
二　绩效计划的制订　/ 122

## 第三节　绩效辅导与实施　/ 125

一　绩效辅导的作用　/ 125
二　绩效辅导的时机和方式　/ 125
三　绩效管理实施中各类人员的职责　/ 126
四　绩效信息的收集和分析　/ 127
五　绩效沟通　/ 128

## 第四节　绩效考评　/ 131

一　绩效考评管理机构　/ 131
二　绩效考评主体的选择　/ 134
三　绩效考评方法　/ 134
四　绩效考评流程　/ 136
五　绩效考评中的偏差及修正　/ 138

## 第五节　绩效反馈面谈　/ 141

一　绩效面谈的类型　/ 141

二　绩效反馈面谈的目的　/ 142

三　绩效面谈的准备　/ 143

四　绩效面谈的实施　/ 144

五　绩效改进的方法与策略　/ 145

六　绩效申诉　/ 146

**第六节　绩效考评方法的运用　/ 149**

一　绩效考评的一般方法　/ 149

二　关键绩效指标法　/ 153

三　目标管理法　/ 157

四　360度考评方法　/ 158

五　平衡计分卡法　/ 160

**第七节　绩效考评结果运用　/ 163**

一　绩效考评结果的应用范围　/ 163

二　绩效考评结果的具体应用　/ 164

## 第六章　薪酬管理

**第一节　正确认识薪酬　/ 167**

一　什么是薪酬　/ 167

二　什么是薪酬管理　/ 169

三　战略性薪酬管理　/ 171

**第二节　基本薪酬体系　/ 173**

一　薪酬体系的概念与分类　/ 173

二　薪酬体系设计的基本要求及前提条件　/ 173

三　岗位薪酬体系　/ 174

四　技能薪酬体系　/ 175

五　绩效薪酬体系　/ 176

**第三节　薪酬水平及外部竞争性　/ 179**

一　薪酬水平及外部竞争性的概念及作用　/ 179

二　薪酬水平策略　/ 180

三　市场薪酬调查　/ 181

四　薪酬满意度调查　/ 184

### 第四节　薪酬结构设计 / 185

一　薪酬结构设计原理 / 185

二　薪酬结构设计方法与实施步骤 / 187

三　宽带薪酬 / 188

四　股权激励 / 190

### 第五节　薪酬形式 / 192

一　基本工资形式 / 192

二　奖金 / 194

三　福利 / 196

四　常用表单记录 / 200

### 第六节　特殊员工薪酬管理 / 201

一　销售人员薪酬管理 / 201

二　专业技术人员薪酬管理 / 202

三　高层管理人员薪酬管理 / 204

四　外派员工薪酬管理 / 205

## 第七章　劳动关系管理

### 第一节　劳动关系概述 / 209

一　认识劳动关系 / 209

二　认识劳动关系管理 / 212

### 第二节　劳动合同概述 / 215

一　劳动法律关系 / 215

二　劳动合同 / 216

三　劳动争议 / 219

### 第三节　劳动关系的协调与管理 / 225

一　集体合同制度 / 225

二　职工代表大会制度 / 228

三　用人单位内部劳动规则 / 229

四　劳动监督检查制度 / 231

### 第四节　劳务派遣用工管理 / 233

一　劳务派遣的概念 / 233

二　劳务派遣的特点 / 233

三　劳务派遣机构的管理　/ 234

四　被派遣劳动者的管理　/ 236

五　劳务派遣的法律责任　/ 237

六　外国企业常驻代表机构聘用中国雇员的管理　/ 238

**第五节　劳动安全卫生与工伤管理　/ 239**

一　劳动安全卫生管理　/ 239

二　工伤管理　/ 242

## 第八章　社会保险及公积金办理

**第一节　社会保险办理　/ 249**

一　社会保险登记　/ 249

二　社会保险申报缴费　/ 251

**第二节　住房公积金办理　/ 256**

一　住房公积金缴存登记所需证明材料　/ 256

二　公积金缴存登记办理流程　/ 257

三　汇（补）缴业务注意事项　/ 257

## 第九章　人力资源管理的相关制度

**第一节　公司管理制度概述　/ 259**

一　公司管理制度的作用与分类　/ 259

二　公司管理制度的设计　/ 260

三　公司管理制度的制定　/ 262

四　公司管理制度的执行　/ 263

**第二节　考勤、出差与调动管理制度　/ 264**

一　考勤管理制度　/ 264

二　出差管理制度　/ 265

三　调动管理制度　/ 265

## 附　录　人力资源管理相关表格

附录1　员工入职登记表　/ 266

附录2 劳动合同范本 / 267

附录3 实习协议书 / 269

附录4 新员工试用期考核表 / 271

附录5 员工离职申请表 / 271

附录6 员工离职交接单 / 272

（附录7~附录71请见附赠电子文档）

# 第一章 人力资源管理概论

　　美国著名管理大师彼得·德鲁克在《管理的实践》一书中率先提出"人力资源"这一概念，他指出，人力资源与其他资源相比较，唯一的区别就是这种资源是人。他认为人力资源是一种特殊的资源，需要用有效的激励机制加以开发，才能为企业创造价值。

　　而人力资源管理就是企业运用现代管理方法，对人力资源的获取、开发、保持和使用等方面所进行的计划、组织、指挥、控制和协调等一系列活动，其最终目的是实现企业发展。

## 本章思维导图

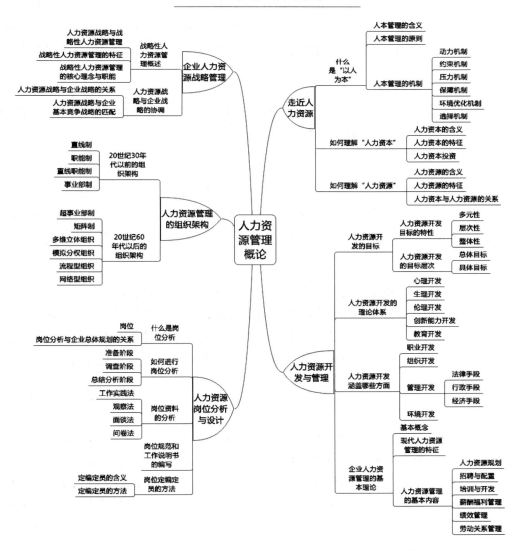

## 第一节　走近人力资源

### 一　什么是"以人为本"

人本管理是以人为核心、以人为根本的管理。它是在深刻认识人在社会经济活动中的作用的基础上，突出人在管理中的地位，实现以人为中心的管理。IBM前总裁小托马斯·沃森曾经说过："你可以搬走我的机器，烧毁我的厂房，但只要留下员工，我就可以有再生的机会。"

#### 1. 人力资源中"以人为本"的原则

为了使企业的一切工作取得预期目标，让设想得以实现，应遵循以下基本原则。

（1）将对人的管理放在第一位。（2）重视人的需要，以激励为主。（3）创造更好的培训、教育条件和手段。（4）和谐的人际关系。（5）员工个人与企业共同发展。

#### 2. 人本管理的机制

企业人本管理的实施需要运用多种方式，同时，必须制定一套相关联的运行机制。它是企业实现以人为本管理的必要保证。

（1）动力机制

动力机制也称激励机制，包括物质激励和精神激励两类。物质激励是指以实际物质利益进行激励，如工资、奖金、职务和职称的晋升、提高福利待遇等。精神激励包括各种荣誉、称号、表扬和对员工的尊重、认同、信任等。

（2）约束机制

约束机制是指以外在力量或因素，如规章制度、法律法规、伦理道德规范等，对人的行为加以规定、引导和约束，使人的行为有所遵循，知道什么是对和错，该做什么，不该做什么。规章制度、法律法规是一种有形的约束；伦理道德是一种无形的约束，是自我约束和社会舆论约束。人本管理运用这一机制，提高人的思想境界，使这两种约束转化为内在约束和自觉行为。

（3）压力机制

压力机制是指借助某种外在力量，对人施加影响和压力，迫使人产生变压力为自觉行为的动力。对企业人来讲，一般有两大压力，即竞争压力和目标责任压力。竞争经常使人面临严峻挑战，产生危机感和压迫感，这会使人产生一种拼搏向上的力量。目标责任制则使人有明确的奋斗目标，明确自身应当承担的责任，并且迫使人必须努力履行自己的职责。因此，这种压力促使员工发挥积极性、主动性，促进其自我完善与提高，由此也保证了组织任务的顺利完成。

（4）保障机制

保障机制主要是指法律保障和社会保障体系的保障。法律保障，即通过法律来保障人的基本权利、利益、名誉、人格等不受侵害。社会保障体系主要是保障人的基本生活，保障员工在病、老、伤、残和失业情况下的正常生活。在社会保障体系之外的企业福利制度，则是一种激励和增强企业凝聚力的手段。

（5）环境优化机制

人的积极性、创造性的发挥和人的全面发展，容易受到环境的重要影响与制约。对于企业员工而言，主要有两大环境因素：一是工作本身的条件与环境；二是企业中的人际关系环境。工作条件和环境直接影响人的心境、情绪，因此优化工作环境，不仅有利于提高工作条件和环境质量，更有利于改善企业员工的工作情绪和提高其工作效率。

（6）选择机制

选择机制主要指员工有自由选择职业的权利，有应聘和辞职、选择新职业的权利，以促进人才的合理流动；同时，企业也有选择和解聘的权利。实际上这也是一种竞争机制，有利于人才的脱颖而出和优化组合，有利于企业建立结构合理、素质优良的人才群体。

### 3. 人力资源管理中"以人为本"的必要性

（1）"以人为本"的管理理论为人力资源管理提供理论支持

人力资源管理实质上就是对人的管理，通过对人力资源的开发和管理来实现组织目标。作为人力资源管理的主要对象，人是复杂的主体，要进行有效的人力资源管理就必须对"人"这个主体有全面、深入、透彻的认识和理解。"以人为本"的管理理念对人性观的解读，为更好地进行人力资源管理提供了有效的指导。

（2）人力资源管理中的"以人为本"是时代的要求

企业要想在激烈的社会竞争中长久生存与保持领先地位，必然要适应时代的瞬息万变，与当下的社会大背景相适应，将"以人为本"的理念贯彻到人力资源管理的各个模块与环节中，更高效地进行人力资源的开发与管理，进而促进企业的快速发展。

（3）人力资源管理中的"以人为本"是人们的心理诉求

"以人为本"的理念符合人们希望摆脱别人对自己的管理与控制，实现自我管理和控制的心理需求，在这种模式的管理下能最大限度地激发员工的积极性和主动性，增加个体的思想观念与人力资源管理的价值理念之间的相容性。

### 4. 人力资源管理中"以人为本"的重要性

现代管理大师彼得·德鲁克曾经说过："企业只有一项真正的资源——人。"日本的索尼公司强调："人是一切秘诀最根本的出发点。"松下幸之助也曾经说过："松下电器

是制造人才的地方，兼而制造电器设备。"海尔集团的CEO张瑞敏称："作为软科学的企业管理，最重要的是对人的管理。"由此可见，人力资源是社会中最宝贵的资源，合理和有效地使用企业所拥有的人力资源，把"以人为本"贯彻到人力资源管理的整个过程中，对企业员工的培养与发展和提高企业的工作效率是非常重要的。

（1）在人力资源管理中实行"以人为本"的管理能充分发挥人力资源的作用

"以人为本"通过全面的人力资源开发和企业文化建设，营造了一种宽松和谐的企业氛围，改变以往"见物不见人"的局面，使得员工以主人翁的态度来灵活地负责各项活动和工作，而不是被动地接受命令，死板地执行任务，这充分地调动和激发了他们的积极性和创造性，达到人尽其才的效果。

（2）在人力资源管理中实行"以人为本"的管理能促进企业又好又快地发展

人力资源是社会第一资源，重视、利用和开发人力资源是企业生存和发展的关键。企业的成本效益管理要求以最低成本创造最大效益，而企业的一切生产要素都是由人在进行安排和操作的，要使这些要素形成最佳的组合，并且使企业的运作处于最佳的状态，这都是需要企业员工的高度责任感来支撑的。企业在人力资源管理中以人为中心，强调了人在各项活动中的重要性的同时，也加强了员工对企业的责任感。人之所以区别于其他生产要素，是因为人是能动的，而且是有感情的。企业尊重、重视、善待员工，员工内心的渴望得到了满足，他们会做出相应的回应，对企业做出应有的贡献。

**企业在人力资源管理中强化"以人为本"的理念，可以从哪些方面入手？**

1. 创造更人性化的环境

创造人性化的环境是指创造相互尊重、相互理解、相互信任的以人为中心的环境。在这样的环境中，员工才会觉得自身是平等的、受人尊重的、被信任的，并能够在自己的岗位上获得满足感和成就感。

2. 建立更人性化的制度

建立人性化的制度并不是指抛弃严格的规范和标准，而是在刚性化制度的基础上多加入一些人性化的因素，以体现人力资源管理的人文关怀倾向。这些制度有分权和授权制度、员工全方位和多渠道参与管理决策的民主制度、结合员工职业生涯设计的培训制度和维护员工根本利益的薪酬、福利和保障制度等。在更具人性化的制度下，员工才会觉得自己的价值是受重视的、地位是被肯定的、利益是受保护的，才能够在自己的岗位上获得安全感和归属感。

3. 设置更人性化的组织结构

企业应将以往的封闭式组织结构形态改为开放式的组织结构形态；将金字塔型的管理系统改为扁平化的管理系统；将僵硬、复杂的组织机构改为灵活、简洁的组织机构；

将组织动力结构由控制型改为参与型和自主型的组织动力结构。在这样的组织机构中，员工才会觉得他们是自由的、积极的、主动的，能够在自己的岗位上获得发挥聪明才干和创造才能的机会。

## 二 如何理解"人力资本"

### 1. 人力资本的含义

人力资本是指凝聚在劳动者身上的知识、技能及其表现出来的能力。从严格意义上说，人力资本不同于人力资源：人力资源是指企业中的所有人；而人力资本则主要指两种人，一种叫作技术创新者，另外一种叫作职业经理人。人力资本概念的核心在于，把人们通过"投资行为"（如增加营养、投资教育或培训等）获得的健康、知识、技能等当作一种特殊的、可以为拥有它的人带来更多利润的资本。

### 2. 人力资本的特征

人力资本具有一般资本的共性，但与物质资本相比，它呈现出以下自有特征。

（1）人力资本存在于人体之中，它与人体不可分离。（2）人力资本以一种无形的形式存在，必须通过生产劳动方能体现出来。（3）人力资本具有时效性。（4）人力资本具有收益性，其对经济增长的作用大于物质资本。（5）人力资本具有无限的潜在创造性。（6）人力资本具有累积性。（7）人力资本具有个体差异性。

### 3. 人力资本投资

围绕着个体从出生到长成的整个过程的一系列投资，都可以视为人力资本投资。投资主体包括个人、家庭、企业、社会和国家。这里，我们侧重说一下以企业为投资主体的投资。人力资本投资涉及的范围比较广泛：从投入的要素来看，包括人力、物力、信息和情感；从投入的形式来看，包括教育、培训、卫生保健、福利、社会保障等；从成本角度来看，有获取成本、移动成本、保留成本、提高成本等；从收益角度来看，有知识、技能、产品、服务、工作态度等。

## 三 如何理解"人力资源"

### 1. 人力资源的含义

美国著名管理大师彼得·德鲁克在《管理的实践》一书中率先提出"人力资源"这一概念，他指出，人力资源与其他资源相比较，唯一的区别就在于人。他认为人力资源是一种特殊的资源，需要有效的激励机制加以开发，才能为企业创造价值。

这里，我们可以将人力资源理解为：一定时期内组织中的人所拥有的能够被企业所用，且对价值创造起贡献作用的教育、能力、技能、经验、体力等的总称。

在经济学中，我们把为了创造物质财富而投入于生产活动中的一切要素通称为资源，

包括人力资源、物力资源、财力资源、信息资源、时间资源等，其中人力资源是一切资源中最宝贵的资源，是第一资源。

### 2．人力资源的特征

人力资源是一种特殊而又重要的资源，是各种生产力要素中最具有活力和弹性的部分，它具有以下基本特征。

（1）生物性

与其他任何资源不同，人力资源属于人类自身所有，存在于人体之中，是一种"活"的资源，与人的生理特征、基因遗传等密切相关，具有生物性。

（2）时代性

人力资源的数量、质量以及人力资源素质的提高（即人力资源的形成）受时代条件的制约，具有时代性。

（3）能动性

人力资源的能动性是指人力资源是体力与智力的结合，具有主观能动性，具有不断开发的潜力。

（4）双重性

人力资源的双重性是指人力资源既具有生产性，又有消费性。

（5）时效性

人力资源的时效性是指人力资源如果长期不用，就会荒废和退化。

（6）持续性

人力资源开发的持续性是指人力资源是可以不断开发的资源，不仅人力资源的使用过程是开发的过程，其培训、积累、创造过程也是开发的过程。

（7）可再生性

人力资源是可再生资源，通过人口总体内各个个体的不断替换更新和劳动力的"消耗—生产—再消耗—再生产"的过程实现其再生。人力资源的可再生性除了受到生物规律支配外，还受到人类自身意识、意志的支配，也受到人类文明发展活动的影响和新技术革命的制约。

### 3．人力资本与人力资源的关系

（1）区别

①两者概念的范围不同

人力资本是指凝聚在劳动者身上的知识、技能及其表现出来的能力，而人力资源是指能够推动整个经济和社会发展、具有劳动能力的人口总和。人力资源包括自然性人力资源和资本性人力资源。自然性人力资源是指未经过任何开发的遗传素质与个体。资本性人力资源是指经过教育、培训、健康与迁移等投资而形成的人力资源。

②两者所关注的焦点不同

人力资本关注的是收益问题，作为资本，人们就会更多地考虑投入与产出的关系，会在乎成本，会考虑利润；而人力资源关注的是价值问题，作为资源，人人都想要最好的：钱越多越好，技术越先进越好，人越能干越好。

③两者的性质不同

人力资本所反映的是流量与存量问题。提到资本，人们会更多地考虑如何使其增值生利；提到资源，人们更多考虑到的是寻求与拥有。资源是未经开发的资本，而资本是开发利用了的资源。

④两者研究的角度不同

人力资本是将人力作为投资对象，是从投入与效益之间的关系来研究人的问题。人力资源是将人力作为财富的源泉，是从人的潜能与财富之间的关系来研究人的问题。

从上面可以看出，人力资源和人力资本是两个不同的概念，仅将人力作为资源还不够，还应将人力变成资本，使其成为企业的财富，让其为企业所用，并不断增值，为企业创造更多的价值。

（2）联系

①人力资源可以转化为人力资本

虽然人力资源与人力资本概念不同，但企业如果将人力资源进行数量调节、合理配置，通过教育培训、人员激励、企业文化建设等手段进行合理开发和有效配置，就可以大大提高企业劳动生产率，将人力资源真正转化为人力资本，为企业创造更多的财富，使企业在市场竞争中立于不败之地。企业能否将其人力资源转化为人力资本是关系到企业能否提高经济效益和竞争力的一个关键。

②人力资源和人力资本都与教育息息相关

人力资本的核心是教育投资，事实上，教育投资的过程也是人力资本积累的过程。换句话说，人力资本的形成和积累主要靠教育。同样，人力资源的质量优劣也主要是由教育来决定的。明智的企业家十分重视教育，他们不仅重视对本企业人才的培养和培训，而且会设法通过教育手段来改善本企业的文化，有些甚至不惜重金引进高学历、高职称的人才，这正是因为他们认识到了教育与人力资源开发和人力资本形成的密切关系。可以说，没有教育，人力资源就得不到合理开发；没有教育，也不能形成强大的人力资本。重视教育，就是重视企业的发展，就是在开发人力资源和积累人力资本。

**疑难解答**

1. 本人是人力资源小白，想从事HR方面的工作，需要做好哪些准备？

（1）可以先学习相关的人力资源方面的知识，对人力资源有个大致的了解；可以参加

企业人力资源管理师（三级）的考试，对人力资源管理的六大模块进行梳理并进行充分的了解。

（2）关于企业人力资源管理师的实操课程，可以在网上搜索相关的视频进行观看，如若之后在从事HR工作的过程中遇到类似的事情，就知道应该如何处理了。

（3）如果自学能力比较差，可以参加培训班进行学习。

### 2. 行政、人事、人力资源的关系和区别是什么呢？

（1）行政部门是一个组织的综合部门，也可以说是一个组织的后勤保障部门、对外联系部门，可能还起着决策参谋的作用。它包含了行政、文秘、信息、后勤等诸多职能，并不比其他职能部门低下，但因为它不直接参与生产经营，所以看起来像是打杂的，其实不然，行政部门是一个与其他部门同等重要的部门。行政专员主要从事办公室日常的文档处理、接待、打印复印、办公用品采购等行政工作，规模稍大的企业的行政部门下可能还设有采购部——有的采购部是独立的部门，有的则隶属于行政部或行政人事部。

（2）人事部的职能有接待新人、考核新人、办理转正手续、制作发放名片、分配工作、配合各部门的人员管理等。人事专员是人事管理的衍生，从事人事的考勤、工资核算、人员招聘及离职管理、社会保险的办理等工作。

（3）人力资源管理，就是指运用现代化的科学方法，对与一定物力相结合的人力进行合理的培训、组织和调配，使人力、物力经常保持最佳比例，同时对人的思想、心理和行为进行恰当的诱导、控制和协调，充分发挥人的主观能动性，使人尽其才、事得其人、人事相宜，以实现组织目标。人力资源管理在岗位上划分为人力资源总监、人力资源经理、人力资源主管、人力资源助理和人力资源专员。人力资源专员是近代人力资源管理发展的产物，它要求围绕人力资源管理的六大模块开展相应的工作，即以人力资源规划为核心，全面开展招聘、培训、薪酬、绩效四大板块的工作，最终建立以劳动关系为保障的全新人力资源管理理念及模式。

## 第二节　人力资源开发与管理

人力资源的开发与管理能够帮助企业更全面、系统、客观、有效地分析组织战略与人力资源规划、组织人力资源配置和人力资源的发展。人力资源开发与管理是企业提高绩效、提升竞争力、实现更大发展的源泉。

### 一　人力资源开发的目标

#### 1. 人力资源开发的总体目标

人力资源开发的总体目标是指进行人力资源开发活动所争取达到的一种未来状态。它是开展各项人力资源开发活动的依据和动力。其中，促进人的发展是人力资源开发的最高目标，开发并有效运用人的潜能是其根本目标。

### 2. 人力资源开发的具体目标

（1）国家人力资源开发的目标

国家人力资源开发的长期目标是：实现充分就业，提高全民素质，高效合理地利用人力资源，取得最大的人力资源开发效益。短期目标是：做好企业、事业和行政机构冗员的分流安置工作，培育城乡统一的劳动力市场，大力发展职业教育和成人教育，提高人力资源的技能，协调收入分配过程中的公平与效率的关系，搞好劳动保护工作等。

（2）劳动人事部门人力资源开发的目标

劳动人事部门的目标是培育和完善劳动力市场和人才市场，转变其职能，从直接插手企业的各项人力资源开发活动转变到宏观指导、协调、服务、监督上来，创造一个公平的竞争环境，抓好劳动力就业服务、培训工作。

（3）教育部门人力资源开发的目标

教育部门的目标是提高人力资源的能力及综合素质，使之与劳动力市场、用人单位的需求相适应。

（4）卫生医疗部门人力资源开发的目标

卫生医疗部门的目标主要是通过提供各种医疗保健服务，增强人力资源体能和健康水平，使员工保持旺盛的精力，以利于其潜能的挖掘和发挥。

（5）企业人力资源开发的目标

企业的目标是通过员工培训及合理配置、职业生涯设计和管理，使"人"与"事"交互发展，员工得到职业发展，同时也为企业本身创造更大的利润。

## 二　人力资源开发的理论体系

人力资源开发以提高效率为核心，以挖掘潜力为宗旨，以立体开发为特征，形成一个相对独立的理论体系。这一理论体系包括了人力资源的心理开发、生理开发、伦理开发、创新能力开发和教育开发。

### 1. 人力资源的心理开发

人力资源的心理开发，主要是指运用心理学和行为科学发展的成果来研究劳动者的动力源泉、动力结构、动力机制以及其他一些影响劳动者动力的因素，并运用其研究结果影响和指导人力资源的开发活动。

### 2. 人力资源的生理开发

人力资源的生理开发需要研究人体在各种劳动条件下生理反应的规律：人们在劳动过程中运动系统、神经系统、循环系统、呼吸系统和感觉器官的变化规律；营养、代谢与

体温调节、环境与人体健康，以及劳动过程中人体机能状态的变化规律；温度、湿度、气压、毒物、噪声、振动、辐射等环境的生理效应，以便采取有效措施，加以防护。

### 3．人力资源的伦理开发

人力资源的伦理开发主要通过对人类劳动过程中的道德理想、道德信念、道德规范、道德观念、道德情感、道德行为、道德品质、道德教育、道德评价和道德控制等一系列劳动伦理问题进行研究和指导，使员工能够正确认识和处理道德与利益的矛盾。

### 4．人力资源的创新能力开发

（1）影响人力资源创新能力的因素

影响人力资源创新能力的因素包括：天赋、知识和技能、个人努力、文化及经济条件等。

（2）人力资源创新能力开发体系框架（如图1-1所示）

人力资源创新能力开发应从两方面入手：一是做好人力资源创新条件建设，即为人力资源的潜在创新能力向现实创新能力的飞跃提供优越的外部条件；二是人力资源创新能力的运营，即从人才的角度出发，研究如何更好地充分开发、激励、配置人力资源的创新能力。

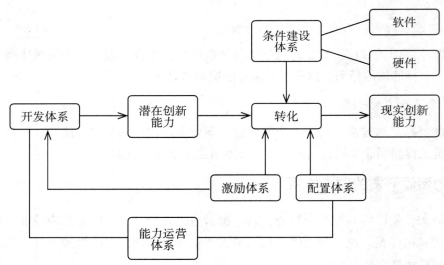

图1-1　人力资源创新能力开发体系框架

①人力资源创新条件建设体系

人力资源创新的条件包括软件和硬件两部分。软件是指人力资源创新的人文支撑系统，涵盖了文化、社会风尚、学术氛围等各个方面。硬件是指支持创新活动的道路、通信、电力等基础设施以及在创新活动中所必需的资金、设备、仪器、实验室等各种条件，其中资金投入最为重要。

②人力资源创新能力运营体系

人力资源创新能力的运营体系可分为三个部分：创新能力开发体系、创新能力激励体系和创新能力配置体系。

### 5．人力资源的教育开发

人力资源教育开发的重点是职业教育。职业教育是指按照社会上各种职业的需要，对劳动力或预备劳动力开发智力，培养职业兴趣，使其掌握从事特定职业所需要的基础知识、实用知识和技能技巧。具体包括就业前的职业教育、就业后的职业教育和农村职业技术教育。

## 三 人力资源开发涵盖的内容

从综合的角度出发，可以将人力资源开发分为职业开发、组织开发、管理开发、环境开发四个环节。

### 1．职业开发

职业开发系统是一个由社会、组织和个人相互作用构成的系统。图1-2体现了在全面分析个人与组织的相互作用时必须考虑的各种要素。图1-2的中间部分描述了个人需要和组织需要的"匹配过程"，它将个人和组织结合成一种彼此受益的关系。需要注意的是，这里是将招聘、选拔、培训、绩效评价等视作个人需要和组织需要的匹配过程，而不只是组织实现自身需要的过程。这是因为个人和组织是相互依存的，人力资源活动将长期影响个人和组织双方的活动。

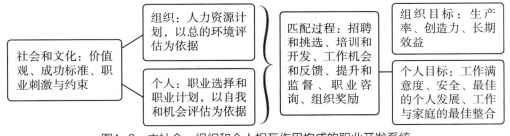

图1-2 由社会、组织和个人相互作用构成的职业开发系统

### 2．组织开发

（1）组织开发简介

著名的组织发展专家温德尔·弗伦奇曾指出，组织开发是指通过计划和长期努力，提高组织解决问题的能力，在行为科学家咨询顾问的帮助下，提高适应外部环境变化的能力。

组织开发的目的是帮助每一位员工发挥才干，改善员工个人之间、群体之间的工作关系，其目标是提高组织整体人力资源开发的效能。组织开发的重点是组织的协作能力，解决组织内部冲突和矛盾，建立合作的目标，改变组织价值观和组织文化，旨在提高组织的生产率和效能。

组织开发的基本出发点是改善整个组织的职能，一旦整个组织的战略决定后，其中必定包括组织开发和管理开发。组织开发是宏观的开发方式，而管理开发是微观的开发方式。图1-3显示了人力资源开发的组织和开发过程，以及与管理开发之间的关系。

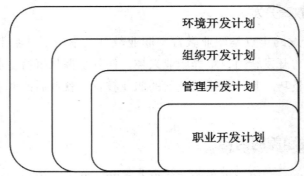

图1-3　人力资源开发计划分层图

如图1-3所示，人力资源开发计划包括环境开发计划、组织开发计划、管理开发计划和职业开发计划。组织开发与管理开发之间的主要区别是：组织开发集中注意的是组织及其工作氛围，而管理开发是指对个人行为的激励和规范。

（2）组织开发的主要方法

组织开发主要有以下三种模式。

①库尔特·勒温的三步模式：包括解冻、改变、重新冻结。在勒温模式中，"解冻"是指当明显的挑战或严重的问题要求组织做出变化时，组织有能力随时做到这一步。"改变"是指组织能放弃旧的行为，接受新的行为，以解决组织的问题。"重新冻结"是指加强和巩固新的行为，使它们成为组织新的行为系统的一部分。组织聘请咨询顾问专家介入组织，实施"实验室培训"等技术都是直接出自于这种模式。

②拉里·格雷纳的过程顺序步骤模式：他所研究的重要发现是，除非变化是按照特殊顺序步骤进行的，否则这种组织变化是无效的。他还认为，这种变化必须是由外部压力或外部促进因素给组织上层管理领导带来的，然后由上层领导做出决策。这种顺序步骤包括组织开发顾问专家的介入、设计新的解决问题的办法、试行新的解决方法以及积极地加强和巩固新的方式。

③哈罗德·莱维特的相互作用变量模式：这种模式与勒温和格雷纳的模式完全不同，它不强调步骤或阶段的组织变化，而是考虑组织系统中不同部分的变化，即他所说的"相互作用的变量"。他将组织确定为四种相互作用的变量，即任务、机构、技术和人。

### 3. 管理开发

人力资源的管理开发是实现人力资源有效开发、合理配置、充分利用和科学管理的可靠保障，必须与时俱进，逐步走上现代化、法制化和科学化的道路。

管理开发的基本手段包括法律手段、行政手段、经济手段、宣传教育手段和目标管理手段等，这里我们简单讲解前三个手段。

（1）法律手段

法律由国家依照法定程序制定、颁布和实施。我国已制定和颁布了《中华人民共和国公务员法》、《中华人民共和国公司法》（以下简称《公司法》）、《中华人民共和国劳动法》（以下简称《劳动法》）、《中华人民共和国义务教育法》、《中华人民共和国高等教育法》、《中华人民共和国教师法》、《中华人民共和国职业教育法》、《中华人民共和国未成年人保护法》以及有关劳动力流动、劳动关系调整、社会保险、劳动保护、劳动争议、劳动监察等方面的法律法规，以调整人力资源开发主体和劳动者之间的权利义务关系，规范人力资源市场行为等。企事业单位和其他社会组织等人力资源开发主体除了要遵守和执行国家有关法律法规外，还要根据权限和需要制定纪律和各种规章制度来规范员工的劳动行为，保证组织的正常运转和组织目标的实现。

（2）行政手段

行政手段的运用主体通常是政府。但从广义上讲，企事业单位和其他社会组织依靠组织和领导者的权威，运用强制性的命令和措施，通过组织自上而下的行政层次的贯彻执行，直接对下属人员施加管理的手段，通常也称为行政手段。

（3）经济手段

经济手段是通过把个人行为结果与经济利益联系起来以调节员工行为的一种管理手段。其主要特点是：非强制性和间接性，不像行政手段那样对被管理者的行为进行直接和强制性的干涉和支配。

### 4．环境开发

人力资源开发活动的环境包括社会环境、自然环境、工作环境和国际环境。其中，社会环境从宏观上制约着人力资源开发活动。自然环境作为一种客观存在，人们只能将其对人力资源开发活动的负效应降低到最小限度，而无法消除其负效应。工作环境直接影响着人力资源积极性的提高及能力的发挥程度。国际环境则从世界范围上对国内的人力资源开发产生影响。

环境虽然可以被利用以满足人力资源开发的种种需要，但对环境的利用有着极大的弹性和多方向性，存在着是否充分、合理利用的问题。如果对环境利用不当，人力资源开发就会受到环境的制约。因此，人力资源开发必须坚持在正确认识环境的基础上合理地利用环境。

## 四　企业人力资源管理的基本理论

### 1．人力资源管理的基本概念

人力资源管理是指根据企业发展战略的要求，有计划地对人力资源进行合理配置，通过对企业中员工的招聘、培训、使用、考核、激励、调整等一系列过程，调动员工的积极性，发挥员工的潜能，为企业创造价值，给企业带来效益。

从人力资源管理的对象来看，人力资源管理的活动表现为以下两个方面的内容。

（1）对人力资源外在要素——量的管理。对人力资源进行量的管理，就是根据人力和

物力及其变化，对人力进行恰当的培训、组织和协调，使两者有机结合并经常保持最佳比例，使人和物都能充分发挥出最佳效应。

（2）对人力资源内在要素——质的管理。主要是指采用现代化的科学方法，对人的思想、心理和行为进行有效的管理，充分发挥人的主观能动性，以实现组织目标。

从人力资源管理概念范畴的形成过程来看，它有两种基本含义：一是指组织中的人力资源管理工作，即人们在改造客观与主观世界的过程中所发生的人力资源管理实践活动；二是指有关的人力资源管理理论，即现代人力资源管理学。人力资源管理的活动是人力资源管理理论的基本前提和基础，而人力资源管理理论又是对人力资源的各种管理工作和实践活动在理论上的高度概括和系统总结。

自20世纪60年代以后，企业的经营管理者开始摒弃"劳动人事管理"的用语，而代之以"人力资源管理"的新术语。这是因为现代企业人力资源管理出现了一系列新的变化，使它与传统的劳动人事管理之间存在着许多不同点。

首先，在市场经济条件下，社会资源的合理配置是通过市场机制来实现的，企业作为资源配置的主体，需要采取一系列有效措施和手段，在市场竞争中实现诸生产要素的组合和再组合，以不断实现效益最大化。

其次，现代企业人力资源管理充分运用了当代社会学、心理学、管理学、经济学、技术学等学科的最新研究成果，为了有效地对劳动者进行管理，以社会为背景，从不同视角对人们进行了深入的探讨和研究，提出了一系列新的管理原则和方法。

最后，现代企业人力资源管理更加强调了管理的系统化、规范化、标准化以及管理手段的现代化。

## 2. 人力资源管理的基本内容

通常来讲，人们习惯将人力资源管理分为六大模块：人力资源规划、招聘与配置、培训与开发、薪酬福利管理、绩效管理及劳动关系管理。

（1）人力资源规划

人力资源规划是指根据企业的发展战略和经营计划，评估企业的人力资源现状及发展趋势，收集和分析人力资源供给和需求方面的信息和资料，利用科学的方法预测人力资源供给和需求的发展趋势，制定人力资源招聘、调配、培训及发展计划等必要的政策和措施，以使人力资源的供求得到平衡，保证企业目标的实现。

（2）招聘与配置

根据人力资源的规划或供需计划而开展的招聘与选拔、录用与配置等工作是人力资源管理的重要活动之一。要完成企业的目标，企业必须通过招聘活动来定位和吸引申请具体职位的人，从内部或外部开展招聘。招聘的目标在于迅速、合法和有效地找到企业所需要的最佳求职者。在这一过程中，需要采用科学的方法和手段对所需要的人员进行评估和选择。

（3）培训与开发

员工的培训主要是指通过企业内部培训和社会培训等方式，提高员工思想技能、文化素质等的过程。通过培训提高员工个人、群体和整个企业的知识、能力、工作态度和工作绩效，进一步开发员工的智力潜能，以增强人力资源的贡献率。

对现代企业来说，员工的培训和再发展是企业发展中的一个不可忽略的环节，对员工进行培训也是企业营造核心竞争力的关键因素。

（4）薪酬福利管理

科学合理的薪酬福利体系关系到企业中员工队伍的稳定与发展。人力资源管理部门要从员工的资历、职级、岗位及实际表现和工作业绩等方面，为员工制定相应的、具有吸引力的薪酬福利标准与制度。

（5）绩效管理

绩效管理是指组织为了实现战略目标，采用科学的方法，通过对部门或员工的工作结果、行为表现、工作态度以及综合素质的全面监测、分析和评价，及时发现问题、解决问题，不断改善员工的行为，提高素质，挖掘潜力，并使其为了战略目标的实现而努力工作的活动过程。

（6）劳动关系管理

劳动关系管理是对人的管理，对人的管理则是一个思想交流的过程，这一过程中的基础环节是信息传递与交流。通过规范化、制度化的管理，使劳动关系双方的行为得到规范，权益得到保障，维护稳定和谐的劳动关系，促使企业经营稳定运行。

 疑难解答

1. 现代人力资源管理与传统的劳动人事管理相比，有什么区别？

现代人力资源管理与传统的劳动人事管理相比，区别见表1-1。

表1-1 现代人力资源管理与传统的劳动人事管理的区别

| 区别 | 现代人力资源管理 | 传统的劳动人事管理 |
| --- | --- | --- |
| 管理内容 | 以人为中心，将人作为一种重要资源加以开发、利用和管理，重点是开发人的潜能、激发人的活力，使员工能积极主动地、创造性地开展工作 | 以事为中心，主要工作就是管理档案、人员调配、职务职称变动、工资调整等具体的事务性工作 |
| 管理形式 | 动态管理，强调整体开发 | 静态管理 |
| 管理方式 | 采取人性化管理，考虑人的情感、自尊与价值，以人为本，多激励，少惩罚；多表扬，少批评；多授权，少命令，发挥每个人的特长，体现每个人的价值 | 主要采取制度控制和物质刺激手段 |

（续上表）

| 区别 | 现代人力资源管理 | 传统的劳动人事管理 |
|---|---|---|
| 管理策略 | 不仅注重近期或当前具体事宜的解决，更注重人力资源的整体开发、预测与规划。根据组织的长远目标，制定人力资源的开发战略措施，属于战术性与战略性相结合的管理 | 侧重于近期或当前人事工作，就事论事，只顾眼前，缺乏长远眼光，属于战术性管理 |
| 管理技术 | 追求科学性和艺术性，不断采用新的技术和方法，完善考核系统、测评系统等科学手段 | 照章办事，机械呆板 |
| 管理体制 | 多为主动开发型，根据组织的现状和未来，有计划、有目标地开展工作 | 多为被动反应型，按部就班，强调按领导意图办事 |
| 管理手段 | 管理的软件系统、信息检索、报表制作、核算、测评、招聘等均由计算机自动生成结果，及时准确地提供决策依据 | 管理手段单一，以人工为主，日常的信息检索、报表制作、统计分析多为人工进行，很难保证及时、准确完成工作，并浪费人力、物力和财力 |
| 管理层次 | 管理部门处于决策层，直接参与单位的计划与决策，为单位最重要的高层决策部门之一 | 管理部门往往只是上级的执行部门，很少参与决策 |

2. 企业人力资源的开发与管理的策略有哪些？

（1）员工潜能开发

运用各种方式来系统开发员工潜能：

①创新人才内部竞争机制，开发员工潜能。②通过系统性与针对性的培训来提升员工的职业能力，开发员工潜能。③通过针对性的岗位拓展，开发员工潜能。④通过轮岗锻炼，开发员工潜能。⑤通过各种激励手段，激发员工潜能。

（2）外部人才引进

从外部引进人才时，注重考虑以下几点：

①在人才储备方面，主要引进社会人才，改善员工年龄结构，重点招聘有行业经验的社会人才。②引进国际化的高级管理人才和业务人才时，主要招聘高学历人员以及有国际化企业管理实际经验的人才，必要时可通过猎头公司"猎取"。③引进特殊的行业专家时，重点以高薪聘用的方式解决，必要时可通过猎头公司"猎取"。④当前紧缺人才主要通过市场招聘手段或者行业内获取。

（3）人力资源管理策略

①系统提炼企业人力资源理念。②加强人力资源管理体制建设。③提升人力资源管理职能。

具体做法有：a. 制订各单位的人力资源年度计划，将人力资源规划落到实处，并滚动制订公司总体及各业务单位的人力资源规划；b. 深化竞争上岗和组织调配相结合的内部选拔机制，增强人岗匹配度；c. 设立一定的淘汰比例，增强员工的市场危机意识；d. 建立公司的人才培养体系，通过持续的人才开发提高员工的能力素质，以提升公司的人力资本；e. 加大培训投入和培训力度，为不同类型的员工提供针对性的培训，帮助员工实现自我价值；f. 进行工作分析，加强企业岗位管理，建立岗位和职级相结合的薪酬激励体系，增强企业薪酬的激励意义；g. 建立员工职业生涯规划，进一步完善员工年度发展计划，以促进员工的职业发展；h. 运用人力资源管理信息化工具提高人力资源管理工作效率。

## 第三节　企业人力资源战略管理

### 一　战略性人力资源管理概述

#### 1. 人力资源战略与战略性人力资源管理

（1）人力资源战略

人力资源战略是指企业在对所处的内外部环境和条件，以及各种相关因素全面系统分析的基础上，从企业全局利益和发展目标出发，就企业人力资源开发与管理所做出的总体策划。

人力资源战略管理是对人力资源战略及其规划进行全方位的指挥、监督、协调和控制的过程。美国的人力资源管理专家詹姆斯·W·沃克在他编著的《人力资源战略》中，用一个圆形的循环图形象地表述了人力资源管理的流程和重要内容，如图1-4所示。

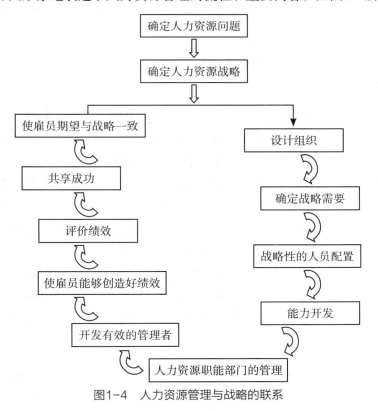

图1-4　人力资源管理与战略的联系

（2）战略性人力资源管理

战略性人力资源管理的理念产生于20世纪80年代中后期，近年来对这一思想的研究与讨论日趋深入，并经欧、美、日企业的管理实践证明是一个获得长期可持续竞争优势的战略途径。战略性人力资源管理是现代人力资源管理发展到高级阶段，以全新的管理理念，在健全完善企业人力资源各项管理基础工作的前提下，将人力资源管理提升到企业战略管理的高度，实现了管理职能和角色的根本性转变，最终确立了以可持续发展为目标，以提高核心竞争力为主导的具有指向性、系统性和可行性的现代企业人力资源管理体系。与传统人力资源管理相比，战略性人力资源管理定位于支持企业的战略中人力资源管理的作用和职能。

## 2. 战略性人力资源管理的特征

（1）将企业经营的长期性目标作为人力资源管理的战略目标，由过去仅仅满足和实现企业年度生产经营计划的要求，提升到企业发展的战略层面，使企业人力资源管理系统成为企业总体发展战略的重要支持系统。在人力资源规划方面，从狭义的人力资源供给与需求的平衡计划，提升到广义的人力资源规划，即为了提高企业核心竞争力，增强企业总体的竞争优势，从企业经营战略出发，制定企业总体的人力资源战略规划。

（2）战略性人力资源管理集当代多学科、多种理论研究的最新成果于一身，从而极大地提升和丰富了其基本原理和基本方法。

（3）人力资源管理部门的性质和功能发生了重大的转变。部门由单一的行政性事务管理转变为整体的专业性职能管理，再转变到综合的系统性战略管理，反映了其不同发展阶段的转变过程。

## 3. 战略性人力资源管理的核心理念与职能

（1）核心理念

战略性人力资源管理理念视人力为资源，认为人力资源是一切资源中最宝贵的资源，认为企业的发展与员工的职业能力的发展是相互依赖的。企业鼓励员工不断提高职业能力以增强企业的核心竞争力，而重视人的职业能力必须先重视人本身，把人力提升到了资本的高度，通过投资人力资本形成企业的核心竞争力，同时，人力作为资本要素参与企业价值的分配。

战略性人力资源管理认为，开发人力资源可以为企业创造价值，企业应该为员工提供一个有利于价值发挥的公平环境，给员工提供必要的资源，赋予员工责任的同时进行相应的授权，保证员工在充分的授权内开展自己的工作，并通过制定科学有效的激励机制来调动员工的积极性，在对员工能力、行为特征和绩效进行公平评价的基础上给予相应的物质激励和精神激励，激发员工在实现自我价值的基础上为企业创造价值。

（2）核心职能

战略性人力资源管理核心职能包括人力资源配置、人力资源开发、人力资源评价和人力资源激励四方面职能，从而构建科学有效的"招人、育人、用人、留人"的人力资源管理机制，如图1-5所示。

　　战略性人力资源配置的核心任务就是要基于公司的战略目标来配置所需的人力资源，根据定员标准来对人力资源进行动态调整，引进满足战略要求的人力资源，对现有人员进行职位调整和职位优化，建立有效的人员退出机制以淘汰不能满足公司需要的人员，通过人力资源配置实现人力资源的合理流动。

　　战略性人力资源开发的核心任务是对公司现有人力资源进行系统的开发和培养，从素质和质量上保证满足公司战略的需要，根据公司战略需要组织相应培训，并通过制订领导者继任计划和员工职业发展规划来保证员工和公司保持同步成长。

图1-5　战略性人力资源管理核心职能

　　战略性人力资源评价的核心任务是对公司员工的素质能力和绩效表现进行客观的评价，一方面保证公司的战略目标与员工个人绩效得到有效结合，另一方面为公司对员工激励和职业发展提供可靠的决策依据。

　　战略性人力资源激励的核心任务是依据公司战略需要和员工的绩效表现对员工进行激励，通过制定科学、合理的薪酬福利和长期激励措施来激发员工充分发挥潜能，在为公司创造价值的基础上实现自我价值。

## 二　人力资源战略与企业战略的协调

### 1. 人力资源战略与企业战略的关系

　　企业战略管理是指企业为了长期的生存和发展，在充分分析企业内部条件和外部环境的基础上，制定、实施和评价达到长期发展目标的动态管理过程。

　　战略性人力资源管理认为，人力资源是组织战略不可或缺的有机组成部分，包括了企业通过人来达到组织目标的各个方面，如图1-6所示。

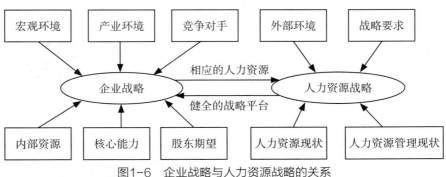

图1-6　企业战略与人力资源战略的关系

一方面，企业战略的关键在于确定好自己的客户，经营好自己的客户，实现客户满意度和忠诚度，从而实现企业的可持续发展。那该如何让客户满意呢？这就需要企业有优良的产品与服务，能够给客户创造价值，带来利益；而其中高质量的产品和服务，则需要企业员工的努力。所以，人力资源是企业获取竞争优势的首要资源，而竞争优势正是企业战略得以实现的保证。

另一方面，企业要获取在战略上成功的各种要素，如研发能力、营销能力、生产能力、财务管理能力等，最终都要落实到人力资源上。因此，在整个战略的实现过程中，人力资源的位置是最重要的。

战略性人力资源管理强调通过人力资源的规划、政策及管理实践达到获得竞争优势的人力资源配置的目的，强调人力资源与组织战略的匹配，强调通过人力资源管理活动实现组织战略的灵活性，强调人力资源管理活动的目的是实现组织目标，战略性地将人力资源管理提升到战略的地位，就是系统地将人与组织联系起来，建立统一性和适应性相结合的人力资源管理。

### 2. 人力资源战略与企业基本竞争战略的匹配

戈梅斯和麦加等人提出了与波特的竞争战略相协调的三种人力资源战略，具体见表1-2。

表1-2　企业战略与人力资源战略的匹配

| 企业战略 | 一般组织特点 | 人力资源战略 |
| --- | --- | --- |
| 成本领先战略 | 持续的资本控制<br>严密地监督员工<br>严格的成本控制<br>低成本的配置系统<br>结构化的组织和责任<br>产品设计以制造上的便利为原则 | 有效率的生产<br>明确的工作说明书<br>详细的工作规划<br>强调具有技术上的资格证明与技能<br>强调与工作有关的特点培训<br>强调以工作为基础的薪酬<br>使用绩效评估作为控制机制 |
| 差异化战略 | 营销能力强<br>强调产品的策划与设计<br>基础的研发能力强<br>公司以质量或科技领先著称<br>公司的环境可以吸引高技能的员工、高素质的科研人员或具有创造力的人 | 强调创新和弹性<br>工作类别广<br>松散的工作规划<br>外部招聘<br>团队基础的培训<br>强调以个人为基础的薪酬<br>使用绩效评估作为发展工具 |
| 集中化战略 | 结合了成本领先战略和差异化战略组织的特点 | 结合了上述人力资源战略 |

 **疑难解答**

1. 人力资源战略管理在现代企业管理中的价值是什么？

首先，对作为社会第一资源的人力资源的管理来说，也要符合战略管理的要求。人力资源的战略管理是指企业为实现其战略目标所进行和采取的一系列有计划的、具有战略意义的人力资源部署和管理。也就是说，只有对人力资源实施战略管理才能充分发挥这一特殊资源的价值，充分发挥人的主观能动性，使得人尽其才、才尽其用，进而不断增强企业的竞争力和竞争优势，使企业得以健康、持续、快速地发展并壮大。

另外，人力资源的战略管理对于企业的其他各项管理活动来说，起到一种战略性的指导作用。战略思想是人的各种观念的汇总，支配着人对其他各种活动的指挥。因为人是各项活动的管理主体，也是各项管理活动的执行者和监督者，只有把人分配到了最合适的位置上，才可以发挥人的最大才能，也就可以使得各项活动达到最佳的完成效果。只有在人的内心树立了一个长远的目标，才可以指导人的各种操作指令的发出，并且使得各项指令活动都服务于管理者心中的那一个战略目标。所以说，人力资源的管理是各项管理活动的前提，也是各项业务活动的指导。

最后，人力资源还可以实现自身的不断增值，从而为企业创造出不断增加的利润，增加企业的竞争力。

总的来说，人力资源的战略管理不但具有传统人力资源管理的各项行政活动和业务活动的职能，而且还具有战略思想活动的职能。

2. 为使股东价值最大化、满足客户的需求，人力资源管理如何建立高效的运营流程？

为了满足顾客的需求，人力资源部门必须构建高效的内部运营流程，包括建立符合企业战略的人力资源规划系统；在招聘甄选方面不但要开发广阔的人力资源采购渠道，而且要建立高效的甄别遴选系统；同时要建立满足战略对人力资源能力需求的培训开发系统；建立以战略为导向的绩效管理系统、薪酬激励系统和员工关系管理系统。通过这些高效的系统为客户提供高质量的人力资源服务。

## 第四节　人力资源管理的组织架构

作为企业人力资源管理的主管部门，人力资源部的组织架构可以根据企业实际需要而灵活设计。从企业组织发展历史来看，在20世纪30年代以前，其主要经历了由直线制、职能制、直线职能制，乃至事业部制的发展演变过程。而进入60年代以后，则出现了以下六种新型的组织结构模式：超事业部制、矩阵制、多维立体组织、模拟分权组织、流程型组织及网络型组织。下面分别介绍这些组织架构形式。

### 一　20世纪30年代以前的组织架构

#### 1. 直线制

直线制也称军队式结构，是一种最简单的集权式组织结构形式，如图1-7所示。其领导关系按垂直系统建立，不设立专门的职能机构，自上而下形成垂直领导与被领导关系。其

适用范围有限，只适用于那些规模较小或业务活动简单、稳定的企业。

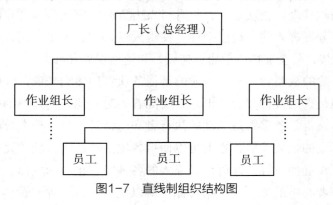

图1-7　直线制组织结构图

### 2. 职能制

职能制也称多线制，是按照专业分工设置相应的职能管理部门，实行专业分工管理的组织结构形式，如图1-8所示。其只适用于计划经济体制下的企业，以及必须经过改造才能应用于市场经济下的企业。

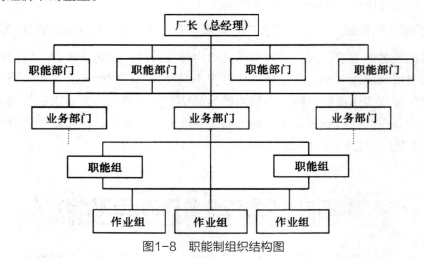

图1-8　职能制组织结构图

### 3. 直线职能制

直线职能制是一种以直线制结构为基础，在厂长（总经理）领导下设置相应的职能部门，实行厂长（总经理）统一指挥与职能部门参谋、指导相结合的组织结构形式，如图1-9所示。直线职能制是一种有助于提高管理效率的组织结构形式，在现代企业中适用范围比较广泛。

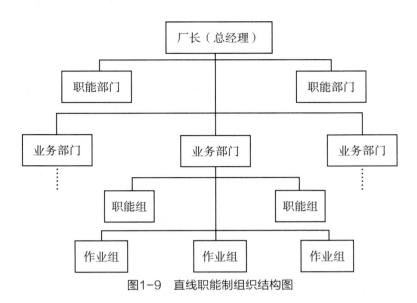

图1-9　直线职能制组织结构图

【实例1-1】

某精细化工有限公司成立于2003年9月，位于东北某经济技术开发区农药生产基地内。该精细化工有限公司成立初期，由某化工有限公司控股，主要从事精细化学品的生产经营以及相关领域的技术开发、技术服务与咨询。2007年10月，公司改制，与化工有限公司分离，股权转让，法人变更，由中英两大有限公司共同出资购买，公司名称不变。

该公司目前的组织结构模式是典型的直线职能制模式，而非适应多项目的运营模式，其组织结构模式在核心人才培养的机制建立方面有待完善。在实现组织运营效率更高的多项目运营模式时，因为该公司缺乏配套的人才、流程、结构与责任安排，所以容易形成领导关注的项目效率高、领导不关注的项目效率低的局面。

目前，该精细化工公司在组织结构、运营模式等方面仍存在着以下问题。

1. 组织结构

（1）组织绩效低。目前的组织结构对公司战略目标的实现需求、业务发展有一定的影响，企业决策速度慢，决策不能高效落实。存在过多的冲突，部门间因组织程序的相应标准不明朗，各部门目标未能有效服从于企业整体战略。

（2）组织对外界感受力差。组织结构不能创造性地对外界环境变化做出适度反应。部门内主动性不足，部门间横向协调不够，工作热情容易泯没在部门消耗之中。

（3）组织资源配置不合理。企业内部资源不足，造成一定的设备及人员的阶段性闲置及工作度不饱和，以及相对时间内局部设备及人员的使用紧张。

2. 运营模式

（1）"技—工—贸"的传统化学工业运营模式受到多重局限。"技—工—贸"的运营模式不仅需要拥有技术实力和专业能力，更需要技术储备与技术能力，且在发展产业化过程中需要大量的资金支持，否则无法实现产业化和利润贡献。

（2）贸易后置不易实现利润及投资回报。贸易放在最后，则公司实现利润及投资回报

的时间较长，资金成本高，企业经济附加价值不高。

 **分 析**

为了准确发现该公司组织结构与运营模式方面的主要问题，专家顾问们进行了多次的深入调研与访谈，并结合国内外化工行业的发展现状及成功企业的管理实践经验，认为该化工有限公司目前的组织结构和运营模式使企业的核心竞争力不足，主要表现在以下几个方面。

（1）外部核心要素

该化工公司属于资金、技术密集型行业，该行业具有较高的资金、资源获取能力的进入壁垒。因此对该公司外部整体发展前景看好，进入壁垒集中于高投入、研发能力、生产设备以及与行业内顶尖企业的合作关系。然而，依据外部环境要素而建立的局部竞争优势不是企业的核心竞争能力，较高的进入门槛依然可使竞争激烈程度下降。

（2）内部核心要素

企业核心竞争力的内部核心要素包括四个方面的内容——专业、高效的管理团队，激励管控能力，客户满意度和研发创新能力。该公司仍然缺乏创新型研发人才，也未建立起专业化、高效的管控团队，最重要的是尚未形成客户满意度的保持方法，这些不足之处都使其难以形成自身独特的竞争优势。

### 4. 事业部制

事业部制也称分权制结构，是一种在直线职能制基础上演变而来的现代企业组织结构形式，如图1-10所示，适合那些经营规模大、生产经营业务多元化、市场环境差异大、要求较强适应性的企业。

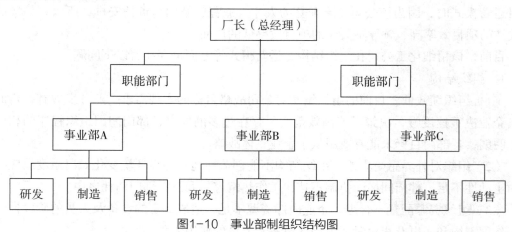

图1-10　事业部制组织结构图

## 二　20世纪60年代以后的组织架构

### 1. 超事业部制

超事业部制也称执行部制，如图1-11所示，是在20世纪70年代中期美国、日本的一些大公司中出现的一种在事业部制基础上演变而来的现代企业组织结构模式。它首先按产品、地区和顾客等标志，将企业划分为若干相对独立的经营单位，分别组成事业部，然后将提供产品（服务）的种类相近的、地理位置相对集中的，或顾客对象相同的事业部组合在一起形成超事业部，即在公司总经理与各个事业部之间增加一级管理机构。各事业部在经营管理方面拥有较大的自主权，实行独立核算、自负盈亏，并可根据经营需要设置相应的职能部门；各超事业部负责管理和协调下属各个事业部的活动；总公司主要负责研究和制定重大方针、政策，掌握投资、重要人员任免、价格幅度调整和经营监督等方面的大权，并通过利润指标对超事业部和事业部实施控制。

采用超事业部制这种极为复杂的管理体制时，一般应同时满足下列条件：企业规模特别巨大；产品品种较多，且都能形成大批量生产；所涉及的业务领域及市场分布很广；所设立的事业部很多；最高领导者深感有适当集权的需要，否则无法有效地协调、控制众多的事业部。总之，超事业部制主要适用于规模巨大、产品（服务）种类较多的企业。

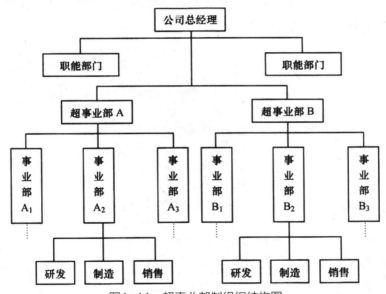

图1-11　超事业部制组织结构图

## 2. 矩阵制

矩阵制组织结构也称规划—目标结构、非长期固定性或项目性组织结构，如图1-12所示。矩阵制组织形式是在直线职能制垂直形态组织系统的基础上，再增加一种横向的管理系统。这是一种横、纵两套系统交叉形成的复合结构组织，纵向是职能系统，横向是为完成某项专门任务而组成的项目系统。项目系统没有固定的工作人员，而是随着任务的进度，根据工作的需要，从各职能部门抽人参加，这些人员完成了与自己有关的工作后，仍回到原来的职能部门。实际上，项目小组的各个小组成员处在双重领导下，一方面受成员本身所在机构管理者的领导，另一方面受专门项目小组管理者的领导。因此，对同一名员工来说，他既同原职能部门保持组织与业务上的联系，又参加产品或项目小组的工作。

总之，矩阵制组织结构是由职能部门系列和为完成某一临时任务而组建的项目小组系

列组成的,具有双道命令系统。

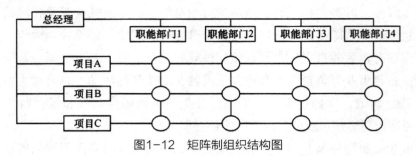

图1-12 矩阵制组织结构图

### 3. 多维立体组织

多维立体组织也称多维组织、立体组织、多维立体矩阵制等,如图1-13所示。它是矩阵组织的进一步发展,把矩阵组织结构形式与事业部制组织结构形式有机地结合在一起,形成了一种全新的管理组织结构模式。

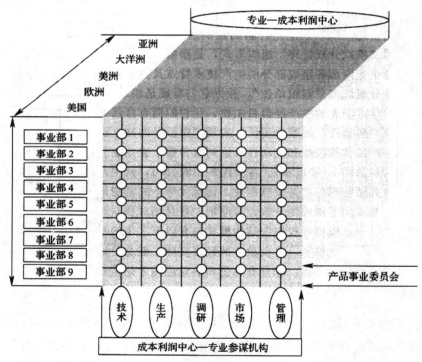

图1-13 多维立体组织结构图

多维立体组织结构综合考虑了产品、地区与职能参谋机构,形成了三类主要的管理组织机构系统:一是按产品划分的事业部,即产品利润中心;二是按职能(如市场研究、生产、调查、财务、人事、质量控制等)划分的专业参谋机构,即专业成本中心;三是按地区划分的管理机构,即地区利润中心。这种组织结构模式把产品事业部经理、地区经理和总公司专业职能参谋部门很好地统一协调起来,由三方代表共同组成产品事业委员会,对各类产品的生产与销售进行领导;三方代表中的任何一方都不能单独做出决定,而必须通过共同的协调才能采取统一行动。

### 4. 模拟分权组织

模拟分权组织也称模拟分权制或模拟分散管理组织。"模拟分权管理"组织形式，是指根据生产经营活动连续性很强的大型联合企业内部各组成部分的生产技术特点及其对管理的不同要求，人为地把企业分成许多"组织单位"，并把它们看成是相对独立的生产经营部门，赋予它们尽可能大的生产经营自主权，让它们拥有自己的职能机构，使每一单位负有"模拟性"的盈亏责任，实现"模拟"的独立经营、独立核算，以调动其生产经营积极性和主动性，达到改善整个企业生产经营管理目的的组织结构。

### 5. 流程型组织

流程型组织结构模式是20世纪90年代随着信息科学技术的发展，为了适应竞争激烈、急速变化的市场需要而出现的一种全新的以业务流程为中心的组织模式。简单来说，流程型组织结构是以系统、整合理论为指导，按照业务流程为主、职能服务为辅的原则进行设计的一种组织结构。

### 6. 网络型组织

网络型组织也称虚拟组织，它是以信息、通信技术为基础，依靠高度发达的网络，将供应、生产、销售企业和客户，乃至竞争对手等独立的企业或个体连接而成的经济联合体。网络型组织结构是20世纪90年代以来，在信息系统、网络和通信技术高速发展的大环境之下，伴随着网络型企业的产生而出现的一种新型的组织结构模式。

根据组织成员的特征及其相互关系，网络型组织可分为四种基本类型：内部网络、垂直网络、市场网络、机会网络。

**【实例1-2】**

R公司是一家产销研一体化公司，公司以技术为导向，公司产品制造主要为外包模式。2014年设立时，公司只有员工50人，经过4年的努力，公司已经有员工200人。董事长张女士发现，现在公司产品的规划设计工作、需求调研由研发部门进行，但研发部门往往仅考虑产品实现的技术途径，导致产品成本高，销售价格高，没有竞争力。后来，张女士安排销售部进行设计需求调研，销售部通常只是反馈客户的价格定位要求，产品功能最终还是由研发部来进行客户需求的转化。每当公司的新产品在上市出现问题时，研发部和销售部总是相互推诿……那么，R公司是否应该设立新部门呢？

**分析**

从本案例来说，R公司需要设立产品管理的部门。R公司成长较快，公司人员规模扩大，但由于专业的职能没有划分和明确定位，产品规划和设计的工作职能没有得到有效落实。对于产品设计的职能，研发部的重点是功能实现，结果导致产品设计成本高；销售部

的重点是产品定价，对于产品的功能需求不关注。因此，产品的规划和设计需要一个统筹管理的机构。R公司可以成立产品管理委员会等机构，负责整体的产品管理工作，包括产品规划和设计、产品线管理、产品的定价和市场推广等工作。在执行层面，将产品管理职能分解成三个部分，其中产品规划、产品线管理、人员配备由产品管理委员会完成，产品的功能开发由研发部完成，产品定价和市场推广由销售部进行。

 疑难解答

矩阵式组织结构下，HR的定位是什么？

无论是哪种演化形式，矩阵式组织结构都存在一个平衡问题。这不仅包括两种职权之间的平衡，也包括矩阵中关键角色的平衡。因此，这种组织结构下的人力资源部，其定位就是致力于平衡。这种定位主要集中体现在两个方面：一是要加强组织内部的沟通与人际关系引导；二是要加强对关键矩阵角色的人力资源管理。

## 第五节　人力资源岗位分析与设计

岗位分析是人力资源管理的重要基石，岗位分析的结果形成岗位描述和岗位规范，而岗位描述和岗位规范是一个组织一系列人力资源管理工作的前提和基础，因此可以这样理解，来自岗位分析的数据和资料实际上对人力资源管理的每个方面都有着重要的影响。岗位设计是把工作的内容、工作的资格条件和报酬结合起来，目的是满足员工和组织的需要。岗位设计问题主要是组织向其员工分配工作任务和职责的方式问题，岗位设计是否得当对于激发员工的积极性、增强员工的满意感以及提高工作绩效都有重大影响。

### 一　什么是岗位分析

岗位分析是对企业各类岗位的性质、任务、职责、劳动条件和环境，以及员工承担本岗位任务应具备的资格条件所进行的系统分析与研究，并由此制定岗位规范、工作说明书等人力资源管理文件的过程。其中，岗位规范、岗位说明书都是企业进行规范化管理的基础性文件。在企业中，每一个劳动岗位都有它的名称、工作地点、劳动对象和劳动资料。

#### 1. 岗位

岗位分析主要是为了解决以下几个重要问题。

（1）工作的内容是什么（what）；（2）由谁来完成（who）；（3）什么时候完成工作（when）；（4）在哪里完成（where）；（5）怎样完成此项工作（how）；（6）为什么要完成此项工作（why）。

### 2. 岗位分析与企业总体规划的关系

岗位分析与企业总体规划的关系如图1-14所示。

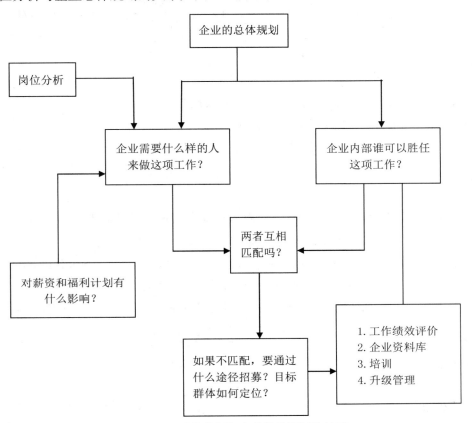

图1-14　岗位分析与企业总体规划的关系

## 二　如何进行岗位分析

### 1. 准备阶段

准备阶段的具体任务是了解情况，建立联系，设计岗位调查方案，规定调查的范围、对象和方法。主要包括：

（1）根据工作岗位分析的总目标、总任务，对企业各类岗位的现状进行初步了解，掌握各种基本数据和资料；

（2）设计岗位调查方案；

（3）做好员工的思想工作，说明该工作岗位分析的目的和意义，建立友好合作关系，使有关员工对岗位分析有良好的心理准备；

（4）根据工作岗位分析的任务、程序，分解成若干工作单元和环节，以便逐项完成；

（5）组织有关人员先行一步，学习并掌握调查的内容，熟悉具体的实施步骤和调查方法。

### 2.调查阶段

（1）主要任务是根据调查方案，对岗位进行认真细致的调查研究。

（2）灵活地运用访谈、问卷、观察、小组集体讨论等方法收集有关岗位的各种数据资料。

### 3.总结分析阶段

本阶段是岗位分析中最后的关键环节。具体表现在：

（1）对岗位调查的结果进行深入细致的分析；

（2）采用文字、图表等形式，作出全面的归纳和总结。

**实践中，很多员工不知道为什么要做岗位分析，怎么做岗位分析，怎么办？**

在做岗位之前，项目的组织者或者人力资源管理者要对员工进行岗位分析的培训，这是岗位分析工作得以顺利开展的基础。培训的目的就是对岗位分析工作进行扫盲，保证参与岗位分析的人员能充分理解岗位分析的目的、意义、基本方法和实施步骤等。这种沟通既可以是意见的交流、解释，也可以是多向的会议、网络等，还可以是结合同行、相关企业的信息，可将相关知识编写成教材进行培训。

## 三 岗位资料的分析

### 1.工作实践法

工作实践法是指岗位分析人员实际从事该项工作，在工作过程中掌握有关工作的第一手资料。采用这种方法可以了解工作的实际任务以及其在体力、环境、社会方面的要求。这种方法适用于短期内可以掌握的工作，但是对那些需要进行大量训练才能掌握或有危险的工作，不适宜采用此方法。

### 2.观察法

通过对特定对象的观察，把有关工作各部分的内容、原因、方法、程序、目的等信息记录下来，最后把取得的职务信息归纳整理为合适的文字资料。采用这种方法取得的信息比较广泛、客观、正确，但要求观察者有足够的实际操作经验且使用结构性问题清单。观察法适用于体力工作者和事务性工作者，如搬运员、操作员、文秘等，不适用于循环周期长的和以脑力为主的工作。

### 3.面谈法

面谈法也称为采访法，是通过职位分析人员与员工面对面的谈话来收集职位信息资料的方法。在面谈之前，职位分析人员应准备好面谈问题提纲，这样在面谈时就能够按照预定的计划进行。面谈法对职位分析人员的语言表达能力和逻辑思维能力有较高的要求，职位分析人员要能够控制住谈话的局面，既要防止谈话跑题，又要使谈话对象能够无所顾忌地侃侃而谈。职位分析人员要及时、准确地做好谈话记录，并且避免使谈话对象对记录产生顾忌。面谈法适合于从事脑力工作者，如开发人员、设计人员、高层管理人员等。

### 4．问卷法

问卷法主要是指职位分析人员拟定出一套切实可行、内容丰富的问卷，然后由岗位任职者进行填写，完成后收回整理，提取出岗位信息的方法。问卷法适用于脑力工作者、管理工作者或者工作存在很大不确定因素的员工，其优势在于便于统计与分析。需要注意的是，调查问卷的设计直接关系到问卷调查的成败，所以问卷一定要设计得完整、科学、合理。《岗位分析调查问卷》见附录7。

## 四　岗位规范和工作说明书的编写

### 1．岗位规范

岗位规范是对组织中各类岗位某一专项事务或对某类员工劳动行为、素质要求等所作的统一规定。

（1）岗位规范的主要内容

①岗位劳动规则。企业依法制定的要求员工在劳动过程中必须遵守的各种行为规范，包括时间规则、组织规则、岗位规则、协作规则及行为规则。

②定员定额标准。对企业劳动定员定额的制定、贯彻执行、统计分析以及修订等各个环节所作的统一规定。

③岗位培训规范。根据岗位的性质、特点和任务要求，对本岗位员工职业技能培训与开发所作的具体规定。

④岗位员工规范。在岗位系统分析的基础上，对岗位员工任职资格以及知识水平、工作经验、文化程度、专业技能、心理品质、胜任能力等方面的素质要求所作的统一规定。

（2）岗位规范的结构模式（表1-3）

表1-3　岗位规范的结构模式

| 结构模式 | 主要内容 |
|---|---|
| 管理岗位知识能力规范 | 对各类岗位的知识要求、能力要求、经历要求所作的统一规定 |
| 管理岗位培训规范 | 1．指导性培训计划<br>2．参考性培训大纲和推荐教材 |
| 生产岗位技术业务能力规范 | 1．应知，胜任本岗位工作所应具备的专业理论知识<br>2．应会，胜任本岗位工作所应具备的技术能力<br>3．工作实例 |

（续上表）

| 结构模式 | 主要内容 |
|---|---|
| 生产岗位操作规范 | 1. 岗位的职责和主要任务<br>2. 岗位各项任务的数量和质量要求以及完成期限<br>3. 完成各项任务的程序和操作方法<br>4. 与相关岗位的协调配合程度 |
| 其他种类 | 如管理岗位考核规范、生产岗位考核规范等 |

### 2. 工作说明书

工作说明书是指组织对各类岗位的性质和特征（识别信息）、工作任务、职责权限、岗位关系、劳动条件和环境，以及本岗位人员任职的资格条件等事项所作的统一规定，具体内容见表1-4。《人力资源专员岗位说明书》见附录8。

表1-4　工作说明书

| | |
|---|---|
| 分类 | 岗位工作说明书，即以岗位为对象所编写的工作说明书 |
| | 部门工作说明书，即以某一部门或单位为对象编写的工作说明书 |
| | 公司工作说明书，即以公司为对象编写的工作说明书 |
| 内容 | 基本资料：主要包括岗位名称、岗位等级（即岗位评价的结果）、岗位编码、定员标准、直接上下级和分析日期等方面的识别信息 |
| | 岗位职责：主要包括职责概述和职责范围 |
| | 监督与岗位关系：说明本岗位与其他岗位之间在横向与纵向上的联系 |
| | 工作内容和要求：是岗位职责的具体化，即对本岗位所要从事的主要工作事项作出的说明 |
| | 工作权限：为了确保工作的正常开展，必须赋予每个岗位不同的权限，但权限必须与工作责任相协调、相一致 |
| | 劳动条件和环境：指在一定时空范围内工作所涉及的各种物质条件 |
| | 工作时间：包含工作时间长度的规定和工作轮班制的设计两个方面的内容 |
| | 资历：由工作经验和学历条件两个方面构成 |
| | 身体条件：结合岗位的性质、任务对员工的身体条件作出规定，包括体格和体力两项具体的要求 |
| | 心理品质要求：岗位心理品质及能力等方面的要求，应紧密结合本岗位的性质和特点深入进行分析，并作出具体的规定 |
| | 专业知识和技能要求 |
| | 绩效考评：从品质、行为和绩效等多个方面对员工进行全面的考核和评价 |

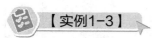 【实例1-3】

某IT高新技术产业，最近在内部做研发部的人员结构优化。公司高层认为，研发部门人员规模庞大、工作成效差，需要理清部门的工作职能以及核心岗位的岗位职责。目前，研发部门主要核心岗位包括：安卓工程师、.Net工程师、Java工程师、iOS工程师等岗位。

经人力资源部和用人部门沟通，明确部门的职能，梳理核心岗位的岗位职责，形成岗位说明书。请结合案例分析，人力资源部应如何确定岗位职责，做好岗位说明书？

### 分析

确定岗位职责内容，一般通过工作分析进行。岗位说明书的主要内容包括：岗位名称、岗位职责、任职资格、岗位汇报关系等。岗位说明书是工作分析的输出。在梳理岗位职责时，通常通过调查问卷、沟通访谈、工作日志等方式对目标岗位的主要工作职责进行梳理，并按照工作的重要性和频度进行排列。确定了初步的岗位职责内容后，可以找任职者进行沟通、确认和完善。另外，在任职资格方面，要确定任职者的最低标准，包括学历、工作经验、行业经验、素质要求、个人能力等内容。

## 五 岗位定编定员的方法

### 1. 定编定员的含义

定编定员是指企业单位在一定的生产技术组织条件下，为了保证企业生产经营活动正常进行而规定的各类人员配备时的质量要求和数量界限。

（1）定编定员是一种科学的用人标准。

（2）它要求企业根据当时的业务方向和规模，在一定的时间内和一定的技术条件下，本着精简机构、节约用人、提高工作效率的原则，规定各类人员必须配备的数量。

（3）它所要解决的问题是企业各工作岗位配备什么素质的人员以及配备多少人员。

### 2. 定编定员的方法

（1）劳动效率法

劳动效率法是指根据生产任务和员工的劳动效率以及出勤等因素来计算岗位人数的方法，实际上就是根据工作量和劳动定额来计算员工数量的方法。因此，凡是实行劳动定额的人员，特别是以手工操作为主的岗位，都适合用这种方法。

定编定员人数=计划期生产任务总量/（员工劳动定额×出勤率）

（2）业务数据分析法

业务数据包括销售收入、利润、市场占有率、人力成本等，根据企业的历史数据和战略目标，确定企业在未来一定时期内的岗位人数。

①根据企业的历史数据（业务数据/每人）及企业发展目标，确定企业短期、中期、长期的员工编制。

②根据企业的历史数据，将员工数与业务数据进行回归分析，得到回归分析方程；根据企业短期、中期和长期业务发展目标数据确定人员编制。

（3）本行业比例法

①本行业比例法是指按照企业职工总数或某一类人员总数的比例来确定岗位人数的方

法。在本行业中，由于专业化分工和协作的要求，某一类人员与另一类人员之间总是存在一定的比例关系，并且随着后者的变化而变化。该方法比较适合各种辅助和支持性岗位定员，如人力资源管理类人员与业务人员之间的比例在服务业中一般为1∶100。

②计算公式

$M = T \times R$

M=某类人员总数

T=服务对象人员总数

R=定员比例

（4）按组织机构、职责范围和业务分工定员定编的方法

这种方法一般是先确定组织机构和各职能科室，明确各项业务分工及职责范围以后，根据业务工作量的大小和复杂程度，结合管理人员和工程技术人员的工作能力和技术水平确定岗位人数的方法，管理人员的定编受很多因素的影响。

①管理人员的个人因素：本人的能力、下属的能力和受教育程度等。

②工作因素：工作的标准化程度和相似程度、工作的复杂程度和下属工作之间的关联程度。

③环境因素：技术、地点和组织结构等。

事实上，不同企业对于管理人员的定编都没有一个定数，都是根据企业自己当时的实际情况确定出来的。

（5）预算控制法

预算控制法是西方企业流行的定编方法，它通过人工成本预算控制在岗人数，而不是对某一部门内的某一岗位的具体人数作硬性的规定。部门负责人对本部门的业务目标、岗位设置和员工人数负责，在获得批准的预算范围内自行决定各岗位的具体人数。由于企业的资源总是有限的，并且是与产出密切相关的，因此预算控制对企业各部门人数的扩展有着严格的约束。

（6）业务流程分析法

①根据岗位工作量，确定各个岗位单个员工单位时间工作量，如单位时间产品、单位时间处理业务等。根据业务流程衔接，结合上一步骤的分析结果，确定各岗位编制人员比例。

②根据企业总的业务目标，确定单位时间流程中的总工作量，从而确定各岗位人员编制。

（7）人员编制最后确定

①在各种方法中，按效率定编定员是基本的办法。在实践工作中，通常是将各种办法结合起来，参照行业最佳案例来制定本企业的岗位人数。

②由于各企业的情况差别和情况的不断变化，很难有一个所谓的"绝对正确、完全适用和一成不变"的编制，它主要还是服从于企业的总体目标要求，在不断的变化中调整，这是一个动态的过程。

③定岗定编的硬约束是成本投入。企业的投入在一定时期内总是有限的，在投入有限的情况下，岗位和人数的有限性是不言而喻的。人力资源管理要做的是，在一定时期内，如何运用有限的资本投入获得最佳的岗位和人数的组合。

**【实例1-4】**

某高科技企业制造部门的计划部经理职位经常换人，老板为此非常苦恼。他告诉负责人力资源的小刘，负责公司计划部的人才很难找到，市场上这方面的人才也非常少，要求小刘想想办法，尽快招到新人。小刘通过网上招聘、猎头等多种途径去寻找这方面的人才，都没能成功。

**分析**

通过对计划部经理进行职位分析，发现这个职位的职责内容跨度太大，如果要胜任这个职位，需要懂得生产计划制订、制造、品质管理、采购、财务等知识。而这个职位在公司的定位较低，也代表着该职位的薪水不高。用一个薪水不高的职位，怎么可能吸引到一个需要跨多种职能的高级人才呢？此外，市场上这方面的人才本身就很少，甚至根本没有，公司以现有标准去寻找任职者，是很难找到的。通过职位分析以后，将这个职位进行相应的拆分，就能够很好地解决问题，也能很快地找到任职者。

# 第二章 招聘管理

　　招聘是指企业根据岗位需求，为了生存与发展的需要，依照一定的程序，运用先进的手段，通过科学的测评与选拔方法，向组织内外吸收、挑选符合岗位所需人才的过程。招聘在整个人力资源管理流程中起着承上启下的关键作用，只有通过招聘为企业获取到合适的人员，企业生产才能够进行，才能实施激励、考核、薪酬管理、培训开发等管理手段，才能通过有效的管理方法进一步调动员工的积极性，提高劳动生产率，提升企业的经营业绩。

## 本章思维导图

- 招聘工作流程
  - 招聘计划工作流程
  - 招聘实施工作流程
  - 招聘入职后的工作内容
- 制订招聘计划
  - 调研分析
  - 人力需求预测
  - 招聘决策
- 招聘渠道及方式的选择
  - 内部招聘与外部招聘
    - 内部招聘
      - 布告法
      - 推荐法
      - 档案法
    - 外部招聘
      - 发布广告
      - 借助中介
        - 人才交流中心
        - 招聘洽谈会
        - 猎头公司
      - 校园招聘
      - 网络招聘
      - 熟人推荐
    - 内部招聘与外部招聘的比较
  - 选择招聘渠道的主要步骤
  - 参加招聘会的主要程序
    - 准备展位
    - 准备资料和设备
    - 招聘人员的准备
    - 与协作方的沟通联系
    - 招聘会的宣传工作
    - 招聘会后的工作
- 招聘管理
  - 人员选拔的其他方法
    - 人格测试
    - 兴趣测试
    - 能力测试
    - 情境模拟测试
      - 情境模拟测试的分类
      - 情境模拟测试的方法
        - 公文处理模拟法
        - 无领导小组讨论法
        - 角色扮演法
  - 面试的组织与实施
    - 面试的概念
    - 面试的适用范围与内容
    - 面试的基本程序
    - 面试的分类
      - 按面试的结构化程度划分
        - 结构化面试
        - 半结构化面试
        - 非结构化面试
      - 按面试的人员组成划分
        - 单独面试
        - 综合面试
        - 会议制面试
        - 集体面试
      - 按面试的次数划分
        - 一次性面试
        - 分阶段面试
      - 按面试的内容划分
        - 情景式面试
        - 行为描述面试
      - 按面试的组织方式划分
        - 现场面试
        - 远程视频面试
    - 面试场所的设置
    - 面试问题设计与提问
      - 面试问题设计技巧
      - 面试提问技巧
        - 开放式提问
        - 封闭式提问
        - 假设式提问
        - 清单式提问
        - 重复式提问
        - 确认式提问
        - 举例式提问
  - 对应聘者进行初步筛选
    - 如何快速筛选简历和申请表
      - 如何快速筛选简历
        - 分析简历结构
        - 审查简历的客观内容
        - 判断是否符合岗位技术和经验要求
        - 审查简历中的逻辑性
        - 对简历的整体印象
      - 如何快速筛选申请表
        - 查看求职者的求职意愿与薪资期望值
    - 如何进行笔试
      - 测试内容
      - 优点
      - 缺点
      - 分类

# 第一节　招聘工作流程

一个好的招聘流程不仅能规范招聘行为、提高招聘质量，更能够展示公司形象。不同企业、不同岗位、不同招募方式，其招聘过程不可能完全相同，根据现实需要可繁可简、可增可删。

## 一　招聘计划工作流程

1. 确认待招岗位人员需求，包括增员、补员的需求分析。
2. 确认待招岗位人员要求，包括人员的学历、工作能力、相关技能等。
3. 确认待招岗位人员的待遇，包括薪酬、福利、工作时间、工作内容和工作地点。
4. 确认待招岗位人员的针对人群和招聘渠道。
5. 以获取岗位需求信息为主要目的，设计、制作招聘使用的人员简历表格。
6. 估算招聘工作的成本，包括总成本、人均成本、时间成本。
7. 预估两套招聘方案，以供备选。

## 二　招聘实施工作流程

1. 费用的申领。
2. 招聘渠道的信息获取，和第三方的联系。
3. 求职者信息的获取，邀约电话的内容确认（时间、地点、应聘岗位等）。
4. 初试面谈的准备，包括时间安排、地点安排、对初试应邀者的顺序安排。
5. 对求职者可以和希望得到的企业信息的准备和处理。
6. HR工作初试的面谈，结构化面试及硬件测评。
7. 对初试者的筛选，包括对初试者的信息回馈和用人部门的评估沟通。
8. 用人部门复试面谈的准备，与初试相近，但由用人部门主导。
9. 用人部门复试的面谈，按岗位确定复试模式和软件测评。
10. 对复试人员的信息回馈和信息二次收集，以便于前后信息的核对工作。
11. 用人部门对应聘者的选定和岗位配置的确认。
12. 对入选者的入职信息确认，入职时间、薪酬福利等内容的确认。
13. 通知入选人员入职时间和确认试用期长短、相关薪酬福利等内容。
14. 复试落选人员的信息回馈、相关的资源调整。
15. 备选人员的再筛选，备用人才资源库的管理。
16. 招聘工作的记录和评估、成本的核算、人才信息的收集情况的核算报告。

## 三　招聘入职后的工作内容

1. 新人的入职准备工作，包括办公环境的介绍、办公位置的确认、公司人员的介绍、办公用品申领流程的告知等。

2. 劳动合同的签订准备。

3. 试用期间关于适岗、企业文化、上岗资格的相关培训工作。

4. 试用期内的人员考评（由于新人上岗绩效可能不太明显，所以侧重于工作行为导向的考评）。

5. 试用期未通过考评，重新评估岗位需求或在备用人才库中考虑二选人员。

6. 试用期通过考评，转正为正式员工，前后的待遇和工作要求调整。

【实例2-1】

L企业是一家生产空调的企业，目前有将近500名员工，行政事业部只有王萌和一位刚入职的经理。这天，经理要求王萌做一份招聘效果评估报告，王萌本身并不是学人力资源相关专业的，平时处理的大多是事务性的工作，招聘也只有网络和现场两种渠道，因此不知道该如何做这个效果评估表，这应该如何是好呢？

下面我们来说一下如何做招聘效果评估报告，其实没有那么复杂。

1. 开头

可以简单写一些话，比如：根据企业经营管理工作的整体安排，行政人事部招聘工作在企业各级领导和各部门的大力支持和配合下，取得了一些成绩，但是也存在需要改进的地方，现将2017年至今的招聘效果评估报告整理如下。

2. 效果评估

招聘效果评估报告可参考以下形式。

| 招聘效果评估表 | | | | | |
|---|---|---|---|---|---|
| 参加部门 | | 参加人员 | | 招聘会时间 | |
| 地点 | | 招聘费用 | | 填表人 | |
| 招聘会类型 | ☐ 现场招聘<br>☐ 网络招聘 | | 主办机构 | | |
| 招聘岗位 | 招聘需求 | 收到简历数 | 合适简历数 | 意向录取人数 | 到岗人数 |
| | | | | | |
| 合计 | | | | | |
| 备注： | | | | | |

备注中可以填写本次招聘目标的完成情况，比如：计划招聘多少人，实际招聘多少人；招聘完成比是多少；应聘比是多少等。

3．成本评估

| 费用项目 | 详单 | 实际费用 |
| --- | --- | --- |
| 材料费 | | |
| 招聘费用 | | |
| 人工成本 | | |
| 其他费用 | | |
| 合计 | | |

4．工作总结

可以分两部分来写。总结成功之处，如：录用人员很快适应工作，招聘工作有条不紊，培训、员工关系岗完美完成交接等。反省不足之处，如：招聘成本控制不到位，下一步需要根据岗位提前制订招聘预算；招聘途径选择不到位，不能只局限于两种招聘渠道。如果要拓展新的招聘渠道，总结分析一下即可。

1．在招聘淡季怎样做到有效招聘？

（1）建立有效的招聘渠道。比如招聘酒店的基础员工时，网站的渠道就不能称之为有效。这个岗位的招聘可以采用内部人员的推荐，类似伯乐奖的形式，然后和一些边远县城的劳动部门保持联系，让他们定期输送人员。或者在企业经济许可的情况下，直接将基层岗位的招聘外包给机构。

（2）针对所有渠道定期进行数据汇总和分析，分析招聘渠道的时效性。

2．小企业的HR如何完成招聘计划？

（1）从社会渠道招聘，做好计划与预案，同时建立内部培训和接替计划。

（2）让应聘者清楚企业的优势，比如：产品的先进性、企业的创业期优势、人员的企业文化氛围等。

## 第二节　制订招聘计划

为了使招聘工作高效有序地进行，制订招聘计划就是一项尤为重要的前期工作。招聘计划是招聘实施的主要依据，制订招聘计划的目的在于使招聘更趋于合理化、科学化。招聘计划是组织根据部门的发展要求，根据人力资源规划的人力净需求、工作说明的具体要求，对招聘的岗位、人员数量、时间限制等因素作出详细的计划。

招聘计划应由用人部门制订，然后由人力资源部对其进行复核，特别要对人员需求量、费用等项目进行严格复查，签署意见后交上级主管领导审批。编制招聘计划的过程，包含调研分析、人才需求预测和招聘决策三个步骤。

## 一　调研分析

调研分析是制订招聘计划的基础。为了让招聘计划的实施更加准确，首先应做好组织的人力资源状况分析，并根据本组织人力资源规划及当前的工作任务情况、招聘的范围、数量和规模，确定如何开展招聘工作。通常可以从以下几个方面进行。

1. 了解本组织发展与运行现状，仔细做出分析，以便于明确工作任务及完成这些任务需要或者缺少的人员情况。调查的结果是明确和确定工作岗位或者在岗人员任职情况，以及岗位职责和要求。

2. 了解与分析本组织的人力资源或者局部人力资源状况，内容主要是人员的学历结构、技术人员结构、年龄结构、人力资源分布与分配状态，以及人力资源利用情况，结果是掌握组织的人力资源现状以及当前管理利用情况。

3. 了解与分析组织对人员更新、技术发展与革新、企业扩张等方面的规划与预测，结合组织的人力资源战略与规划，预测近期人力资源的需求量、类型和趋势。

## 二　人力需求预测

企业人力资源需求预测是指从企业经济发展的长远利益出发，对企业所需要的人力资源数量和质量进行的科学分析和预测。由于需求预测必须根据社会和经济的发展情况来确定，因此企业的人力资源的数量和结构总是随着社会经济活动总量与结构的变化而变化。

各部门每年根据公司发展战略和年度经营目标编制本部门的年度计划时，应同时制订本部门年度的人员需求预测，填写人力需求计划表，人力资源部负责收集、审核各部门的人员需求。

### 1. 公司年度人力需求预测

人力资源部根据各部门的上报需求，综合考虑公司战略、组织机构调整、部门编制、员工内部流动、员工流失、竞争对手的人才政策等因素，对各部门人员需求预测进行综合平衡，分别制订年度人员需求预测，确定各部门人员编制，上报总经理审批。

### 2. 招聘指标确定

年度人力需求计划审批通过后，人力资源部确定各部门和各业态的招聘指标，并通知各部门，将经总经理、人力资源部负责人批准后的人员需求计划表留在人力资源部备案，作为招聘的依据。

### 3. 临时人力资源需求

临时的人力资源需求，指的是除年度人力需求预测之外，部门因人员离职或临时业务需求需要招聘的人才。由各部门临时填写人员需求申请表，相关领导审批通过后，人事专员进行信息整理，开始招聘。

## 三　招聘决策

招聘决策是招聘计划的核心，具体包括：招聘的岗位、人员需求量、每个岗位的具体要求；招聘信息发布的时间、方式、渠道与范围；招聘对象的来源与范围；招聘方法；招聘测试的实施部门；招聘预算；招聘结束时间与新员工到位时间。

招聘决策完成后，招聘计划也就随之形成；招聘计划确定后，需要经过人力资源部经理及高层管理的批准。附录9为某企业2019年度《人员招聘计划表》，供读者参考使用。

### 【实例2-2】

2010年年初，M公司成立人力资源部。在人员招聘方面，用人部门提出人员需求，分管领导审批，人力资源部组织招聘。2010年年底，公司财务部提出公司人工成本占总成本比例过大，公司不应该随意扩大人员规模。公司组织管理层会议，讨论决定2011年的人员招聘，并按照公司的招聘计划来执行。人力资源部在2011年年初即完成人员招聘计划的收集。请结合本案例分析，岁末年初时该如何做好人员招聘计划？

### 分析

做好人员招聘计划的主要工作包括：1. 人力资源部和财务部确认2011年的人工成本，确定初步的整体人员规模。2. 人力资源部收集用人部门的人员需求计划。3. 在整体人工成本和人员编制计划下，人力资源部与用人部门沟通确认人员的新增需求。4. 结合公司发展的规划，以及新产品、新市场、新项目的需求，整合最终的人员需求计划，形成年度的人员招聘计划。另外，人力资源部在作招聘计划的时候，要考虑公司人员异动（晋升、调岗、离职等）因素的影响。此外，招聘计划的人员需求确定后，需要进行招聘工作计划的分解，确定人员招聘的渠道，包括内部推荐、外部招聘、猎头、校园招聘等方式。

### 疑难解答

1. 企业出现用工荒，该如何解决？

企业想有效解决用工短缺，要注意以下三个误区。

（1）重招轻留

有的企业平时没有合理的人力资源计划，一旦遇"用工荒"就兴师动众，不惜开出重薪、放宽用工条件，几乎到了有人应聘就录用的地步。但是却在如何留住员工上鲜有作为，导致新员工再度流失，企业从而陷入了"招工—辞工—招工"的恶性循环。

（2）重留轻用

有的企业意识到留人的重要性，因此普遍提高工资、改善伙食，有的还给员工宿舍配置电视机、热水器、空调等电器设备。工资福利改善了，企业却忽视对人的使用，在"如何让员工发挥作用、创造业绩"方面考虑甚少，这种"为留而留"的方式，导致"留住一时，留不住长久"。

（3）只用不帮

有的老板很会用人，在待遇上也很大方。他的想法很简单，我花钱你做事，事情干得好就继续用，干不好就另请高明。至于员工在工作中、生产上遇到困难，老板却不过问，认为那是员工的事。长此以往，企业就会有很多问题得不到解决，老板总是发火骂手下无能，下属则抱怨孤立无援、力不从心。

要有效解决"用工荒"，企业就必须要从长计议，对员工的管理采取总体规划、分步实施的策略。

第一步，留人。

首先从改善员工生活环境入手。做好宿舍安全、卫生工作，提高饭堂伙食质量和卫生条件，让员工吃得满意、住得舒心。

其次，做好新员工岗前、岗中培训。组织有经验的员工开展帮教活动，设立"优秀师傅奖""最佳进步奖"等奖项，鼓励员工以老带新，激励新员工努力学习、掌握技能。

再次，由老板、高管牵头，组织管理层开展员工走访活动，到车间现场、饭堂、宿舍与员工谈心、交心，了解员工思想动态，及时给予引导和帮助，解决员工的现实困难，让这些背井离乡者能在企业中找到温暖和归宿感。

第二步，用人。

用人是最有效的留人方法，要相信员工身上蕴藏着巨大的能量，通过考核、评估，让员工人尽其才。同时，通过作业指导书、绩效考核等措施，解决工作中"怎么做""谁检查""担何责"的管控机制，将员工收入与业绩挂钩。

此外，定期开展生产竞赛、竞聘上岗等活动，形成"比、学、赶、帮、超"的文化氛围，引导员工爱岗敬业、不断进步。

第三步，帮人。

生产效率低、品质异常等问题，并非哪个人或部门能单独解决的，工作中相互制约、相互影响的事非常普遍。管理者要有服务意识和帮人之心，为员工创造条件，解决影响任务完成的困难。例如，计划部门要让车间完成生产任务，就要做好物料、设备、图纸、人员等产前准备工作。只有产前准备到位，才能帮助车间达成目标，才能保证绩效考核考出效果，实现企业提高效益、员工提升业绩，增加收入。那种"只提工资、不提业绩"的方法很难长久。

企业在"留人、用人、帮人"上狠下一点功夫，就是化解"用工荒"的良方。

2. 企业如何降低招聘风险？

（1）找最合适的，不找最优秀的。HR在选人时一定要遵循"合适的才是最好的"的原则。有些人才确实很优秀，但并不适合企业，就算硬要招进来，最终可能还是会因不能"适才适所"等各位原因离开。

（2）要走出唯文凭、唯直觉、唯资历、唯精英、唯全才、唯权威等招聘误区。HR不能以文凭高低论英雄，名校毕业并不一定代表能力就强，相反，不少自学成才的人反倒是有真才实学的人。HR招聘时不能有直觉误区，单纯凭着第一印象选人；也不能仅凭应聘者资历、背景深厚，就认为是好人才；更不能对人才求全责备，一定要完美无瑕、十全十美才行。我们还要警惕权威崇拜，不能因为应聘者是业务权威而迷失甄选人才的标准，失去心中"选才"的那杆秤。

（3）要允许招用有缺点的员工，不一味地追求完美。很多时候，一个应聘者某方面能力很突出，但另一方面某个缺点也很明显。这时候，HR会很纠结，最后关头往往因怕担风险向应聘者关闭了大门。须知，"人无完人，金无足赤"，如果能用人所长、避其所短，相信员工一定能一展才学，找到施展才干的舞台，做到人尽其才、才尽其用。

（4）要根据企业现阶段发展的实际需要选拔人才。我们都知道，企业在创业、发展、成熟等不同的阶段，对人才的需求是不一样的。HR必须要有战略眼光，顺应形势，选择适合企业发展阶段需要的人才。

（5）高端人才的招聘可适当委托专业猎头公司。对于高端人才，一方面难以网罗，另一方面一旦用错人很可能会给企业招致巨大的损失，用人风险巨大。专业猎头公司对高端人才有一定的猎聘渠道和猎聘经验，一般能较快和较好地为企业找到合适的人才。

（6）严格遵守招聘原则：公开招聘、公平竞争、公正考核、择优录用。HR只有严守招聘原则，才能为企业招到优秀的合适的人才。避免人情关、关系网，防止劣才和庸才入职上岗。

（7）要按照"人才七选"标准选才：①个性及内在特质；②工作意愿；③三心（责任心、上进心、企图心）；④努力程度；⑤工作历练；⑥专业技能；⑦教育背景。

## 第三节　招聘渠道及方式的选择

有很多企业将绩效低下归结于人才青黄不接、后继无人。这个理由看起来有说服力，但仔细琢磨推敲，却是站不住脚的。企业之所以会缺乏人才，与企业的招聘环节工作没做好有着直接的关系。面对众多的招聘渠道，企业往往没有科学地衡量、选择，所以很难高效地进行招聘。因此，只有对各种招聘渠道的成本、效用等因素进行度量，选择合适的招聘渠道，提高招聘的收益与效率，才能为企业的健康经营提供人才保障。

### 一　内部招聘与外部招聘

企业人员的招聘有内部招聘和外部招聘两个方面的来源。

## 1. 内部招聘

内部招聘是指对企业内部员工按其胜任力进行合理的岗位配置，即从企业内部人力资源储备中选拔出合适的人员补充到空缺或新增的岗位上去的活动。内部招聘在大型企业比较常见，这种方式的特点是费用极少，能极大提高员工士气，申请者对公司相当了解，适应公司的文化和管理，能较快进入工作状态，而且可以在内部培养出一人多能的复合型人才。《内部人员竞聘申请表》的格式见附录10。

内部招聘通常采用以下几种方法。

（1）布告法

布告法的目的是使企业中的全体员工都了解到哪些职务空缺，需要补充人员，使员工感觉到企业在招募人员工作中的透明度与公平性，并认识到在本企业中，只要自己有能力，通过个人的努力，是有发展机遇的。这有利于提高员工士气，培养积极进取精神。布告法是在确定了空缺职位的性质、职责及其所要求的条件等情况后，将这些信息以布告的形式，公布在企业中一切可利用的墙报、布告栏、内部报刊上，尽可能使全体员工都能获得信息，号召有才能、有志气的员工毛遂自荐，脱颖而出。对此职务有兴趣者可到主管部门和人事部门申请，主管部门和人事部门经过公正、公开的考核择优录用。一般来说，布告法经常用于非管理层人员的招聘，特别适合于普通职员的招聘。

（2）推荐法

推荐法可用于内部招聘，也可用于外部招聘。它是由本企业员工根据企业的需要推荐其熟悉的合适人员，供用人部门和人力资源部门进行选择和考核。由于推荐者对用人部门与被推荐者都比较了解，使得被推荐者更容易获得组织与职位的信息，便于决策，也使组织更容易了解被推荐者。因而这种方法较为有效，成功的概率较大。

（3）档案法

人力资源部门都有员工档案，从中可以了解到员工在教育、培训、经验、技能、绩效等方面的信息，帮助用人部门与人力资源部门寻找合适的人员补充职位。员工档案对员工晋升、培训、发展有重要的作用，因此员工档案应力求准确、完备，对员工在职位、技能、教育、绩效等方面的信息的变化应及时做好记录，为人员选择与配备做好准备。需要注意，"档案"应该是建立在新的人力资源管理思想指导下的人员信息系统的新型档案。

【实例2-3】

某公司是软件研发类民营高新技术企业，公司近几年发展较快，市场占有率节节攀升。2011年年初，按照公司的发展需要组建了市场部，主要负责市场活动策划、产品上市推广和客户关系管理等工作。公司研发部主要负责产品的开发、外观和功能的实现，根据市场产品的情况，结合市场部、销售部反馈的客户要求进行产品的设计和开发。总经理冯先生发现尽管成立了市场部，但产品线规划和管理的职能仍欠缺。于是，他要求组织内部竞聘，从内部员工中挑选产品经理。人力资源部该如何策划本次活动？

 分 析

本案例中产品经理的候选人主要从市场部、研发部、销售部这三个部门中来选择。首先，确定产品经理的主要职责和任职资格要求。其次，用内部通知的形式发布竞聘活动的目的和竞聘活动的流程，并确定竞聘报名提交资料，设计《竞聘人员个人信息表》和竞聘报告内容，并确定申报材料提交的开始、结束时间。最后，筛选符合要求的人员即可。此外，也要注意候选人员素质能力方面的要求，即个人的沟通能力、问题分析能力、协调能力等与岗位的匹配性。

温馨提示

**内部招聘需要注意的事项**

1. 避免主观的影响

从单位内部选拔人才，招聘主管应在整个企业内部、各层次和范围内，科学地考察和鉴别人才。

2. 不要求全责备

从单位内选拔人才，不能因为对员工过于了解而对他们求全责备。

3. 不要将人才固定化

不能用一个固定不变的模式来套人才，要唯才是举、举贤任能，只要能够为企业的发展出谋划策、积极付出努力的人员，都应该列在选择范围内。

4. 全方位地发现人才

招聘主管可以从员工的工作实践、部门推荐、员工档案、考核绩效等多种途径全方位地发现人才。这样便于通过多种途径，考察了解人才的方方面面，最终选定适合之人。

5. 工作安排合理化

通过观察、了解员工的工作表现、效率和个人优势等特质，从人才适用的角度出发，发掘最适合员工担任的工作。

### 2. 外部招聘

外部招聘是指将外部具有企业需要的胜任力的人招聘进来并安置在合适的位置上。

外部招聘主要有以下几种方法。

（1）发布广告

发布广告是单位从外部招聘人员最常用的方法之一。由于工作空缺的信息发布迅速，同时有广泛的宣传效果，可以展示单位实力。发布广告有两个关键的问题，其一是广告媒体如何选择，其二是广告内容如何设计。一般来讲，单位可选择的广告媒体有很多，传统媒体如广播电视、报纸杂志等，现代媒体如网站等，其总体特点是信息传播范围广、速度

快，应聘人员数量大、层次丰富，单位选择余地大。在决定广告内容时，单位必须要注意维护和提升其对外形象。

广告的内容应当明确告诉潜在的应聘者单位能够提供什么岗位、对应聘者的要求是什么。需要注意的是，广告一定要有吸引力，能够激起大众对单位的兴趣。此外，广告还应告诉应聘者申请的方式，这些内容都应在确定广告内容时予以充分的注意。

（2）借助中介

主要有人才交流中心、招聘洽谈会、猎头公司几种形式，如表2-1所示。

表2-1　借助中介招聘

| 形式 | 优点 | 缺点 | 适用范围 |
|---|---|---|---|
| 人才交流中心 | 针对性强、费用低廉 | 对于计算机、通信等专业的热门人才或高级人才的招聘效果不太理想 | —— |
| 招聘洽谈会 | 应聘者集中，单位选择余地大 | 难以招聘高级人才 | —— |
| 猎头公司 | 人才素质高，对求职者的信息掌握较为全面，成功率高 | 需支付昂贵的服务费 | 高级人才和尖端人才 |

温馨提示

**借助中介进行招聘时，你应该知道这些事**

1. 人才交流中心

我国大部分城市都设有人才交流服务机构，这些机构常年为单位提供服务。他们一般建有人才资料库，用人单位可以很方便地在资料库中查询条件基本相符的人员资料。

2. 招聘洽谈会

人才交流中心或者其他人才机构每年都要举办多场招聘洽谈会。在洽谈会中，单位和应聘者可以直接进行接洽和交流，节省了单位和应聘者的时间。目前，洽谈会已经呈现出专业化方向发展的趋势，例如有中高级人才洽谈会、应届生双向选择会、信息技术人才交流会等。

3. 猎头公司

猎头公司是英文"head hunter"直译的中文名称，在我国，近年来是为适应单位对高层次人才的需求与高级人才的求职需求而发展起来的。在国外，猎头服务早已经成为企业获取高级人才的主要渠道之一。我国的猎头服务近些年来发展迅速，越来越多的单位逐渐接受了这一招聘方式。

（3）校园招聘

优点：直接招募，供需双方直接见面，双向选择。

主要方式：专场招聘、校园宣讲、实习招募、管理培训等。

适用范围：工程、财务、会计、计算机、法律及管理等领域的专业化初级水平人员。

（4）网络招聘

优点：①成本较低，方便快捷，选择幅度大，涉及范围广；②不受地点和时间限制；③使求职申请书、简历等重要资料的存贮、分类、处理和检索更加便捷化、规范化。

网络招聘可以这样来选择：

①中低端人才。比如导购员、收银员、库房管理员、服务员等岗位，适用于赶集网以及58同城。②技术人员以及中层管理人员。比如设计师、程序员、工程师、行政人资专员、网络编辑等岗位，适用于前程无忧、智联招聘等网站。③核心技术人员及高级管理人员。比如总工程师、大学教师或专家、部门总监、总经理等岗位，适用于猎聘网或者猎头。

（5）熟人推荐

优点：对候选人的了解比较准确，招募成本低，保证专业素质和可信任度。

缺点：可能形成裙带关系，不利于组织方针、政策、制度的落实。

适用范围：适用范围广，既适用于一般人员的招聘，也适用于企业单位专业人才的招聘。

### 3. 内部招聘与外部招聘的比较

表2-2　内部招聘与外部招聘的比较

| 招募方法 | 优势 | 不足 |
|---|---|---|
| 内部招募 | 1. 准确性高<br>2. 适应性快<br>3. 激励性强<br>4. 费用较低 | 1. 因处理不公、方法不当或员工个人原因，可能会在组织中造成一些矛盾，产生不利影响<br>2. "近亲繁殖"<br>3. 出现裙带关系<br>4. 在培训上有时不经济<br>5. 能力不胜任和缺乏创新精神 |
| 外部招募 | 1. 带来新思想和新方法<br>2. 有利于招聘一流人才<br>3. 起到树立形象的作用 | 1. 选择难度大、时间长<br>2. 进入角色慢<br>3. 招募成本大<br>4. 决策风险大<br>5. 影响内部员工的积极性 |

## 二　选择招聘渠道的主要步骤

1. 分析单位的招聘要求。

2. 分析招聘人员的特点。

3. 确定适合的招聘来源。按照招聘计划中的岗位需求数量和资格要求，根据对成本收益的计算来选择一种效果最好的招聘来源，是内部还是外部、是学校还是社会等。

4. 选择适合的招聘方法。按照招聘计划中的岗位需求数量和资格要求，根据对成本收益的计算来选择一种效果最好的招聘方法，是发布广告、上门招聘还是借助中介等。

某高新技术企业的售前技术部门提出招聘需求，人力资源部接到需求后开始招聘。人力资源部初试后陆续安排了一些应聘人员到售前技术部门的王经理那边复试，但王经理在复试后总说不合适。经沟通，王经理表示是因为应聘者的能力不能够胜任目标岗位的要求。一个月过去了，由于一直无法找到合适人选，人力资源部的刘经理压力很大，两个部门的关系也变得很紧张。如果你是刘经理，你会怎么做？

**分析**

1．刘经理应该与王经理沟通，明确招聘部门对岗位职责和任职资格的要求，另外了解王经理对候选人员的一些经验、能力方面的要求。

2．刘经理可以和售前部门沟通了解行业的相关公司和其岗位情况，采取"定点式目标"招聘，在目标行业和目标公司的同职岗位中进行定向招聘。

3．充分挖掘内部资源，请公司的员工推荐人选，并给予一定的推荐奖励费用。

4．考虑公司相关岗位转岗的内部推荐和调动。和相关部门沟通，探讨内部调动的可能性，通过内部推荐、调动、竞聘等方式进行"应急式"招聘。紧急救火式招聘，关键是平时要做好招聘的积累工作，对行业、目标公司、目标岗位，甚至目标人选有人才库的积累和储备。另外，我们在招聘时应优先考虑内部招聘，包括内部培养、竞聘、轮岗等方式。

## 三 参加招聘会的主要程序

### 1. 准备展位

为吸引求职者，参加招聘会时，最好在会场设立一个有吸引力的展位。条件允许的话，展位可以争取选择在一个稍好的位置，并且有一个比较大的空间。在制作展台方面最好请专业公司帮助设计，并且要留出富余的时间，以便对设计不满意的地方进行修改。在展台上可以展示公司的宣传片，在展位的一角可以安排一个相对安静的区域，单位的人员可以和那些比较优秀的应聘者在那里进行深入交谈。

### 2. 准备资料和设备

在招聘会上，通常可以发放一些宣传品和招聘申请表，这些资料需要事先印制好，并且要准备充足的数量，以免很快发完。有时在招聘会的现场需要用到电脑、投影仪、电视机、放像机、录像机、照相机等设备，这些都应该事先准备好，并且要注意现场有无合适的电源设备。其他特定设备也要在会前一一准备好。

### 3. 招聘人员的准备

招聘会的现场人员最好有人力资源部的人员，也要有用人部门的人员，所有现场人员都应该做好充分的准备。这些准备包括要对求职者可能会问到的问题了如指掌，做到对答如流，并且所有人在回答问题时口径要一致。另外，招聘人员在招聘会上要穿正装，服装服饰要整洁大方。

### 4. 与协作方的沟通联系

在招聘会开始之前，一定要与协作方进行沟通。协作方包括招聘会的组织者、负责后勤事务的单位，还可能会有学校的负责部门等。在沟通中，一方面要了解协作方对招聘会的要求，另一方面要提出需要协作方提供帮助的事项，以便提前做准备。

### 5. 招聘会的宣传工作

如果是专场招聘会，会前要做好宣传工作，可以考虑利用报纸、广告等媒体，或者在网站上发布招聘会信息。如果是在校园里举行招聘会，一定要在校园里张贴海报，这样才能吸引应聘者参加招聘会。

### 6. 招聘会后的工作

招聘会结束后，一定要用最快的速度整理收集到的简历，通过电话或电子邮件等方式与应聘者取得联系。因为一般应聘者都会在招聘会上给多家公司递简历，反应速度比较快的公司会给应聘者留下公司管理效率较高的印象。

**疑难解答**

1. 校园招聘学生流失率高，应该如何防范？

不要在一所学校或一个系招很多人，要分散、分片地去招聘，招来后及时分解，避免形成团体，并进行内部导师培训管理等工作。只有把后续的工作做好才能保证不流失人才。

2. 猎头行业种类繁多，如何选择适合自己的猎头公司呢？

（1）查看资质。目前全国有几万家猎头公司，但很多公司尚未取得人力资源服务资质。

（2）查看规模。专业的猎头公司，内部构架一定是完善的，是具有一定规模的。

（3）听取业内口碑。专业的猎头公司，一定是实力和服务兼备的，在业内一定是有口碑的。

（4）上门考察。可以通过实地考察，了解该家猎头公司更多的信息。

## 第四节 对应聘者进行初步筛选

初步筛选是对应聘者是否符合岗位基本要求的一种资格审查，目的是筛选出那些背景和潜质都与职务规范所需条件相当的候选人，并从合格的应聘者中选择出参加后续选拔的人员。

### 一　如何快速筛选简历和申请表

最初的资格审查和初选是人力资源部门通过审阅应聘者的个人简历或者应聘申请表进行的。

#### 1. 如何快速筛选简历

当招聘人员面对着一大堆要浏览的简历时，可以使用两步法来处理。

第一步，先筛选淘汰那些与基本工作要求不相符的应征者。

第二步，在合格应征者中比较他们之间细微的差别。

初步筛选出一批简历后，可以侧重从以下几个方面快速浏览简历。

（1）分析简历结构

简历结构反映应聘者的组织和沟通能力。

（2）审查简历的客观内容

在筛选简历时，将注意力放在客观内容上。客观内容主要包括个人信息、受教育经历、工作经历和个人成绩四个方面。

（3）判断是否符合岗位技术和经验要求

要注意个人信息和受教育经历，判断应聘者的专业资格和经历是否与空缺岗位相关并符合要求。要特别注意应聘者是否使用了一些含糊的字眼，比如没有注明大学教育的起止时间和类别等。

（4）审查简历中的逻辑性

若是简历中的工作经历栏里列举了一些著名的单位和高级岗位，而应聘者所应聘的却是一个普通岗位，这就需要引起注意。

（5）对简历的整体印象

标出简历中不可信以及感兴趣的点，面试时可询问应聘者。

（6）查看求职者的求职意愿与薪资期望值

简历中所描述的职业目标与应聘职位不一致的，直接淘汰。例如，应聘的是销售类职位，简历上目标职位中却写着广告策划、外贸人员、人力资源等其他类别岗位，这样的应聘者对自己的定位不够清晰，聘用这样的人员对公司来讲风险比较大。

薪资期望值大大高于企业定价的要淘汰掉，避免以后跳槽。

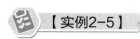【实例2-5】

国内知名的房地产企业W，因公司业务规模扩大，急需在全国各地招聘一批销售代表。公司通过招聘网站发布招聘信息，人力资源部每天能够收到2000多份简历。招聘人员每天筛选简历的工作量很大，但是选出的简历的效果却不是很好，用人部门对不少简历都不认可。请结合本案例分析，招聘时该如何快速有效地筛选简历？

**分 析**

简历的快速有效的筛选，应主要关注以下几个方面。

1．简历结构：简历是否全面介绍个人的受教育背景和工作背景（服务行业、公司名称和工作岗位等）。

2．简历内容：是否有实际的工作内容、数据、工作和职位的匹配性。

3．职位技术和经验要求：考虑前工作公司的行业相关性、技术能力的水平、管理经验的层级。

4．逻辑性：简历是否有逻辑性，是否有工作经历的"空档期"，是否符合一般性的职业发展规律。

除了以上的常规方法之外，对重点的岗位还需要通过面试、背景调查来进行甄别。

**2．如何快速筛选申请表**

在招聘会上让招聘人员最为头痛的往往是面对一大堆简历不知如何筛选。这里有一个技巧可以解决这些问题，那就是在参加招聘会前，根据单位所招聘的岗位要求设计职位应聘申请表，让应聘人员现场填写，这样筛选起来就变得极为方便，同时由于申请表是现场填写的，还能发现一些简历中难以发现的有用信息。

一般来说，申请表应包括以下信息。

（1）个人基本情况：年龄、性别、通信地址、电话、住处、婚姻状况、身体状况等。

（2）求职岗位情况：求职岗位、求职要求（收入待遇、时间、住房等）。

（3）工作经历和经验：以前的工作单位、职务、时间、工资、离职原因、证明人等。

（4）教育与培训情况：学历、所获学位、所接受过的培训等。

（5）生活或家庭状况：家庭成员姓名、关系，或个人兴趣、个性与态度等。

（6）其他：获奖情况、能力证明（如英语和计算机能力等）、未来的目标等。

《职位申请表》的格式可以参考附录11。

一份设计合理的《职位申请表》起码可以达到三个基本目的：第一，确定求职者是否符合工作所需要的最低资格要求，以便确定最少的候选人；第二，申请表可以帮助招聘者判断求职者具不具有某些与工作相关的属性；第三，申请表中所包含的资料可以被用来

"警示"任何与求职者有关的潜在问题领域。总的来说，利用《职位申请表》进行初步筛选的优点是比较客观、容易审核、成本较低。

申请表的筛选方法与简历的筛选有很多相同之处，其特殊的地方如下：

（1）判断应聘者的态度。

（2）关注与职业相关的问题。

在审查时，要估计背景材料的可信程度，要注意应聘者以往经历中所任职务、技能、知识与应聘岗位间的联系。在筛选时，要注意分析其离职的原因、求职动机，对那些频繁离职人员加以关注。

（3）注明可疑之处。

要对高职低就、高薪低就的应聘者加以注意。在费用和时间允许的情况下，初选工作应坚持范围广的原则，应尽量让更多的人员参加复试。

## 二 如何进行笔试

应聘笔试又称纸笔测试或纸笔测试法，是采用笔试测验的方法对应聘人员进行初次选拔的活动过程。

### 1. 笔试的测试内容

（1）一般能力测验

常识、文字表达、逻辑推理、数学、空间关系等能力。

（2）专业知识能力测验

管理专业知识、财务专业知识、电气专业知识、机械专业知识、计算机专业知识等能力。

### 2. 笔试的优点

笔试以纸笔、文字为介质，让应聘者动手、动脑回答提问，这正是它与面试等其他测试方法的最重要区别之一。笔试的优点如下：

（1）可以同时对大批应聘者进行测试，成本相对较低、费时少、效率高。

（2）笔试试题设计可经过深思熟虑、反复推敲、多方咨询，具有较高的信度和效度，科学性强。

（3）试卷评判比较客观，体现出公平、准确的特点，成为测评应聘者素质的一个重要依据。

（4）应聘者对笔试的心理压力相对较小，较易发挥正常水平。

（5）涵盖范围广泛，测试内容呈多样性，可以对应聘者的知识以及通用性能力进行多方面的测试。

（6）可以构建试题库长期使用，其测试的结果也可以作为档案材料长期保存，以备以后参考查询。

### 3. 笔试的缺点

当然，笔试与其他测试方法技术一样，也存在一定的局限性。

（1）无法考察应聘者的思想品德修养、工作态度、口头表达能力、灵活应变能力、组织管理能力、实际操作能力等。

（2）可能出现"高分低能"现象，可能使组织真正需要的人才被剔除，而一些不完全符合条件的应聘者进入下一个阶段的测试。

（3）一些应聘者可能由于猜题、押题或依靠欺骗、舞弊等不法手段而获得高分。

（4）无法对应聘者表达含糊的问题直接进行追问，难以掌握其真实的水平。

### 4. 笔试的分类

从表现形式上看，笔试可以采用选择题、是非题、匹配题、填空题、简答题、综合分析题、案例分析题以及撰写论文等多种试题形式进行测试考核。

从试题的内容上看，笔试试题主要包括以下两种形式。

（1）技术性笔试，主要是针对技术、研发型岗位人员招聘设计的，其笔试题目主要涉及岗位需要解决的技术性问题，专业性比较强。

（2）非技术性笔试，是最常见的一种测试应聘者知识水平、能力素质的通用形式，对于应聘者的专业背景的要求也相对宽松。

#### 疑难解答

1. 简历上写的薪资要求过高，跟公司定的范围出入太大，这种简历应该放弃吗？

首先，判断应聘者是否是奇缺性人才；其次，明确简历上的薪酬（工资、福利、奖金等）和公司的薪酬概念是否一致。如果是单位急需的人才，建议电话沟通（也许面试者看中的是公司其他方面的优势）。我们所做的一切都是为了给公司招揽到更多的人才，既然人才把简历投过来了，我们也不要轻易地放弃。

2. 招聘过程中HR筛选了很多简历，但是到了用人部门那里就变得什么都不合适。这样的问题该怎么解决呢？

主要问题还是出在HR本身对用人部门所需招聘岗位的职责和所需核心能力没有沟通到位，理解上有偏差；或者是用人部门本身对要新招人员的定位就没搞清楚。所以，核心问题还是在于双方要深入沟通梳理，并达成一致的结果——所招聘人员的岗位职责和任职资格究竟是什么。HR要与用人单位有个约定，让用人单位递交用人需求表（将用人的要求详细写出来），这样便可有针对性地筛选到适合用人单位的简历。

## 第五节　面试的组织与实施

面试是单位最常用的，也是必不可少的测试手段。它是指在特定的时间和地点，由面试官与应聘者按照预先设计好的目的和程序，进行面谈、相互观察、相互沟通的过程。面试可以使用人单位全面了解应聘者的教育和社会背景，以及语言表达能力、反应能力、个人修养、逻辑思维能力等方面的综合素质的状况；同时，面试也能使应聘者了解自己在该单位未来的发展前景，并将个人期望与现实情况进行对比，找到最好的结合点。

### 一　面试的适用范围与内容

面试是一种最常用的人员甄选方法，适用于所有的招聘岗位。但是面试不可能考察到应聘者所有的能力和素质，一般要与其他的甄选方式组合运用。

通过面试，可以考察到如图2-1所示的内容。

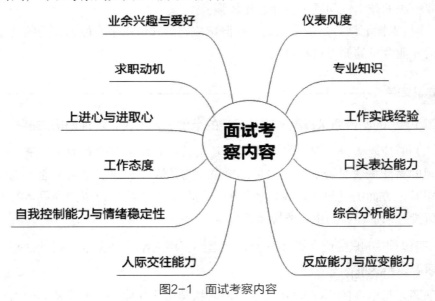

图2-1　面试考察内容

### 二　面试的基本程序

面试作为一种操作难度较高的测评形式，可以参考以下流程进行。

#### 1. 面试前的准备阶段

确定面试的目的、科学地设计面试问题、选择合适的面试类型、确定面试的时间和地点等。面试负责人应事先确定需要面试的事项和范围，列出提纲，并在面试前详细了解应聘者的资料，发现应聘者的个性、社会背景及对工作的态度、有无发展潜力等。

### 2. 面试开始阶段

面试时应从应聘者可以预料到的问题开始发问，如工作经历、文化程度等，然后再过渡到其他问题，以消除应聘者的紧张情绪。只有这样才能营造和谐的面谈气氛，有利于观察应聘者的内外表现，以求全面客观地了解应聘者。

### 3. 正式面试阶段

采用灵活的提问和多样化的形式进行信息交流，进一步观察和了解应聘者。此外，还应该察言观色，密切注意应聘者的行为与反应，对所提的问题、问题间的变换、问话时机以及对方的答复都要多加注意。面试所提的问题可以是简历或应聘申请表中发现的疑点，先易后难逐一提出，尽量营造和谐自然的面试环境。

### 4. 结束面试阶段

在面试结束之前以及在面试官询问完所有问题之后，应该给应聘者一个机会，让其或是提出对职位和公司的疑问，或是进行对自身情况的补充和错误信息的修正。不管是否录用，均应在友好的气氛中结束面试。面试官如果对某一应聘者是否录用有分歧意见时，不必急于下结论，还可安排第二次面试。同时，要整理好面试记录表。

### 5. 面试评价阶段

面试结束后，应根据面试记录表对应聘人员进行评估。评估可采用评语式评估，也可采用评分式评估。评语式评估的特点是可对应聘者的不同侧面进行深入的评价，能反映出每个应聘者的特征，但缺点是应聘者之间不能进行横向比较。评分式评估则是对每个应聘者相同的方面进行比较，其特点正好与评语式评估相反。

## 三　面试的分类

面试可以采取多种方式进行，从不同的角度可以将面试分为不同类型。

### 1. 按面试的结构化程度划分

根据面试的结构化程度，可分为结构化面试、半结构化面试和非结构化面试。

（1）结构化面试

结构化面试是指在面试前就面试所设计的内容、试题、评分标准、评分方法等一系列问题进行系统的结构化的设计，面试官按照同样的程序，对同一批应聘者提同样的问题，从而对应聘者进行评价的面试方法。《结构化面试问卷》样本见附录12。

结构化面试是在面试之前，已经有一个固定的框架或问题清单，面试官根据框架控制整个面试的进行，按照设计好的问题和有关细节逐一发问，严格按照这个框架对每个应聘者分别进行相同的提问。这种面试的优点是对所有应聘者均按同一标准进行，可以提供结

构与形式相同的信息，便于分析、比较，减少主观性，同时有利于提高面试的效率，且对面试官的要求较少。缺点是谈话方式过于程式化，难以随机应变，所收集的信息的范围受到限制。

（2）半结构化面试

对于面试的部分程序或内容作出规定或准备，面试官可以根据应聘者的回答进一步挖掘信息，这种面试称作半结构化面试。与结构化面试相比，半结构化面试的题目可以根据应聘者的不同而随意变化，所以其效度不如结构化面试高。但是这种方法可以充分发挥面试官的主观能动性，结合应聘者的特点深入挖掘其各方面的情况，具有一定的深度。

（3）非结构化面试

对考察程序、内容、具体问题和评价标准均未给出明确的规定和限制，主要依据面试官在面试现场实际发挥的面试方法称为非结构化面试。非结构化面试无固定模式，事先无须做太多的准备，面试者只要掌握组织、岗位的基本情况即可。非结构化面试可以说是漫谈式的，即面试官与应聘者随意交谈，无固定题目、无限定范围、海阔天空、无拘无束，让应聘者自由地发表言论、抒发感情。这种面试的主要目的在于给应聘者充分发挥自己能力与潜力的机会，通过观察应聘者的知识面、价值观、谈吐和风度，了解其表达能力、思维能力、判断力和组织能力等。由于这种面试有很大的随意性，需要面试官有丰富的知识和经验，以及掌握灵活的谈话技巧，否则很容易导致面谈失败。同时，由于面试官所提问题的真实意图比较隐蔽，要求应聘者有很好的理解能力与应变能力。其优点是灵活自由，问题可因人而异，可深入浅出，可得到较深入的信息；其缺点是这种方法缺乏统一的标准，易带来偏差，且对面试官的要求较高。

## 2. 按面试的人员组成划分

（1）单独面试

单独面试是指一个面试官对一个应聘者的一对一面试。

（2）综合面试

综合面试是指人力资源部门和用人部门等多个面试官同时对一个应聘者的多对一的面试。

（3）合议制面试

合议制面试一般将初试和复试统一在一次进行。面试官有人力资源部门负责人、用人部门负责人、用人部门专业人员及组织决策人员。

（4）集体面试

集体面试包括两种情况：一种是一个面试官同时对若干名应聘者进行面试；另一种是多个面试官对若干名应聘者进行面试。

### 3．按面试的次数划分

（1）一次性面试

一次性面试是指用人单位对应聘者的面试集中于一次进行。在一次性面试中，面试官的阵容一般都比较"强大"，通常由用人单位的人事部门负责人、业务部门负责人及测评专家组成。在一次性面试的情况下，应聘者是否能通过面试，甚至能否被最终录用，都取决于这一次面试。

（2）分阶段面试

分阶段面试可以分为依序面试和逐步面试两种类型。依序面试一般分为初试、复试与综合评定三步；逐步面试，一般是由用人单位的主管领导、处长或科长及一般工作人员组成面试小组，按照小组成员的层次，由低到高排列，依次对应聘者进行面试。面试的内容依层次各有侧重，低层一般以考察专业及业务知识为主，中层以考察能力为主，高层则实施全面考察与最终把关。分阶段面试实行逐层淘汰，越来越严格。

### 4．按面试的内容划分

（1）情景式面试

情景式面试是指通过向应聘者提供一种情景，观察其在这个情景下的行为表现，来发现其内在的特质，预测其未来的工作行为。

（2）行为描述面试

行为描述面试是指采用专门设计的面试题目来了解应聘者过去在特定的情况和特定的任务下所体现的行为，从而了解其处事的特点和具备的素质。

### 5．按面试的组织方式划分

（1）现场面试

现场面试是常见的面试，通过现场的组织，由面试官和应聘者面对面进行交流来实现面试功能。这种现场模式要求面试官和应聘者必须按时到达面试现场才能实施。

（2）远程视频面试

远程视频面试是指通过现代计算机网络技术和多媒体视频技术，使面试官对应聘者进行异地面试。在进行一些初次甄选或者远距离的面试中，这种方式大大降低了现场组织的成本、考官和应聘者的交通成本等。

## 四 面试场所的设置

面试场所的选取和环境的控制，对于面试而言是非常重要的。需要注意以下几个方面。

1．确保面试场所的独立性。面试时需要独立的场所或者房间，不宜选在办公室，尽量避免被电话或者其他事情打扰。

2. 确保面试场所的合适性。面试场所的大小选取应根据面试的方式而确定，如个人面试可以选取较小的空间，而小组面试则要求有较大的空间。

3. 确保面试场所的宽松性。面试场所的基本要求是安静、舒适，拥有良好的采光和封闭的环境，以保证面试过程在宽松的环境中进行。

面试中，座次的安排也需要注意，图2-2所示是面试中四种常见的位置安排。

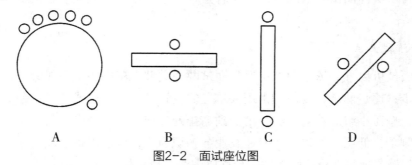

图2-2　面试座位图

A为圆桌会议的形式，多个面试官面对一个应聘者。

B为一对一的形式，面试官与应聘者相对而坐，距离较近。

C为一对一的形式，面试官与应聘者相对而坐，距离较远。

D为一对一的形式，桌子按一定斜度排列，面试官与应聘者相对而坐，距离较近。

## 五　面试问题的设计与提问

### 1. 面试问题设计技巧

在面试之前，面试官需要准备一些基本问题。这些基本的面试问题不宜过多，而且这些问题最好是开放式的问题，能够让面试官从应聘者的回答中引发出更多的问题。仔细倾听应聘者的回答，可以找到很多值得进一步追问的问题。

**面试问题可以这样设计**

1. 你为何要申请这项工作？（了解应聘者的求职动机）

2. 你认为这项工作的主要职责是什么？如果你负责这项工作，你将怎么办？（了解应聘者对应聘岗位的认知程度及其态度）

3. 你认为最理想的领导是怎样的？请举例说明。（了解应聘者的管理风格及行为倾向）

4. 对于你来应聘，家人的态度如何？（了解应聘者的家庭是否支持）

5. 你的客户当众批评、辱骂你，你怎么办？（了解应聘者现场解决棘手问题的经验及处理冲突的能力）

6. 你的上级要求你完成某项工作，你的想法与上级不同，而你又确信你的想法更好，此时你怎么办？（了解应聘者在困境中是否能够冷静地处理问题）

### 2. 面试提问技巧

一般来说，面试官应运用一些提问的技巧来影响面试的方向和进度。主要提问方式有以下几种。

（1）开放式提问。开放式提问要求应聘者给予完整的、字数较多的回答。这些回答本身也能引起讨论，为面试官提供进一步提问的材料。开放式问题鼓励应聘者说话，使面试官能够有机会积极地倾听，方便对应聘者的素质进行评估，并同时观察其非语言交际模式。

开放式提问还能使面试官利用时间计划下一步的提问。开放式问题尤其有助于鼓励腼腆的人开口说话，同时还避免了要求回忆具体事例可能给应聘者所带来的压力。例如："请描述一下你当前这份工作的一般性日常活动。"

（2）封闭式提问。封闭式提问即让应聘者对某一问题做出明确的答复，如"你是否从事过销售工作"，一般用"是"或"否"回答。它比开放式提问更加深入、直接，能使面试官掌握更多的主动权，使某些应聘者心情放松，有助于澄清事实。

（3）假设式提问。假设式提问是根据空缺职务的工作任务，向应聘者提出难题并要求其拿出解决方案。假设性问题能使面试官对应聘者的推理能力、思维过程、价值观、态度创造力、工作方法和处理不同任务的方法做出评价。但是，面试官不要期盼这类问题会有正确的答案。应聘者对这类问题的回答通常基于他们以往的知识和经验，是建立在他们的想象而不是他们所了解的情况基础上的。例如："如果你是经理，你的下属因为不得不满足公司某位高级客户的不合理要求而发牢骚，你会怎样处理？"

（4）清单式提问。清单式提问即鼓励应聘者在众多选项中进行优先选择，以检验应聘者的判断、分析与决策能力。

（5）重复式提问。重复式提问即让应聘者清楚地知道面试官接收到了应聘者的信息，检验获得信息的准确性。

（6）确认式提问。确认式提问即鼓励应聘者继续与面试官交流，表达出对信息的关心和理解。例如："我明白你的意思！这种想法很好！"

（7）举例式提问。例如，通过询问"过去半年中你所建立的最困难的客户关系是什么？当时你面临的主要问题是什么？你是怎样分析的？采取了什么措施？效果怎样？"，从而比较全面地考察一个人。当应聘者回答该问题时，面试官可通过应聘者解决某问题或完成某项任务所采取的方法和措施，鉴别应聘者所谈问题的真假，了解应聘者实际上解决问题的能力。面试中一般可让应聘者列举应聘职务要求的、与其过去从事的工作相关的事例，从中总结和评价应聘者的相应能力。

**【实例2-6】**

Q公司的招聘工作比较随意，有些岗位由人力资源部提供简历，用人部门面谈后即通知入职。有些则由用人部门找到简历后，人力资源部安排面试，用人部门不面谈也可以安排入职。这样就出现了部门员工入职不稳定、试用期期间离职、试用期后工作表现差等问

题。总经理认为面试评估应该有依据，要求人力资源部和用人部门设计面试谈话内容。结合本案例分析，面试沟通应如何设计问话内容？

### 分析

本案例中，由于Q公司招聘的随意性，导致部分员工入职不稳定、试用期期间离职、试用期后工作表现差等问题。在面试问题的设计上，主要应该包括三个方面：（1）工作经验和岗位要求；（2）专业知识与技能；（3）胜任素质要求（分析能力、抗压能力、沟通能力、客户导向等）。在问题设计时，可以设计相关内容对应的情景模拟问题，设计开放式问题让应聘者回答。对应聘者的评估：能力的评估主要由用人部门评价，工作经验根据工作经历进行判断，胜任素质以人力资源部评价为主。另外，本案例中招聘的流程设计也是不合理的，人力资源部和用人部门应明确分工，都应参与面试并根据面试情况给出意见。

## 第六节 人员选拔的其他方法

从大量的应聘者中挑选出最有竞争力的候选人的过程，是招聘的扫尾工作，也可以算作是招聘的一种更高层次上的延伸。前面的小节中介绍了招聘渠道、招聘方法、简历筛选、笔试和面试，其实这些都是人员选拔常用的方法。除了这些方法以外，还可以使用心理测试。心理测试是指在控制的情境下，向应聘者提供一组标准化的刺激，以所引起的反应作为代表行为的样本，从而对其个人的行为做出评价的方法。一般来说，心理测试主要包括人格测试、兴趣测试、能力测试及情境模拟测试。

### 一 人格测试

人格由多种人格特质构成，大致包括体格与生理特质、气质、能力、动机、价值观与社会态度等。人格对工作成就的影响十分重要，不同气质、性格的人适合于不同种类的工作。对于一些重要的工作岗位，如主要领导岗位，为选择合适的人才，需进行人格测试。因为领导者失败的原因往往不在于智力、能力和经验的不足，而在于人格的不成熟。

人格测试的目的是了解应聘者的人格特质。根据心理学家对人格的划分不同，测试的类型也不同，一般可以将人格分为16类：乐观型、聪慧型、稳定型、恃强型、兴奋型、持久型、敢为型、敏感型、怀疑型、幻想型、世故型、忧虑型、实验型、独立型、自律型和紧张型。

### 二 兴趣测试

职业兴趣可以表明一个人最感兴趣的事情是什么，并且能得知一个人最可能从中得到满足的工作是什么。该测试是将个人兴趣与那些在某项工作中较成功的员工的兴趣进行比较，它是用于了解一个人的兴趣方向以及兴趣序列的一项测试。

如果能根据应聘者的职业兴趣进行人事合理配置，则可最大限度地发挥人的潜力，保证工作的圆满完成。根据心理学家对兴趣不同的划分，测试的类型也不同。通常可以将人们的兴趣分为6类：现实型、智慧型、常规型、企业型、社交型和艺术型。

## 三 能力测试

能力测试是指通过测试来预测应聘者的能力性格、职业定位以及适合的职业类型，属于一种倾向性测试。这种预测作用体现在：什么样的职业适合什么人；什么样的人最适合某岗位。因此，它对人员的招聘与配置都有重要意义。

能力测试的内容一般可分为以下三项。

1. 普通能力倾向测试。主要内容包括思维能力、想象能力、记忆能力、推理能力、分析能力、数学能力、空间关系判断能力、语言能力等。

2. 特殊职业能力测试。它是指那些特殊的职业或职业群的能力。测试职业能力的目的在于测量已具备工作经验或受过有关培训的人员在某些职业领域中现有的熟练水平；选拔那些具有从事某项职业的特殊潜能，并且能在短时间特殊培训后或不经特殊培训就能从事某种职业的人才。

3. 心理运动机能测试。主要包括两大类：一是心理运动能力，如选择反应时间、肢体运动速度、四肢协调、手指灵巧、手臂稳定、速度控制等；二是身体能力，包括动态强度、爆发力、广度灵活性、动态灵活性、身体协调性与平衡性等。在人员选拔中，对这部分能力的测试一方面可通过体检进行，另一方面可借助于各种测试仪器或工具进行。

### 能力测试与STAR原则

能力测试是一种新的面试方法。与传统的面试方法更加注重应聘者以往所取得的成就不同，它更多关注的是应聘者如何去实现所追求的目标。在能力面试中，HR要试图找到应聘者过去成就中所反映出来的特定优点。

面试过程中可以采用STAR原则，即Situation——情景；Task——任务；Action——行动；Result——结果。

Situation：一些关键事件当时面临的情况是怎样的？

Task：欲达成的目标任务是什么？

Action：对此情况当时具体采取了什么行动？当时采取此行动时是怎样考虑的？

Result：最终结果如何？

## 四 情境模拟测试

情境模拟测试是一种非常有效的人员选拔方法。情境模拟测试是根据被测者可能担任的岗位，编制一套与该岗位实际情况相似的测试项目。具体操作是将被测者安排在模拟的、逼真的工作环境中，要求被测者处理可能出现的各种问题，用多种方法来测试其心理

素质、实际工作能力、潜在能力等综合素质。

情境模拟测试适合在招聘服务人员、事务性工作人员、管理人员、销售人员时使用。

### 1. 情境模拟测试的分类

根据情境模拟测试内容的不同，可以分为语言表达能力测试、组织能力测试、事务处理能力测试等。其中，语言表达能力测试侧重于考察语言表达能力，包括演讲能力测试、介绍能力测试、说服能力测试、沟通能力测试等；组织能力测试侧重于考察协调能力，如会议主持能力测试、部门利益协调能力测试、团队组建能力测试等；事务处理能力测试侧重于考察事务处理能力，如公文处理能力测试、冲突处理能力测试、行政工作处理能力测试等。这些能力也是现代管理人员必备的素质要求。

### 2. 情境模拟测试的方法

情境模拟测试的方法有很多，如公文处理模拟法、无领导小组讨论法、决策模拟竞赛法、访谈法、角色扮演、即席发言、案例分析法等。

**疑难解答**

1. 同一种测评工具不能在同一个人身上用两次，这种说法对吗？

这个说法是错误的。在测评产品中有一个数据，叫作重测信度，我们一般会根据这个数据来看测评产品的稳定性。当然也有些测评工具是具有学习效应的，也就是一个测评者如果做过一次测评后，第二次做时就会有倾向。测评要保证结果的客观和公正，都是要通过数据来说话，也就是测评产品本身的信效度。

2. 在面试时，怎样针对岗位设计测试题比较合理呢，比如编辑和销售人员？什么样的岗位比较适合利用测试工具呢？

面试题和测评题不一样，测评题目是系统设计好的，基于常模来判断，面试题可以结构化，但个体差异会比较大。

好的测评系统会在测评完成后提供面试建议，即这个人在面试的时候要注意些什么、要重点问什么。工具类的测评适合初、中级岗位和专业岗位。首先，编辑和销售人员在能力要求上就有差异，要根据各自的能力要求来设计相应的题目。严格说来，任何岗位都适合测评工具，只是每一个岗位适合的工具不同，反映的侧面也不同。

3. 假如某公司是制造业，那么人才测评对其是否适合？

人才测评在制造业中，从招聘工人到干部都可以用，只是测评项不同。测评是另外一种形式的考试，只是标准答案基于企业情况的不同而有差别。比如针对工人的问题，出现员工不愿意倒班的现象，可考虑职业价值观测评，性格里面倾向于做稳定、条理性强工作的人更愿意倒班。另外，若是企业曾出现过员工跳楼等极端事件，可考虑心理健康测评和抗压能力测评。

# 第三章　入职、离职及人事档案管理

每一个用人单位，都会有入职的新员工及因各种因素离职的老员工，不管是入职还是离职，都应做好相关的管理工作。

人事档案管理就是对人事档案进行收集、整理、保管、鉴定、统计和提供利用的活动。人事档案涵盖个人的经历、学历、技术职称、社会关系、奖惩等情况，它可以证明一个人从学校到各个工作岗位不同时期的人生轨迹，是工作经历的记录。

## 本章思维导图

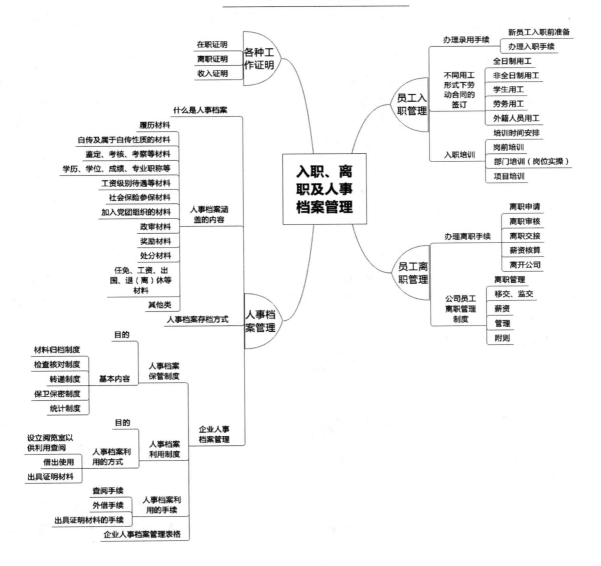

## 第一节　员工入职管理

　　新员工的入职管理是员工管理的起点，也是员工管理的重要环节。做好新员工的初期管理，有助于新员工更快地融入到新的企业及所在团队，也有助于员工与企业及团队成员之间的良性互动；同时，也可以降低新员工的流失率，提高团队的整体绩效，对组织与个人而言，都具有重要意义。

### 一　办理录用手续

#### 1. 新员工入职前准备

　　（1）应聘人员的录用审批，部门经理级（不含经理级）以下由人事总监签署，部门经理级及以上由总经理签署，人事部负责通知员工报到。

　　（2）在新员工报到日，人事部根据《新员工入职手续清单》为其办理相关事项。

　　（3）由其所在部门直接负责人确认其座位，部门经理确认其职位。

　　（4）通知新员工报到时应提交：身份证、学历证明、职称证明、岗位资格证、劳动解除报告书、失业证等证件原件及复印件，并提供免冠近照1张。

　　（5）人事部在新员工入职三天内为其办好公司办公平台软件（如"钉钉"等）权限及其他。

　　（6）为员工确定其所在部门的导师，在入职当天和入职培训中进行介绍。

#### 2. 办理入职手续

　　（1）填写《员工入职登记表》（附录1）。

　　（2）向新员工发放介绍公司情况及管理制度的《员工手册》，使其具备基本公司工作知识，要求其通过公司内部网络了解进一步情况。

　　（3）按照《员工入职档案清单》（附录13）逐项办理入职手续。

　　（4）向新员工介绍管理层。

　　（5）带新员工到部门，介绍给部门经理。

　　（6）更新员工通信录。

### 二　不同用工形式下劳动合同的签订

　　不同企业的用工形式各不相同，常见的有全日制用工、非全日制用工、学生用工、劳务用工及外籍人员用工。

　　1. 全日制用工是指用人单位与员工签署正式的劳动合同，与员工建立正式劳动关系的用工方式。全日制用工方式需要企业在员工入职一个月内与其签订书面劳动合同，这种用工方式是最为常见的，《劳动合同范本》参见附录2。

2. 非全日制用工是指以小时计酬为主，劳动者在同一用人单位一般平均每日工作时间不超过4小时，每周工作时间累计不超过24小时的用工形式，人们习惯称之为"小时工"。非全日制员工与用人单位之间可以签订书面劳动合同，也可以订立口头协议，两种合同形式均为法律所认可。

3. 学生用工大多是指在校学生到企业实习，用人单位需要与其签订《实习协议书》（参见附录3）。

4. 劳务用工是指劳动者向用人单位提供一次性的或者特定的服务，由用人单位向其提供一定报酬的关系。劳务关系可以口头约定，也可以签订书面合同。

5. 关于外籍人员的用工操作，在《外国人在中国就业管理规定》中有这样的规定：

第五条　用人单位聘用外国人须为该外国人申请就业许可，经获准并取得《中华人民共和国外国人就业许可证书》（以下简称《外国人就业证》）后方可聘用。

第八条　在中国就业的外国人应持Z字签证入境（有互免签证协议的，按协议办理），入境后取得《外国人就业证》和外国人居留证件，方可在中国境内就业。

未取得居留证件的外国人（即持F、L、C、G字签证者），在中国留学、实习的外国人及持Z字签证外国人的随行家属不得在中国就业。特殊情况，应由用人单位按本规定规定的审批程序申领许可证书，被聘用的外国人凭许可证书到公安机关变更身份，办理就业证、居留证后方可就业。

第十八条　用人单位与被聘用的外国人应依法订立劳动合同。劳动合同的期限最长不得超过五年。

**【实例3-1】**

最近，某公司到人力资源和社会保障部门咨询，说最近招用了一批员工快一个月了，与他们签订劳动合同时，却遭到部分员工的拒绝，原因是该公司属于私营企业，他们认为签订劳动合同会受到合同期限的约束，公司现在不知道该如何是好。那么，对这些拒签合同的员工，应该如何处置呢？

**分析**

《中华人民共和国劳动合同法》（以下简称《劳动合同法》）规定，订立劳动合同，应当遵循合法、公平、平等自愿、协商一致、诚实信用的原则。建立劳动关系，应当订立书面劳动合同。已建立劳动关系，未同时订立书面劳动合同的，应当自用工之日起一个月内订立书面劳动合同。

法律中规定的自愿、协商一致，并不是指劳动合同愿意签就签、不愿意签就不用签，而是指合同中的一些内容需要单位、职工双方通过协商来确定。

《劳动合同法》规定，用人单位自用工之日起超过一个月不满一年未与劳动者订立书面劳动合同的，应当向劳动者每月支付两倍的工资。用人单位自用工之日起满一年不与劳动者订立书面劳动合同的，视为用人单位与劳动者已订立无固定期限劳动合同。

可见，用人单位在招用劳动者后，一个月内就要与其签订书面劳动合同，对不愿签订书面劳动合同的劳动者，单位可以不招聘使用，以免违反相关法律、法规，使企业蒙受经济损失。

## 三　入职培训

### 1. 培训时间安排

公司新员工岗前培训应定为入职后的1～3天，由人力资源部组织实施培训。岗前培训结束后由用人部门进行岗位实操培训，培训期限截至员工试用期结束，人力资源部跟踪实施绩效考核，表格形式参考附录4和附录14～附录16。

### 2. 岗前培训

负责单位：行政人事部。

负责人：经理、主管、培训专员、内部培训师。

时间：入职后1～3天。

（1）公司历史与现况、公司组织架构、主要业务等。

（2）公司人事管理制及相关程序与流程。

（3）公司行政管理制及相关程序与流程。

（4）公司福利待遇。

（5）回答新员工提出的问题。

（6）培训考核。

### 3. 部门培训（岗位实操）

负责单位：各部门。

负责人：经理、主管、其他相关人员。

时间：1～2个月。

（1）入岗后第一个月

①到部门报到，经理代表全体部门员工欢迎新员工的到来。

②经理介绍部门结构与功能、部门内的管理规定。

③经理或主管对新员工进行工作描述、职责要求。

④经理或主管分配给新员工工作任务。

⑤对新员工进行安全教育培训。

（2）入岗后第二个月

①在新员工确定岗位后进行培训，包括工作流程培训、设备操作过程与保养培训等。

②参加其他的内部培训。

③各部门安排新员工进行实际操作考核。

④部门经理根据新员工考核结果及平时工作表现决定是否给予其转正。

### 4. 项目培训

负责单位：各项目。

负责人：经理、项目经理、其他相关人员。

时间：1~2个月。

（1）岗位操作技能培训。

（2）与岗位相关的其他方面培训。

 【实例3-2】

　　张欣在一家电子商务公司做人事主管。一天，采购部门的经理找到张欣，要求她开除一名采购员。这名采购员刚入职不久，之前转正是因为她的态度好、做事认真负责，但是她的业务能力并不是太好。现在转正后，她开始接手正式的采购工作，但是交给她的任务总是不能按时保质地完成，而且出现很多纰漏，严重影响该部门其他同事的工作。对于这种在转正后才发现不能胜任工作的员工，张欣该怎么做才合适呢？

### 分析

　　用人单位应当根据劳动者的能力，结合本单位的需求，对劳动者进行调岗，调岗不应具有侮辱性。如果经过培训或者调整工作岗位，仍不能胜任工作的，可以提前三十日以书面形式通知劳动者本人或者额外支付劳动者一个月工资，解除劳动合同，并且支付经济补偿金。

　　经济补偿按劳动者在本单位工作的年限，每满一年支付一个月工资的标准向劳动者支付。六个月以上不满一年的，按一年计算；不满六个月的，向劳动者支付半个月工资的经济补偿。

　　实际工作中，张欣还是要根据公司的具体情况，在不触犯法律的前提下执行对采购员的解聘。其实像这种对不适合岗位员工的处理应尽量控制在试用期内，可以用适当延长试用期的方式来考察该员工到底适不适合这份工作。

 疑难解答

1. 试用期和实习期（见习期）有什么区别？

（1）从功能上看：设立实习期是用人单位便于对劳动者熟悉业务、提高技能的教育和培训，其主要功能是学习；而试用期强调的是相互了解、选择，认定彼此是否适应，其功能是评判。

（2）从适用对象上看：实习期仅适用于首次参加工作的劳动者（一般为应届毕业的学生）；而试用期对变更工作后的劳动者同样适用。

（3）从适用上的不利后果看：用人单位对表现特别不好的见习生退回学校，由学校重新分配；而对试用工则是解除劳动合同。

2. 公司组织新员工入职培训，该不该收培训费，收培训费合法吗？

《劳动法》规定："用人单位应当建立职业培训制度，按照国家规定提取和使用职业培训经费，根据本单位实际，有计划地对劳动者进行职业培训。从事技术工种的劳动者，上岗前必须经过培训。"《企业职工培训规定》第九条规定："企业应将职工培训列入本单位的中长期规划和年度计划，保证培训经费和其他培训条件。"《劳动合同法》还规定，用人单位招用劳动者，不得扣押劳动者的居民身份证和其他证件，不得要求劳动者提供担保或者以其他名义向劳动者收取财物。

由此可见，公司收取培训费等费用的做法是违法的。对职工进行培训，承担正常的费用，是用人单位应当履行的义务，用人单位不得将其转嫁到职工身上。

3. 录用通知与劳动合同冲突怎么办？

一般用人单位会在录用信中明确其有效期，以及与劳动合同的关系，即劳动合同签订后，该录用信是作为劳动合同的附件，还是失去效力。但也有很多用人单位没有写明其与劳动合同的关系。那么在发生争议时，如何认定两者之间的关系？

如果录用信的内容与劳动合同的内容不一致或相冲突，由于劳动合同签订在后，相当于用人单位和劳动者就同一问题另行作了约定，变更了录用信中的约定，因此，应当以劳动合同的约定为准；如果录用信中的内容在劳动合同中没有体现，则该部分内容仍然有效，对双方具有约束力。而无论是集体合同、劳动合同还是录用信，都属于用人单位与劳动者就双方权利义务内容所作的特别约定。这一本质特征是用人单位内部的规章制度所不具备的，在两者不一致时，应当以双方的约定为准。

---

**试用期有多久？**

劳动合同期限三个月以上不满一年的，试用期不得超过一个月；劳动合同期限一年以上不满三年的，试用期不得超过两个月；三年以上固定期限和无固定期限的劳动合同，试用期不得超过六个月。同一用人单位与同一劳动者只能约定一次试用期。以完成一定工作任务为期限的劳动合同或者劳动合同期限不满三个月的，不得约定试用期。试用期包含在劳动合同期限内。劳动合同仅约定试用期的，试用期不成立，该期限为劳动合同期限。

---

## 第二节　员工离职管理

在现代企业管理中，员工关系管理非常重要。一旦员工关系处理得不好，会对企业产生巨大的影响。而在管理员工关系时，离职员工的管理既是其中的关键点，也是管理的难点。以前，在网上曾有过这样一则微博，主要是谈论一些公司是如何管理离职员工的。

1．惠普公司：握手话别，陪送"嫁妆"。

2．麦肯锡公司：建立"麦肯锡校友录"，将员工离职视为"毕业离校"。

3．贝恩咨询公司：真心牵挂，人走心连，设立旧雇员关系管理主管。

4．摩托罗拉：不计前嫌，好马回头，有一套科学完备的"回聘"制度。

看完这些公司的做法，大家是不是感触颇深呢！下面我们来看看员工离职需要办理的事项。

## 一 办理离职手续

### 1．离职申请

辞职由员工本人填写《员工离职申请表》，其他离职形式由其直接主管填写。正式员工辞职需提前1个月申请（以部门负责人签署后的《员工离职申请表》提交到人力资源部之日起算，《员工离职申请表》参考附录5）。

### 2．离职审核

《员工离职申请表》经相关人员审核后生效。

### 3．离职交接

离职到期之日，由人力资源部通知离职员工办理离职交接手续，并由相关人员填写《员工离职交接单》（附录6）。离职交接主要包括以下内容。

（1）所在部门：工作、工具、资料等交接，由经办人及部门负责人签名确认，如交接事项较多应另附清单。

（2）财务部：对离职员工借支状况进行审核，由经办人及财务部负责人签名确认。

（3）仓储物流部：收回员工工作服等在仓库所领的物品，由经办人及仓库负责人签名确认。

（4）后勤部：办理宿舍退宿及领用物品退回等手续，由经办人及负责人签名确认。

（5）人力资源部：收回离职员工工作证、考勤卡/餐卡、计算员工考勤（实际工作日截止到通知离职日前一天），由经办人及人力资源部负责人签名确认。

（6）总经办：对离职员工所借图书技术资料及文具用品进行审核，并对员工离职事项进行整体审核。特殊情况需总经理审核。

### 4．薪资核算

辞职人员统一在每月实际发薪日结清所有薪资。被辞退和开除的人员经领导协商后在员工离职后结清所有薪资，如造成公司损失的，在薪资中扣除。由人力资源部填写《员工离职交接单》（附录6）、《员工考勤记录表》（附录17）、《员工离职补偿金发放通知单》（附录18），一并报给财务部，由财务部统一造册发放。

## 5. 离开公司

离职员工办理完上述手续后，由相关部门开具《行李放行条》（附录19），离职员工凭《行李放行条》携带私人物品离开公司；必要时人力资源部为员工开具《离职证明书》（附录20）。

## 二 公司员工离职管理制度

### 1. 离职管理

（1）辞职

①员工因故辞职，应提前1个月向其部门经理及总经理提出书面申请。

②员工主管与辞职员工积极沟通，对绩效良好的员工努力挽留，探讨改善其工作环境、条件和待遇的可能性。如果员工坚决表示辞职，下发《解除劳动关系通知书》（附录21）。

③辞职员工填写《解除劳动关系通知书》签收回执，经各级领导签署意见审批后，递交行政人事部。

④辞职员工收到行政人事部的《解除劳动关系协议书》（附录22）后，办理离职移交手续。部门应安排其他人员接替其工作和职责。

⑤辞职员工完成所有必需的离职手续后，将《员工离职交接单》交行政人事部结算薪资。

⑥试用期职员或未签订劳动合同者离职申请应于两日前提出。

（2）辞退、除名

①员工严重违反公司规章制度，由其部门经理填写《辞退通知书》（附录23）呈准后，作辞退处理。

②被辞退员工收到行政人事部的《辞退通知书》后，办理离职移交手续。部门应安排其他人员接替其工作和职责。

③被辞退员工完成所有必需的离职手续后，将《员工离职交接单》交行政人事部结算薪资。

④员工未经批准擅自离开公司者，视为自动离职，作除名处理。被除名员工必须按公司规章制度办理离职手续，行政人事部方可结算薪资。

（3）离职面谈

员工辞职、被辞退时，该部门负责人与该员工进行离职面谈；如有必要，可请其他人员协助。谈话完成下列内容。

①审查文件、资料的所有权。

②审查其了解公司秘密的程度。

③审查其掌握工作、进度和角色。

④阐明公司和员工的权利和义务。

⑤《员工离职面谈记录表》（附录24）经员工和谈话经理共同签字，并交行政人事部存入员工档案。

### 2. 移交、监交

（1）员工获准离职或作辞退处理时，由行政人事部发给《离职通知书》（附录25）依规定办理移交手续。

（2）离职员工应填写《员工离职交接单》，一式三份，并由移交人及监交人签名盖章。移交清册由移交人、接交人各持一份，一份送行政人事部备查。

（3）移交事项

①现款、有价证券、账表凭证。

②原物料、财产设备、器具、公章。

③规章、技术文件、业务等有关资料。

④其他应交办事项。

（4）监交

①经理级以上员工由总（副）经理监交，但情况特殊者，仍由在握董事长指派专人协助监交。

②主管级以下员工由直属经理监交。

### 3. 薪资

（1）被除名员工必须按公司规章制度办理离职手续，行政人事部方可结算薪资。

（2）员工办妥离职手续后，由人事部依《劳动合同》办理劳动合同终止、退保及结算工资等相关手续。

（3）主管级以下员工，行政人事部当日结算薪资后，财政部予以发放。

（4）经理级以上员工，行政人事部将结算的薪资仍作在当月的薪资表中，财务部于次月8日予以发放。

### 4. 管理

（1）员工离职时必须办妥离职手续，否则员工本人将承担由此造成的损失，必要时将要求其承担法律责任。

（2）凡因违纪被辞退、除名的员工，公司不事先通知和作任何补偿。

（3）在通知期内，如有关员工故意缺勤或未尽全力执行任务，或因不尽职责而给公司带来经济损失的，公司有权追究其经济责任。

（4）移交人于离职6个月内，经发现有亏空、舞弊或业务上不法情事，除应负担赔偿责任外，情节严重者，将追究法律责任。如监交人知情不报或故意疏失，需受连带处分。

### 5. 附则

（1）公司员工的离职工作以保密方式处理，并保持工作连贯、顺利进行。

（2）辞职员工的辞职手续办理完毕后，辞职者即与公司脱离劳动关系，公司亦不受理其在×个月内提出的复职要求。

**【实例3-3】**

某高新技术企业，办公地点最初在科技园，由于公司产业升级，准备搬迁到郊外。一部分员工考虑工作地点距离他们住的地方太远，选择了主动离职。还有一部分人到了新的上班地点，处于观望状态，但是还是可能会离职。总经理张先生评估离职员工的人数将会越来越多，必然会影响工作正常开展，人力资源部应该怎么做？

**分 析**

本案例中，由于公司的搬迁引起员工大规模的离职。人力资源部应该评估公司搬迁引起员工离职的规模，尽量做好员工的解释说明工作。另外，重点做好以下工作：（1）和核心骨干员工沟通，争取这些人不要离职；（2）做好离职岗位的人员储备，保证工作有序开展；（3）考虑增加福利补助，比如开通公司班车、增加住房补贴、交通补贴等福利；（4）因工作地址变更引起的劳动合同变更，应予以说明，协商沟通处理。

**疑难解答**

1. 员工被迫辞职有没有补偿？

依据《最高人民法院关于审理劳动争议案件适用法律若干问题的解释》第十五条之规定：用人单位未按劳动合同约定支付劳动报酬或者提供劳动条件的、克扣或者无故拖欠劳动者工资的，迫使劳动者提出解除劳动合同，用人单位应支付劳动者的劳动报酬和经济补偿金，并可支付赔偿金。因此，如果是用人单位违约在先、导致劳动者被迫辞职的，用人单位不仅不可免除给付经济补偿金的义务，同时还负有相应赔偿义务。

2. 员工离职时，公司出具的离职证明内容可以随意写吗？如果内容不真实会不会存在法律风险？

公司出具的离职证明内容要真实，避免相应法律风险。

首先，用人单位出具的离职证明中不如实反映员工离职原因的情况很多，有的侵害员工利益，有的则损害自身利益，被认定为违法解除劳动合同。为了避免该种用工风险，出具离职证明应如实记载和反映员工工作状况及离职原因，既不能侵害员工的合法权益，也不能隐瞒事实，给自己及其他用人单位带来用工风险。

其次，与用人单位签有保密协议或者竞业限制协议的劳动者离职，用人单位应当在离职证明中将劳动者所负有的保密或竞业限制义务及竞业限制期限列明，既可以保护原用人单位的合法权益，又可以让新用人单位重新考量招录可能带来的法律风险和可能承担的法律责任。

最后，在条件允许的情况下，离职证明一式两份更为妥当，送交劳动者一份后，可以要求劳动者在另一份上签字后留存备查。

**常见的员工离职高峰期**

1. 新人危机：试用期的离职高峰

公司在招聘人才时，大都想要一些马上能够上手、能够立即为公司创造高价值的员工，由此在新人刚刚进入公司时，公司只简单介绍了工作内容及大致情况后，就直接让新员工独立地开展工作，从而忽略了对新员工进行企业文化与行业规则的培训。这种情况导致新员工在公司里学不到相关知识和技能，如果同时也没有可观的薪酬来吸引他们，这时他们就会选择趁早离开。

2. 升迁危机：在职2～3年的离职高峰

经过一段时间的工作锻炼后，每一个员工都希望得到同事和领导的认可以及职位的升迁。但当他们感到升迁空间越来越窄、升迁速度越来越慢、升迁机会越来越少时，这些员工的心态就会发生变化，开始寻找外面的机会。实际上，此时正是员工真正熟悉了公司环境及业务特点的时期，是渡过了"适应期""学习期"，进入发挥能力、为公司创造价值的"贡献期"。员工这时候离职，对于公司来讲，无疑是一大损失。

3. 疲惫危机：在职8年后的离职高峰

很多员工在同一个工作单位任职很多年后，就开始有厌倦心理，如果年复一年地做着重复的工作，特别是对日常工作已经十分熟悉，就不再有任何压力和挑战。此时，人们追求新鲜、探索好奇的本性就会暴露出来，对现有工作就会失去兴趣及动力。更重要的是，当一个人在公司里做了八年之久以后，他在公司内的位置已基本上趋于一种相对稳定的状态，也就是遇到了职业发展中的"天花板"。当职业生涯已走到了"山穷水尽"的时候，如果公司不能及时提供"柳暗花明"的成长空间，员工就会另谋高就。而由于此类员工已发展成为公司的核心骨干，他们的离职，无疑会给公司造成重大损失。

## 第三节　人事档案管理

人事档案管理就是对人事档案进行收集、整理、保管、鉴定、统计和提供利用的活动。维护人事档案材料完整，防止材料损坏，是档案保管的主要任务。

### 一　什么是人事档案

通常将在人事管理活动中形成的人事材料，按照一定的原则和方法进行整理立卷，称为人事档案。人事档案是人事管理活动的记录，也是进行人事管理的条件和依据。人力资源部门进行人事管理时，应充分利用人事档案。

人事档案是我国人事管理制度的一项重要特色，它是个人身份、学历、资历等方面的证据，与个人工资待遇、社会劳动保障、组织关系紧密挂钩，具有法律效用，是记载人生轨迹的重要依据。高校学生档案则是国家人事档案的组成部分，是大学生在校期间的生活、学习及各种社会实践的真实历史记录，是大学生就业及其今后各单位选拔、任用、考核的主要依据。目前出境、计算工龄、工作流动、考研、考公务员、转正定级、职称申报、办理各种社会保险以及升学等都需要个人档案，特别是在国有企业、事业单位，人事档案相当重要。

人事档案具有以下特点。

### 1. 全面性

人事档案收存员工的履历、自传、鉴定（考评）、政治历史、入党入团、奖励、处分、任免、工资等方面的有关文件材料，因此它能记录员工个人成长、思想发展的历史，能展现员工家庭情况、专业情况、个人自然情况等各个方面的内容。总之，人事档案是员工个人信息的储存库，它概括地反映员工的个人全貌。

### 2. 现实性

由于员工仍在工作，其人事档案则成为人事（劳动）部门正确使用人才、合理解决工资等问题的一个重要依据。直接为现实工作服务是人事档案区别于其他档案的重要标志。

### 3. 真实性

真实性是人事档案现实性的基础和前提。人事档案必须做到整体内容完整齐全、个体材料客观真实，才能为用人部门提供优质服务。

### 4. 动态性

人事档案立卷后，其内容不是一成不变的，随着当事人人生道路的延伸将不断形成一些反映新信息的文件材料。因此，人事档案必须注意做好新材料的收集补充，力求缩短档案与员工实际情况的"时间差"，这就要求人事档案必须打孔装订，以便随时补充新材料。

### 5. 流动性

人事档案的管理与员工的人事管理相统一，才便于发挥人事档案的作用，如果人、档脱节，保管人事档案而不知当事人已调往何处，即"有档无人"，这样的无头档案保管得再好也无意义。因此，在工作中必须坚持"档随人走"，在员工调走后的一周以内，必须将其人事档案转往新的管理部门。

### 6. 机密性

人事档案的内容涉及个人功、过等诸多方面情况，有的是从侧面反映了一些重大历史事件，有的是个人向组织汇报而不能向他人（包括家庭成员）言及的内心隐秘等。因此，人事档案属于党和国家的机密，任何人不得泄露和私自保存人事档案材料，不能向社会无条件地提供服务。即使是处于档案管理机构的个人也不能查阅自己的人事档案。

## 二　人事档案涵盖的内容

### 1. 履历材料

（1）履历表、登记表、简历表和简历材料。（2）职工、学生等各类人员登记表。（3）职工更改姓名的材料。

### 2. 自传及属于自传性质的材料

由本人书写的叙述本人经历、思想变化过程、家庭情况、社会关系等内容的材料。

### 3. 鉴定、考核、考察等材料

（1）入职登记表。（2）试用期满考核审批表。（3）转正考核审批登记表。（4）劳动合同。（5）各种鉴定表（包括自我鉴定，单位组织鉴定，党、团员鉴定，学生及学员毕业鉴定）。（6）作为人事任免、调动依据的正式考察综合材料。（7）年度业绩考核登记表。（8）各种专业人员、专门工作鉴定材料。

### 4. 学历、学位、成绩、专业职称等

（1）学历证书。（2）学位证书。（3）专业成绩表。（4）英语能力水平。（5）计算机能力水平。（6）专业技术职务任职资格申请表，套改、晋升、聘任专业技术职务的材料。（7）创造发明、科研成果、著作及有重大影响的论文等。

### 5. 政审材料

（1）主要证明材料、复查结论、调查报告、批复等有关依据材料。（2）家庭出身、本人成分、社会关系调查材料。（3）入党（团）、参军、出国等政审材料。（4）配偶情况登记表、调查材料。

### 6. 加入党团组织的材料

（1）入党（团）志愿书、申请书、入党转正申请书。（2）党（团）员登记表。（3）加入民主党派的有关材料。

### 7. 奖励材料

（1）先进个人登记表、先进模范事迹、嘉奖、通报表扬等材料。（2）创造发明事迹、各种科技和业务奖励材料。（3）立功授奖、年功表彰等材料。

### 8. 处分材料

（1）处分决定、查证核实材料、本人对处分的意见及检查材料。（2）甄别、复查报告，解除、撤销处分的决定，上级批复及本人意见。（3）通报批评材料。

### 9. 工资、任免等材料

（1）与工资有关的材料：干部工资级别登记表、职务工资变动登记表、干部调资审批表，定级和解决待遇的审批材料。（2）与职务有关的材料：干部任免呈报表，考察材料，录用和聘用审批表，聘用干部合同书，续聘审批表，解聘、辞退材料，退（离）休审批表，军衔审批表、军队转业干部审批表。（3）出国出境材料：出国、出境人员审批表。（4）党代会、人代会、政协会议、工青妇等群众团体代表会、民主党派代表会代表登记表。

### 10. 其他类

其他可供组织参考有保存价值的材料：录用体检表；工伤、伤残诊断证明书，伤残等级材料；干部逝世的悼词、个人遗书，非正常死亡的调查报告；工会会员登记表等。

【实例3-4】

生产部吴经理2008年入职，曾获选为2012年的年度优秀员工。最近，吴经理向分管副总提出离职，他说希望有更好的发展平台。分管副总高度重视，希望和吴经理好好沟通一下，要人力资源部提供吴经理的档案。人力资源部没有找到吴经理的档案，只找到一份入职时签的合同。人力资源部了解到，吴经理是熟人介绍的，直接过来上班，没有个人档案。经过对内部员工档案的清理，发现有的员工没有档案，有的档案不全，还有的档案没有更新。请结合本案例分析，企业应如何建立员工档案？

分 析

员工档案管理是指对在职员工的入职信息、员工简历、劳动合同、薪酬调整、异动等资料管理的统称。人事档案管理的内容包括：1.劳动合同。主要是劳动合同、竞业禁止协议、保密协议等。2.履历材料。是指个人经历和基本情况，包括个人简历表、履历表、员工登记表等。3.培训材料。内部培训、外部培训、专项研讨会等的材料。4.岗位技能和学历材料。包括评定专业技能的考级、学历、学位、培训结业成绩。5.异动资料。包括员工入职、员工离职、员工晋升、薪酬变更等资料。另外，由于员工档案记录员工个人在职信息，应该进行保密管理，主管领导调阅应该授权处理。此外，员工档案信息要注意信息变动后的更新。

## 三 人事档案存档方式

目前国家对于毕业后尚未就业的大学生的档案，一般采取以下三种管理办法。

一是把档案转至生源地，由所在地级市的人事局接收。这种方式比较适合准备在生源地范围内就业的毕业生和暂时不想就业的毕业生，优点是在生源地就业后办理手续简单方便，而缺点是两年内如离开生源地就业，需要重新办理改派手续。

二是把档案留在学校，待落实工作单位后，将户籍和档案迁至工作单位所在地，申请档案留校超过两年仍未落实工作的，学校将其档案和户口迁回生源地，学校不再为其发放就业报到证。这种方式适合有就业愿望但尚未就业的毕业生，优点是学校诚信度较高，代为保管户口关系和档案不收取额外费用，缺点是毕业生档案留校只是延长了择业期，与学校没有人事隶属关系，涉及人事关系的证明都不能出具。

三是把档案转至就业代理或人才交流中心。这种方式比较适合准备考研、创业、灵活就业的毕业生，优点是方便毕业生解决一些实际问题，缺点是如果毕业生与指导中心交流相对少，则容易造成信息不畅。

## 四 企业人事档案管理

### 1．人事档案保管制度

（1）目的

第一，保守档案机密。现代企业竞争中，情报战是竞争的重要内容，而档案机密便是企业机密的一部分。对人事档案进行妥善保管，能有效地保守机密。

第二，维护人事档案材料完整，防止材料损坏，这是档案保管的主要任务。

第三，便于档案材料的使用。保管与利用是紧密关联的，科学有序的保管是高效利用档案材料的前提和保证。

（2）基本内容

建立健全保管制度是对人事档案进行有效保管的关键。其基本内容大致包括五部分：材料归档制度、检查核对制度、转递制度、保卫保密制度、统计制度。

①材料归档制度。新形成的档案材料应及时归档，归档的大体程序是：首先对材料进行鉴别，看其是否符合归档的要求；其次，按照材料的属性、内容，确定其归档的具体位置；再次，在目录上补登材料名称及有关内容；最后，将新材料放入档案。

②检查核对制度。检查与核对是保证人事档案完整、安全的重要手段。检查的内容是多方面的，既包括对人事档案材料本身进行检查，如查看有无霉烂、虫蛀等，也包括对人事档案保管的环境进行检查，如查看库房门窗是否完好、有无其他存放错误等。检查核对一般要定期进行，但在下列情况下，也要进行检查核对：突发事件之后，如被盗、遗失或发生水灾、火灾之后；对有些档案发生疑问之后，如不能确定某份材料是否丢失；发现某些损害之后，如发现材料变霉、发现了虫蛀等。

③转递制度。转递制度是关于档案转移投递的制度。档案的转递一般是由工作调动等原因引起的，转递的大致程序如下：取出应转走的档案；在档案底账上注销；填写《转递

人事档案材料通知单》；按发文要求包装、密封。在转递中应遵循保密原则，一般通过机要交通转递，不能交本人自带。另外，收档单位在收到档案、核对无误后，应在回执上签字盖章，及时退回。

④保卫保密制度。具体要求如下：对于较大型的企业，一般要设专人负责档案的保管，应备齐必要的存档设备；库房备有必要的防火、防潮器材；库房、档案柜保持清洁，不准存放无关物品；任何人不得擅自将人事档案材料带到公共场合；无关人员不得进入库房；严禁吸烟；离开时关灯关窗、锁门。

⑤统计制度。人事档案统计的内容主要有以下几项：人事档案的数量；人事档案材料收集补充情况；档案整理情况；档案保管情况；档案利用情况；库房设备情况；人事档案工作人员情况。

### 2. 人事档案利用制度

（1）目的

①建立人事档案利用制度是为了高效、有序地利用档案材料。档案在利用过程中，应遵循一定的程度和手续，这是保证档案管理秩序的重要手段。

②建立人事档案利用制度也是为了给档案管理活动提供规章依据。工作人员必须按照这些制度行事，这是对工作人员的基本要求。

（2）人事档案利用的方式

①设立阅览室以供利用查阅。阅览室一般设在人事档案库房内或靠近库房的地方，以便调卷和管理。这种方式具有许多优点，如便于查阅指导，便于监督，有利于防止泄密和丢失等。这是人事档案利用的主要方式。

②借出使用。借出库房须满足一定的条件，比如本机关领导需要查阅人事档案；公安、保卫部门因特殊需要必须借用人事档案等。借出的时间不宜过长，到期未还者应及时催还。

③出具证明材料。这也是人事档案部门的功能之一。出具的证明材料可以是人事档案部门按有关文件规定写出的有关情况的证明材料，也可以是人事档案材料的复制件。要求出具材料的原因一般是入党、入团、提升、招工、出国等。

（3）人事档案利用的手续

在通过以上方式利用人事档案时，必须符合一定的手续。这是维护人事档案完整安全的重要保证。

①查阅手续。正规的查阅手续包括以下内容：首先，由申请查阅者写出查档报告，在报告中写明查阅的对象、目的、理由，查阅人的概况等情况；其次，查阅单位（部门）盖章、负责人签字；最后，由人事档案部门对申请报告进行审核，若理由充分、手续齐全，则给予批准。

②外借手续。借档单位（部门）写出借档报告，内容与查档报告相似。借档单位（部

门）盖章，负责人签字；人事档案部门对其进行审核、批准；进行借档登记；把借档的时间、材料名称、份数、理由等填写清楚，并由借档人员签字；归还时，及时在外借登记表上注销。

③出具证明材料的手续。单位、部门或个人需要由人事档案部门出具证明材料时，需履行以下手续：首先，由有关单位（部门）开具介绍信，说明要求出具证明材料的理由，并加盖公章；其次，人事档案部门按照有关规定，综合利用者的要求，提供证明材料；最后，证明材料由人事档案部门有关领导审阅，加盖公章，然后登记、发出。

**【实例3-5】**

某公司通过猎头招聘到高级工程师赵勇，公司领导对赵勇的工作履历和个人能力非常满意，但是赵勇要求的薪酬太高，公司的大项目忙完以后，领导要求人事部门的小E向赵勇索要人事档案，想设置一些理由降低薪酬，如果薪酬不能降低便辞退赵勇。小E跟赵勇索要人事档案后，赵勇迟迟没有上交，小E通过打探才知道，赵勇原来并未从原单位办理离职手续，档案还放在原来单位。遇到这种情况，小E应该怎么办？

**分析**

先来说说现公司向赵勇索要档案的行为。赵勇和现单位重新签订劳动合同成为劳动关系，应该且有义务服从单位管理，所以应该及时和原单位解除劳动关系，并协助办理档案转移。但是人事档案并不由员工直接转交，如果是私企应该通过当地人才服务机构办理员工的档案转移手续。所以小E向赵勇索要档案是不合情理的。

再来说说现公司过河拆桥，想降低薪酬或辞退赵勇的做法。这种行为本身是不合法的。目前现公司已经知道赵勇"脚踏两只船"，法律上不允许一个劳动者同时与两个单位建立劳动关系。《劳动合同法》第三十九条有"劳动者有下列情形之一的，用人单位可以解除劳动合同：（四）劳动者同时与其他用人单位建立劳动关系，对完成本单位的工作任务造成严重影响，或者经用人单位提出，拒不改正"的规定。所以，如果现公司能出示相关证据就能和劳动者解除劳动合同，并且不用支付经济补偿。

值得一提的是，按照《劳动合同法》第九十一条规定，用人单位招用与其他用人单位尚未解除或者终止劳动合同的劳动者，给其他用人单位造成损失的，应当承担连带赔偿责任。

## 五　企业人事档案管理表格

企业人事档案管理常用表格形式参考附录26～附录30。

**疑难解答**

1. 如果因为某些原因，弄丢了自己的人事档案怎么办？

（1）如果是职工弄丢了自己的人事档案，首先要和人才机构（县处级以上人才机构或

者具有人事权的县处级单位也可以）沟通，建立一份职工档案，然后再行补办干部档案材料。职工档案的建立相对简单一点，包括简历、户口页和身份证的复印件、学历的复印件、学历认定书、存档表。一般来说，有了这份档案办理社保、用于退休的审档是没问题的。

（2）如果是学生，丢失的是学籍档案，需要回学校跟学校说明情况，去查找学生时期的材料，补办、复印等，然后盖章。另外，要填写毕业生登记表，重新签字盖章。

2．人事档案与养老金领取有没有关系？

人事档案与养老金领取没有关系，但是和退休审批有关。

（1）根据目前规定，当事人退休时，社保会对其人事档案进行审核，依据当事人人事档案最早记载的出生年月，结合当事人参保种类、性别等界定其具体的退休年龄、退休时间。没有档案的话是没有办法界定的，也就不能办理退休手续。

（2）当事人退休后，档案一般由原单位保管，和当事人的养老金领取、发放没有关系。

3．人事档案很重要，它都影响什么？

（1）考公务员。没有人事档案，无法通过政审。

（2）评职称。如果没有档案，你就没有干部身份，也就没有资格评职称，而职称往往是和工资挂钩的。

（3）考资格证。比如会计专业资格考试等，考试地点需要和人事档案的地点相同，没有人事档案，将无法报名。

（4）办理准生证。部分居委会需要在男方存档案的地方开具婚育证明。

（5）养老保险。工龄计算退休后要拿到退休金，必须要档案，档案是否完整，也将影响到退休金的领取。

（6）进国企、事业单位需要档案，而且这是一个非常重要的材料，如果你没有档案且不及时补建，那么这类单位的大门也会对你关上。

温馨
提示

**人事档案补建**

1．简历人事档案：拥有存档资质的公司才可以建立人事档案，才能被"人社局"（即人力资源和社会保障局）所认可，其他机构建立的档案一律无效。

2．档案工龄续接：补缴养老保险时，将相应的工作年限计入到档案中，以实现档案和保险一致。

3．激活人事档案：长时间在个人手中留存的死档，经过拥有存档资质的机构的检验、认证，然后重新将档案归档封存。

## 第四节　各种工作证明

工作证明是指我国公民在日常生产、生活和经营活动中的一种证明文件，一般用于职称评定、资格考试、工作收入证明等。其需要工作单位出具，并加盖单位鲜章方有效。

劳动者在职或者离职期间，经常需要单位开具相关的证明材料，比较常见的有在职证明、离职证明和收入证明。

### 1. 在职证明

当员工参加各类职业资格考试时，可能需要所在企业开具在职证明。在开具在职证明前，企业要问清楚员工的具体用途。《在职证明》的格式参考附录31。

### 2. 离职证明

当用人单位与劳动者之间解除或者终止劳动合同时，为了保障劳动者的合法权益，避免产生劳动纠纷，用人单位应当为劳动者出具解除或终止劳动合同的证明，即离职证明。不论是主动离职还是被动离职，单位都需要开具离职证明。《离职证明》的格式参考附录32。

### 3. 收入证明

当员工需要办理签证、信用卡或银行贷款时，需要单位协助开具收入证明。收入证明具有一定的法律效力，不能弄虚作假。《收入证明》的格式参考附录33。

#### 哪些手续需要工作证明？

工作证明一般用于职称评定、资格考试、工作收入证明等。工作证明需要工作单位出具，并加盖单位鲜章方有效。申请签证、申请信用卡/贷款、就业考试、资格考试、职称评定、申请生育险报销等都需要工作证明，所以一定不要忽视它哦。

# 第四章　员工培训管理

人才是企业生存的第一劳动生产力，是企业最宝贵的财富。那该如何才能发掘员工更大的主动性和责任感呢？培训就是人力资源管理中的一个重要环节，企业要想在现代社会竞争中处于不败之地，必须重视对员工的培训。

## 本章思维导图

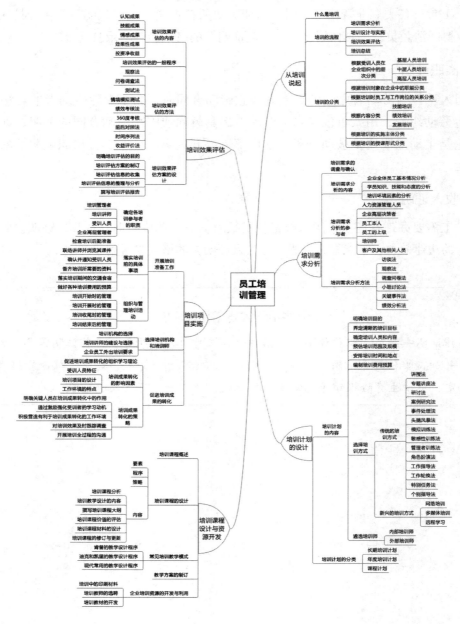

## 第一节　从培训说起

1911年，美国古典管理学家、科学管理之父弗雷德里克·泰勒出版了《科学管理原理》一书，标志着现代管理学的建立。在这本书中，泰勒提出了三条管理原则：第一条是对工人的操作进行科学研究，以替代原有的经验方法；第二条是科学地挑选、培训和教育工人；第三条是与工人相互合作、劳资双方共担责任。1961年，麦格希和赛耶合作出版了《企业与工业中的培训》一书，提出三种分析方法，至今仍是指导培训工作的主要方法，即组织分析、工作分析和人员分析。被誉为"经营之神"的日本松下公司创始人松下幸之助认为："培养人才是当务之急……松下电器是制造人才的地方，兼而制造电器设备……企业各方面的钱都可以省，技术研究开发费用及培训费用绝对不能省。"

由此可以看出，培训对企业而言，具有十分重要的作用。

### 一　什么是培训

培训是一种有计划、有目标、有步骤的学习，它的目标就在于使得员工的知识、技能、工作方法、工作态度以及工作的价值得到改善和提高，从而发挥出最大的潜力，提高个人和企业的业绩，推动企业和个人的不断进步，实现企业和个人的双重发展。

图4-1所示为培训发挥作用的过程。

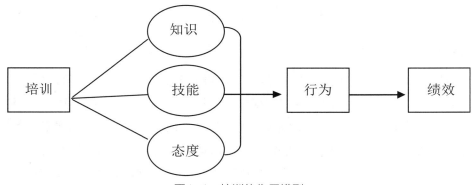

图4-1　培训的作用模型

从图4-1可以看出，员工行为是造成其绩效差异的主要原因。因此，培训的主要内容应着重增强员工的知识、技能，帮助其树立正确的工作态度。培训的本质是学习，培训所体现的不仅是知识的传播与技术的传授，更重要的是可以促使员工的行为发生正向的变化。

培训的最终目标是实现个人发展与企业发展的统一。经过培训后，员工可以在现有的岗位上表现得更加出色，可以胜任更多的工作、承担更大的责任、满足企业更高层次的要求；同时，培训也可使员工的个人职业生涯得到不断的优化和实现。这个过程是员工与企业共生共荣的良性互动过程。

## 二 培训的流程

培训是一个系统的流程，包括培训需求分析、培训设计与实施、培训效果评估、培训总结四个阶段，如图4-2所示。

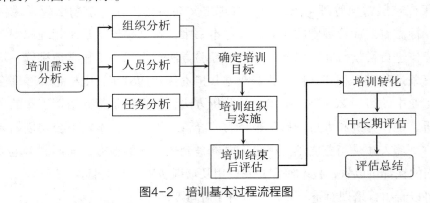

图4-2 培训基本过程流程图

### 1. 培训需求分析

培训需求分析是在计划与设计每项培训活动之前，采取一定的方法和技术，对组织及其成员的目标、知识、技能等方面所进行的系统研究，以确定是否需要培训和培训内容的过程。通过培训需求分析，确定有哪些培训需求、谁需要培训、哪些任务需要培训等。

培训需求分析具有很强的指导性，是确定培训目标、制订培训计划、有效实施培训的前提，是现代培训活动的首要环节，是进行培训评估的基础，对企业的培训工作至关重要，是使培训工作准确、及时和有效完成的重要保证。

### 2. 培训设计与实施

这个阶段首先要确定培训目标，这样员工学习才会更加有效。目标可以针对每一培训阶段设置，也可以面向整个培训计划来设定。培训目标通常包括三个方面：一是说明员工应该做什么；二是阐释可以被接受的绩效水平；三是受训者完成指定学习成果的条件。

设计培训方案时，可以从以下方面着手：选择和设计适当的培训项目；确定培训对象；确定培训项目的负责人，包括组织的负责人和具体培训的负责人；培训的方式与方法；培训地点的选择等。

培训实施是员工培训最为关键的环节。实施员工培训时，培训者要完成许多具体的工作任务，包括选择和准备恰当的培训场所，确立课程名称、目标学员、课程目标、培训时间、培训地点、培训讲师、教材等。

### 3. 培训效果评估

培训效果评估是员工培训系统中的重要环节，一般要做好三方面的工作：确定培训项目评价标准、评价方案设计、对培训的评价。

#### 4. 培训总结

员工培训总结是员工培训系统中的最后环节。通过对培训效果的具体测定与比量，可以了解员工培训所产生的收益，把握组织的投资回报率；也可以对组织的培训决策及培训工作的改善提供依据，更好地进行员工培训与开发。

### 三 培训的分类

培训的分类形式见表4-1。

表4-1 培训的分类

| 培训的分类方式 | | 具体内容 |
| --- | --- | --- |
| 根据受训人员在企业组织中的层次分类 | 基层人员培训 | 企业着重于培训受训员工了解做好本职工作所需的基础知识、基本技能、企业的规章制度等 |
| | 中层人员培训 | 企业着重于培训受训人员增强管理本部门的能力，例如：培养部门成员的合作互助精神、提高团队工作效率、加强上下级间的沟通，以及学会时间管理、项目管理、效益管理的方法等 |
| | 高层人员培训 | 企业着重于对受训人员领导能力、组织协调能力、管理才能的培训和提升，例如：提高战略规划能力、明确激励的措施和效果等 |
| 根据培训对象在企业中的职能分类 | | 可以分为营销人员的培训、生产人员的培训、研究开发人员的培训、人力资源管理人员的培训和财务人员的培训等 |
| 根据培训时员工与工作岗位的关系分类 | | 可以分为新员工入职培训、员工在职培训（也叫在岗培训）、员工离职培训（也叫脱产培训）等 |
| 根据内容分类 | 技能培训 | 技能培训是为了增强市场就业竞争力，由技能培训机构开展的培训。通过技能考核，可以得到国家认可的技能证书。技能培训与学历教育不同，学历教育侧重于综合素质的提高，而技能培训注重某项技能的提高。比如电脑技能培训、软件开发技能培训、汽修技能培训、厨师技能培训等 |
| | 绩效培训 | 绩效培训关注的是员工中期或者长期的绩效改善。绩效培训的时间从几个月到几年不等。在绩效培训中，企业和员工没有必要过分关注细节 |
| | 发展培训 | 发展培训是为了开发员工的各项潜能而开展的一种培训，其内容丰富多样。在发展培训中，企业可以设定多个主题。参加培训的人员面对的是更加抽象的概念，而不是技能培训中的具体信息，也不是绩效培训的评估标准。发展培训一般注重解决的问题，如受训人员的定位如何、他们未来的职业通道如何确定、怎样才能使员工克服性格上的不足、如何才能使员工之间进行有效合作与高效配合等。发展培训关注员工有关职业、事业和生活方面的问题，这些问题是企业发展和员工成长的结合点。在员工领导能力开发项目中，经常会安排发展培训。由于发展培训具有高度个性化的特征，所以大多数企业一般聘请外部人员来实施培训 |

（续上表）

| 培训的分类方式 | 具体内容 |
| --- | --- |
| 根据培训的实施主体分类 | 可以分为企业培训、专业机构培训和咨询公司培训等。企业可以根据培训的内容和要求、自身的规模和势力及员工的具体情况选择不同的培训主体 |
| 根据培训的授课形式分类 | 根据培训的授课形式，可以把培训分为案例式培训、讲演式培训、角色扮演培训、互动式培训、网络在线培训等 |

在上述培训分类中，我们来着重讲解一下新员工培训与外派人员培训。

### 1. 新员工培训

新员工培训，也称职前教育，在本书第三章第一节中我们也曾简单介绍过。在这里，我们再详细讲解一下。

国外通常将新员工培训称为"员工引导"（Employee Orientation）。对新员工来说，这是一个从局外人转变为企业人的过程，对企业来说是一个吸收新鲜血液、提升组织活力、开发新人力资源的过程。

新员工培训的内容非常广泛，培训内容的先后顺序最好事先设计好。如果将薪酬、晋升、培训、企业发展愿景等新员工最关心、最具有吸引力而且关系到员工自身成长的内容放在培训的前面部分，将更能激发员工的热情。下面我们一起来看看新员工培训的基本内容有哪些。

（1）企业文化

可以采用讲解介绍的形式，通过典型事例和故事来影响员工。

（2）企业历史

可以采用讲解介绍的形式，通过播放企业取得业绩的宣传片来激发员工自豪感。

（3）企业战略

可以采用讲解介绍的形式，通过描绘美好的蓝图，激发员工责任感。

（4）企业经营状况及产品介绍

可以采用讲解介绍的形式，结合实地参观，帮助员工进一步了解企业。

（5）公司相关制度（绩效考核、薪酬设计、福利、请假、晋升、危机处理等）

通过发送电子邮件的方式，让员工自学。对于员工关心的内容和容易出现的问题结合实例讲授。

（6）工作职责

发放工作说明书。

（7）沟通技巧

可以采取讲解法、案例讲解、情景模拟相结合的形式，强调操作。

（8）团队合作

可以通过游戏和拓展训练，培养员工的团队精神，促进角色转换。

（9）礼仪

可以通过现场讲解或者情景模拟，告知员工应维护企业形象。

（10）时间管理、压力管理

可以通过现场讲解、案例讲解，帮助员工提高解决问题的能力。

（11）角色转变

可以通过讨论、游戏、情景模拟、举办新老员工见面会等方法，使员工理解个体与组织的关系以及团队协作的重要性。

## 2. 外派人员培训

（1）外派人员培训的流程化管理

传统的外派人员培训仅仅从培训的内容和方法着手，狭隘地将外派人员的培训局限在具体实施项目的步骤上，往往造成内容或者方法的不适应或者低效率，从而造成外派的失败。实践表明，要使外派人员的培训获得成功，进而对外派产生好的影响，就必须重视外派培训计划的制订，将培训放到系统的培训管理流程的角度来分析，实现外派培训的流程化管理。

我们可以将外派的整个过程划分为四个阶段，即计划外派阶段、外派前阶段、外派阶段和回归阶段。

①计划外派阶段：该阶段培训主要在于通过确认工作需求和潜在任职国家的分析，增强员工跨国任职所需要的能力，特别是增强他们到国外任职的潜在愿望，激励他们为外派做好准备。

②外派前阶段：该阶段培训更多地针对有关外派的具体知识和技能等，培训活动也将完全按照系统化的流程进行。培训内容可以涵盖东道国语言、公司业务情况、管理体系等。

③外派阶段：该阶段培训内容往往和东道国的文化、环境等相关，同时也可能包括对外派人员随行家属的培训和帮助。真正考验外派人员和能为外派人员提供最有效培训的应该就是在任职期间的培训，因为只有在这一期间，外派人员才能切身体会到自身知识和技能的缺陷，才能清晰了解自己的培训需求。

④回归阶段：培训内容可以包括敏感性培训、组织变革以及处理归国适应的方式等，以帮助外派回归人员及家属克服反文化冲击和在母国的重新定位。

（2）外派人员培训的管理流程

①培训部门应根据外派的工作要求确认外派类型，根据技术型、智能型、发展型和战略型的不同特点为外派人员的培训内容决策确定一个大致的方向。

②培训部门应对外派人员的培训需求进行分析，这种分析活动需要建立在组织、个人和职位三个方面。培训方向有跨国公司的经营战略、组织结构和企业文化以及外派人员的个人背景、技能状况等。

③在针对确定的培训需求的基础上，为外派人员通过培训需要实现的认知、情感和行为变化制定基础性的目标，以及相应的适用的评估标准，特别是要设立长期和短期目标，这样更有助于体现培训的阶段性。

④采用多种多样的培训方法，对培训活动进行具体、详尽的规划。

⑤对培训效果进行评估，评估效果不理想的指标需要重新制订目标和标准。

 疑难解答

1. 不少企业担心培训会导致员工跳槽，这种担心有必要吗？

许多企业的管理者都担心培训后，员工由于提高了工作能力，会不安心于本职工作，甚至跳槽到竞争对手的公司，因此他们往往只培训眼前必要的内容。但实际上员工真正流失的原因并不是培训，而是公平、福利、制度、沟通等问题。相反，如果企业重视培训，让员工有所提升，员工会愿意留下来。

2. 企业效益差，所以没钱组织培训，这种做法对吗？

有的企业认为，自己经济效益不好，没有钱对员工培训，这种做法很危险。不重视培训是那些经营不好的企业失败的根本原因。培训是企业转亏为盈的重要手段之一，如果不对员工进行培训，员工的态度、技能、知识就不可能得到提高，企业转亏为盈也随之成为空话。

3. 高层管理人员本来就是人才，所以就无须培训？

一些企业的管理者认为，培训只是针对基层的管理人员和普通员工的，而高层管理人员都很忙，他们本来就是人才，经验丰富，因而不需要再培训。但实际上，一个企业高层管理人员的素质高低在很大程度上影响了企业的发展，因而他们更需要更新知识、改变观念。国外很多的知名企业，甚至还把培训作为一项福利按职级进行分配，越是高层管理者，参加的培训就越多。

## 第二节　培训需求分析

人们的学习需求通常是带有"机会主义"性质的，即人们总是在工作组织中的某个特定"机遇"出现时，才意识到自己需要得到一定的培训。而当培训和日常工作相冲突时，

人们又习惯放弃必要的培训和学习。对于企业而言，培训需求分析既是确定培训目标、设计培训规划的前提，也是进行培训评估的基础，因而成为培训活动的首要环节。

## 一　培训需求的调查与确认

### 1. 提出需求意向

### 2. 需求分析

（1）排他分析。对产生绩效差距的原因做全面的分析，确定哪些是人为因素，哪些不是人为因素。如果不是人为因素，就要否定培训意向。

（2）因素确认。确认哪些现存问题是通过员工培训就能够解决的，确认哪些岗位的员工需要培训，需要提高的是知识、技能还是能力素质。

### 3. 需求确认

培训需求的调查与确认具体做法可参考表4-2。

表4-2　培训需求调查分类表

| 需求调查分类 | 调查目的 | 调查对象 | 方法 |
|---|---|---|---|
| 年度需求调查 | 战略 | 董事会、总经理 | 面谈、企业战略计划 |
| | 年度计划 | 部门经理 | 面谈、部门年度计划 |
| | 职位要求 | 管理者与下级 | 调查表、抽样面谈、绩效考核表 |
| | 个人成长感想 | 管理者与下级 | 员工发展规划 |
| 项目需求调查 | 了解学员主要差距，确定培训重点 | 目标学员及其直接上级 | 面谈调查表 |
| 课程中需求调查 | 了解学员主要差距，确定培训重点 | 学员 | 课前抽样、小组交流 |

## 二　培训需求分析的内容

### 1. 企业全体员工基本情况分析

作为企业培训的对象，员工基本情况的分析是培训需求分析的首要内容。

（1）有多少人需要参加学习、培训？（2）他们各自需要参加什么类型的培训？各种类型学习的人员分布情况、数量如何？（3）预备受训对象的职务、工作岗位及工作经历情况如何？（4）他们的年龄、性别、学历等背景情况如何？（5）他们在工作中获得过哪些成功或受到过何种挫折及失败？（6）岗位工作的实际需要与任职者之间能力的差距到底有多大？

### 2. 学员知识、技能和态度的分析

（1）学员对将要培训的内容的了解和熟悉程度？（2）学员以前所学的知识、技能有多少能应用与实践？（3）学员对讲师和培训机构的了解程度？（4）学员对待培训的期

望、态度是什么？（5）还有什么特殊的需要希望通过培训予以满足？

### 3. 培训环境因素的分析

（1）领导是否支持员工参加培训？（2）学员对参加培训学习有什么顾虑和具体困难？（3）培训机构及开设的课程内容能否能满足学员的需求？（4）培训对企业和个人的发展是否具有积极的意义？（5）学员所在单位对这次培训有什么期望？培训能否满足这种期望？

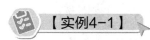
【实例4-1】

某高新技术企业的周老板组织高层管理人员会议，高管人员一致认为：目前，公司的中层因为是老员工，虽然专业技术过硬，但由于学历低、综合素质差，很难承接公司的工作目标分解，执行力普遍较差。但是，作为一家在业内有影响力的公司，不可能把中层干部全部换掉。大家讨论后得出结论，目前最好是通过培训提高中层管理人员的管理水平。人力资源部小郑要做培训的需求收集，他应该怎么做呢？

**分析**

培训需求的调查，应该结合需求提出方和培训方的目的，从公司发展、岗位职责、个人需求三个方面进行收集。本案例中，公司的中层管理人员主要是老员工，专业技术过硬，管理能力不足。因为本次培训需求的输出方为公司高管，应和公司高管沟通，了解管理人员的不足，并针对性地转化为具体的培训需求课题；另外，对培训对象也应该做一下摸底调查，了解一下问题的成因，明确培训的实际需求。通过双方向的调研，收集培训需求。本案例中，涉及中层经理人角色意识和有效执行类的课程是培训课题重点。另外，公司应考虑中层经理能力的评估，设计专业和管理不同的发展通道。

## 三　培训需求分析的参与者

### 1. 人力资源管理人员

培训需求分析的整个工作是由人力资源部主持的，同时他们对每个岗位的要求和变化也是最清楚的，并掌握着大量员工技能、水平的资料。

### 2. 企业高层决策者

高层决策者从企业发展战略考虑培训需求问题，能从宏观上把握培训与其他人力资源活动（如招聘、薪资等），他们可以判断哪类培训、哪些人参加培训与企业经营战略相关。

### 3. 员工本人

培训的对象就是针对每位员工，本着促进员工职业发展的原则，了解他们的学习需要并制订相应的培训项目计划，将有助于培训得到员工的支持和欢迎，并取得理想的效果。

### 4．员工的上级

作为员工的直接管理者，他们对员工的优缺点比较清楚，能帮助人力资源部门明确培训目标和培训内容，并亲自督促执行。

### 5．培训师

培训师具有丰富的经验和深厚的知识，他们对问题的看法往往颇有见地，因此向培训师请教，无疑会得到一些启示。

### 6．客户及其他相关人员

企业外的人员对企业中存在的问题分析一般会更客观，这对培训需求的分析是有帮助的。

## 四 培训需求分析方法

培训需求分析的方法很多，包括访谈法、观察法、调查问卷法等。这些方法各有优缺点，在实践中，组织要根据实际情况来选择合适的方法。表4-3是这几种方法的优缺点的比较。

表4-3 培训需求分析方法对比表

| 分析方法 | 简单说明 | 优点 | 缺点 |
|---|---|---|---|
| 访谈法 | 通过与被访谈人进行面对面的交谈来获取培训需求信息 | 有利于发现培训需求的问题和根源 | 1．费时<br>2．需要熟练的访谈技巧 |
| 观察法<br>（见附录34） | 通过现场观察员工的工作表现获取培训需求的分析方法 | 1．可获取有关工作环境的资料<br>2．降低分析活动对工作的干扰 | 1．观察结果只是表面现象<br>2．需要高水平的观察者<br>3．被观察者的行为可能因被观察而改变 |
| 调查问卷法<br>（见附录35） | 1．了解事项并将相应事项转化为问题<br>2．设计问卷<br>3．小范围试答、修改<br>4．发放问卷调查<br>5．回收并分析 | 1．费用低<br>2．可大规模开展<br>3．信息比较齐全 | 1．持续时间长<br>2．回收率不能得到保证<br>3．某些开放性问题得不到回答 |
| 小组讨论法<br>（见附录36） | 选择有代表性的小组成员，注意讨论气氛调节和过程控制 | 全面分析，有利于发现具体问题及解决办法 | 1．持续时间长<br>2．讨论小组需要较好的组织和协调 |
| 关键事件法 | 通过研究对组织有重要影响的事件发现潜在的培训需求 | 1．以组织目标为导向<br>2．关注关键事件的原因和后果 | 1．对确定哪些是关键事件要求高<br>2．对记录的完整性要求高 |
| 绩效分析法 | 通过分析绩效不足的原因来确定培训需求 | 1．以绩效改进为目的<br>2．有较强的针对性 | 需有明确的考核标准 |

培训的效果必然要受到培训需求分析时被培训对象的参与程度、管理者的参与程度、分析

过程耗时程度、培训需求分析成本及分析过程量化程度的影响，每一种培训需求分析方法在上述五项指标中都各有其侧重及不足（表4-4），在具体应用过程中各种方法有着不同的效果。

表4-4　培训需求分析方法比较

| 信息收集方法 | 被培训者参与程度 | 管理层参与程度 | 分析过程耗时程度 | 培训需求分析成本 | 分析过程量化程度 |
|---|---|---|---|---|---|
| 访谈法 | 高 | 低 | 高 | 高 | 中 |
| 观察法 | 中 | 低 | 高 | 高 | 中 |
| 调查问卷法 | 中 | 高 | 中 | 中 | 高 |
| 小组讨论法 | 高 | 中 | 高 | 中 | 低 |
| 关键事件法 | 高 | 低 | 中 | 低 | 高 |
| 绩效分析法 | 低 | 中 | 低 | 低 | 中 |

### 选择培训需求分析方法时的注意事项

在选择培训需求分析方法时，应注意以下几点：

1. 各种方法最好混合使用，挑选两种或者多种方法，用某种方法的优点弥补另一种方法的缺点，如果混合得当，将提高所取得信息的可靠性。

2. 各种方法都会对调查对象造成某种程度的控制，应尽量降低控制程度，提高使用各种方法的自由度，允许调查对象就他们认为重要的问题发表意见。

3. 做好充分准备，得不到反馈的需求评价工作是无意义的，应清楚在培训需求调查中谁是决策者。

疑难解答

1. 培训需求分析忽略了企业的战略导向，会有什么后果？

培训的开展只有服务于企业的战略及由此形成的人力资源策略，才能帮助企业解决问题，并发挥战略价值。然而，有些企业在做培训需求分析时忽略了企业战略导向，培训理念不清，导致企业各层级对于"培训什么"以及"培训的目标是什么"没有达成共识，进而影响了企业人力资源战略的贯彻与实践，培训效果也不尽如人意。

2. 盲目确定培训项目，对培训效果有什么影响？

培训需求分析是整个培训与开发工作的起点，直接决定了培训工作的有效性。然而，许多企业将员工绩效问题简单地认为是缺乏培训的结果，于是盲目确定培训项目，而没有找到真正的培训需求，更没有进行系统性思考，无法得知在培训项目的设计与实施上存在很大的缺陷，导致培训效果不佳。

3. 企业为什么要做培训效果评估？

（1）通过评估能让管理者相信开发工作是有价值的。（2）通过评估能判断开发项目是否实现了预期的目标。（3）能计算开发项目的成本收益率，为管理者的决策提供数据支持。（4）能区分在开发项目中收获最大或最小的成员，从而有针对性地确定未来受训人员。

## 第三节　培训计划的设计

在确定培训需求之后，为了保证培训活动的顺利实施，需要设计明确的培训计划以指导培训工作的实施。

### 一　培训计划的内容

通常来讲，一个完整的培训计划应包括培训目的、培训目标、培训人员、培训内容、培训范围、培训规模、培训时间、培训地点、培训费用、培训方式及培训师。

#### 1. 明确培训目的

人力资源培训与开发是以实现企业战略与经营目标为目的，分析企业在一定时期内的培训需求，随着企业生产经营的变化不断地调整培训计划，真正地服务于企业发展的需要，明确企业的培训目的。培训需求分析就是为实现企业战略目标对人才的要求应运而生的。所以，企业在制订员工培训计划的时候，既要考虑短期目标，又要考虑未来的长期目标，并将两者有机地结合起来。

员工培训需要企业投入大量的人力、物力和财力，这对企业的运营肯定会有或大或小的影响，有的员工培训项目有立竿见影的效果，有的则需要一段时间后才能反映到员工工作绩效或企业经济效益上来，尤其是管理人员和员工观念的培训更是如此。因此，要正确认识智力投资和人才开发的长期性、持续性和战略性。

#### 2. 界定清晰的培训目标

在做好培训需求的分析之后，要明确培训目标。培训的目标并不是一个大而空泛的概念，而是要有一定的具体要求。

（1）培训的目标应解决员工培训要达到什么样的标准的问题。培训的总目标是宏观的、抽象的，需要不断分层次细化，使其具体化、具有可操作性。要达到培训目标，就要求员工通过培训掌握一些知识和技能，即员工通过培训后了解工作内容是什么、能够干什么、有哪些改变等。

（2）将培训目标具体化、数量化、指标化和标准化。在设定培训的目标时，要用最

清晰的、标准的、有指导性的语句。对"合格""熟练""优秀"一类的词语必须加以量化。具体化、数量化、指标化和标准化是制定培训目标时不可或缺的要求。

（3）培训的目标要能有效地指导培训者和受训者。培训资源可分为内部资源和外部资源，内部资源包括组织的领导、具备特殊知识和技能的员工；外部资源是指专业培训人员、学校、公开研讨会或学术讲座等。在众多的培训资源中，选择何种资源，最终要由培训内容及可利用的资源来决定。

由于企业期望的培训结果只有一个，因此培训的目标就必须清晰地让不同的培训者都能意识到自己要做什么，要达到一个什么样的目标。培训者只有在准确的培训目标指导下，才能知道自己的培训要在哪个方面进行（如是操作能力还是思维方法），才能知道自己的培训标准是什么。

总之，培训目标是培训项目计划和培训方案制订与实施的导航灯。

### 3．确定培训人员和内容

通常来讲，企业应根据培训需求来确定具体的培训内容，不同的培训内容之间相差甚远，应当根据不同培训的特点和培训对象来确定。培训对象基本是由培训需求分析确定的，但这并不等于一经确认就是培训对象，同时也要考虑员工的兴趣爱好和个性特征，尽量避免安排员工参加他们不感兴趣或与其个性相排斥的培训项目。

在实践中，通常采用两种方法来确定培训人员和内容，一种是自上而下法，即由人力资源部门统一安排培训内容和培训对象，各业务部门积极参与，这种方法有利于控制培训成本，有利于将培训目标和组织战略相结合；另一种是自下而上法，即由各业务部门申报培训内容、推荐培训对象，由人力资源部统筹安排，这种方法有利于增加培训的目的性和针对性。

### 4．预估培训范围及规模

培训范围包括四个培训层次，即个人、基层、部门、企业。
培训规模通常会受到人数、场地、培训性质、工具及费用等的影响。

### 5．安排培训时间和地点

培训时间的安排受培训范围、对象、内容、方式、费用及其他与培训有关的因素影响。在时间点的选择上，通常当有新员工入职、员工晋升或岗位轮换、知识技能更替等情况时，就需要对员工进行培训。

培训地点要考虑学员接受培训的所在地区和培训场所。合适的培训地点有利于创造良好的培训范围，增强培训效果。确定好培训地点的同时，还应当配备培训所需要的各类培训设施设备，如投影仪、电脑、音响、笔、教材等。

### 6．编制培训费用预算

培训费用即培训成本，指企业在员工培训过程中所发生的一切费用，包括直接培训成本（在组织实施过程中培训者与受训人员的一切费用总和）和间接培训成本（在组织实施过程之外企业所支付的一切费用总和）。

主要的费用支出项目有讲师授课费、教材费、培训设施费用、场地租赁费以及其他必要的费用。费用预算既是培训顺利进行的必要条件，也是培训评估的一个重要维度。

### 7. 选择培训方式

培训方式可以按照不同的标准划分为不同的类型，这里我们分为传统的培训方式与新兴的培训方式两大类。

（1）传统的培训方式（见表4-5）

表4-5　传统的培训方式

| 方式 | 内容 |
|---|---|
| 讲授法 | 讲授法是指培训师按照准备好的讲稿系统地向受训者传授知识的方法，是最基本的培训方法，适用于各类学员对学科知识、前沿理论的系统了解，主要有灌输式讲授、启发式讲授、画龙点睛式讲授三种方式。培训师是讲授法成败的关键因素<br>优点：1. 传授内容多，知识比较系统、全面，有利于大面积培养人才；2. 对培训环境要求不高；3. 有利于培训师的发挥；4. 学员可利用教室环境相互沟通；5. 能够向培训师请教疑难问题；6. 员工平均培训费用较低<br>缺点：1. 传授内容多，学员难以吸收、消化；2. 单向传授不利于教学双方互动；3. 不能满足学员的个性需求；4. 培训师水平直接影响培训效果，容易导致理论与实践相脱节；5. 传授方式较为枯燥单一，不适合成人学习 |
| 专题讲座法 | 专题讲座法通常针对某一个专题知识，一般只安排一次培训。这种培训方法适合于管理人员或技术人员了解专业技术发展方向或当前热点问题等方面的知识<br>优点：1. 培训不占用大量的时间，形式比较灵活；2. 可随时满足员工某一方面的培训需求；3. 讲授内容集中于某一专题，培训对象易于加深理解<br>缺点：讲座中传授的知识相对集中，内容可能不具备较好的系统性 |
| 研讨法 | 研讨法是指在培训师引导下，学员围绕某一个或几个主题进行交流、相互启发的培训方法<br>类型：1. 以培训师为中心的研讨和以学生为中心的研讨；2. 优秀取向的研讨与过程取向的研讨<br>优点：1. 多向式信息交流；2. 要求学员积极参与，有利于培养学员的综合能力；3. 加深学员对知识的理解；4. 研讨法形式多样、适应性强，可针对不同培训目的选择适当的方法<br>难点：1. 对研讨题目、内容的准备要求较高；2. 对培训师的要求较高<br>选题注意事项：1. 题目应具有代表性、启发性；2. 题目难度要适当；3. 研讨题目应事先提供给学员，以便做好研讨准备 |
| 案例研究法 | 案例研究法是指对参加培训的学员，提供一个有关组织问题（案例）的书面描述，让他们各自去分析这个案例，诊断问题所在，提出解决方案，然后在培训师的指导下，集体讨论各自的研究结果，形成一定的共识<br>案例研究法中的案例用于教学时应满足以下三个要求：1. 内容真实；2. 案例中应包含一定的管理问题；3. 案例必须有明确的目的 |

（续上表）

| 方式 | 内容 |
|---|---|
| 事件处理法 | 事件处理法是指让学员自行收集亲身经历的案例，将这些案例作为个案，利用案例研究法进行分析讨论，并用讨论结果来处理日常工作中可能出现的问题<br>适用范围：1. 适宜各类员工了解解决问题时收集各种情报及分析具体情况的重要性；2. 了解工作中相互倾听、相互商量、不断思考的重要性；3. 通过自编案例及案例的交流分析，提高学员理论联系实际的能力、分析解决问题的能力以及表达、交流能力；4. 培养员工间良好的人际关系<br>优点：1. 参与性强，使学员由被动接受变为主动参与；2. 将学员解决问题能力的提高融入知识传授中；3. 教学方式生动具体，直观易学；4. 学员之间能够通过案例分析达到交流的目的<br>缺点：1. 案例准备的时间较长且要求高；2. 需要较多的培训时间，同时对学员能力有一定的要求；3. 对培训顾问的能力要求高；4. 无效的案例会浪费培训对象的时间和精力 |
| 头脑风暴法 | 头脑风暴法又称研讨会法、讨论培训法或管理加值训练法，其特点是培训对象在培训活动中相互启发思想、激发创造性思维，能最大限度地发挥每个参加者的创造能力，提供更多更好的解决问题的方案<br>操作要点：1. 只规定一个主题，即明确要解决的问题，保证讨论内容不泛滥；2. 把参加者组织在一起，无拘无束地提出解决问题的建议或方案，组织者和参加者都不能评议他人的建议和方案，事后再收集各参加者的意见，交给全体参加者；3. 排除重复的、明显不合理的方案，重新表达内容含糊的方案；4. 组织全体参加者对各可行方案逐一评估，选出最优方案<br>关键：要排除思维障碍，消除心理压力，让参加者轻松自由地各抒己见<br>优点：1. 培训过程中为企业解决了实际问题，大大提高了培训的收益；2. 可以帮助学员解决工作中遇到的实际困难；3. 培训中学员参与性强；4. 小组讨论有利于加深学员对问题理解的程度；5. 集中了集体的智慧，达到了相互启发的目的<br>缺点：1. 对培训顾问要求高，如果不善于引导讨论，可能会使讨论漫无边际；2. 培训顾问主要扮演引导的角色，讲授的机会较少；3. 研究的主题能否得到解决也受培训对象水平的限制；4. 主题的挑选难度大，不是所有的主题都适合用来讨论 |
| 模拟训练法 | 模拟训练法是指以工作中的实际情况为基础，将实际工作中可利用的资源、约束条件和工作过程模型化，学员在假定的工作情境中参与活动，学习从事特定工作的行为和技能，提高其处理问题的能力的方法<br>优点：1. 学员在培训中工作技能将会获得提高；2. 通过培训有利于加强员工的竞争意识；3. 可以带动培训中的学习气氛<br>缺点：1. 模拟情景准备时间长，而且质量要求高；2. 对组织者要求高，要求其熟悉培训中的各项技能 |
| 敏感性训练法 | 敏感性训练法又称T小组法，简称ST法。敏感性训练要求学员在小组中就参加者的个人情感、态度及行为进行坦率、公正的讨论，相互交流对各自行为的看法，并说明其引起的情绪反应<br>适用范围：1. 组织发展训练；2. 晋升前的人际关系训练；3. 中青年管理人员的人格塑造训练；4. 新进人员的集体组织训练；5. 外派工作人员的异国文化训练等<br>活动方式：集体住宿训练、小组讨论、个别交流等 |
| 管理者训练法 | 管理者训练法简称MTP法，是产业界最为普及的管理人员培训方法。这种方法旨在使学员系统地学习，深刻地理解管理的基本原理和知识，从而提高他们的管理能力<br>适用范围：适用于培训中低层管理人员掌握管理的基本原理、知识，提高管理的能力<br>培训方式：1. 专家授课；2. 学员间研讨<br>操作要点：指导讲师是管理者训练法的关键，采用外聘专家或由企业内部曾接受过此法训练的高级管理人员担任 |

（续上表）

| 方式 | 内容 |
|---|---|
| 角色扮演法 | 角色扮演法是指在一个模拟真实的工作情境中，让参加者身处模拟的日常工作环境之中，并按照他在实际工作中应有的权责来担当与实际工作类似的角色，模拟性地处理工作事务，从而提高处理各种问题的能力<br>精髓是"以动作和行为作为练习的内容来开发设想"<br>行为模仿法是一种特殊的角色扮演法，它是通过向学员展示特定行为的范本，由学员在模拟的环境中进行角色扮演，并由指导者对其行为提供反馈的训练方法，适用于中层管理人员、基层管理人员、一般员工的培训 |
| 工作指导法 | 工作指导法又称教练法、实习法，是指由一位有经验的工人或直接主管人员在工作岗位上对受训者进行培训的方法。指导教练的任务是指导受训者如何做、提出如何做好的建议，并对受训者进行激励 |
| 工作轮换法 | 工作轮换法是让受训者在预定时期内变换工作岗位，使其获得不同岗位的工作经验的培训方式。主要适用于新进员工、新进入组织的年轻的管理人员或有管理潜能的未来的管理人员 |
| 特别任务法 | 特别任务法是指企业通过为某些员工分派特别任务对其进行培训的方法，此法常用于管理培训 |
| 个别指导法 | 个别指导法和我国以前的"师傅带徒弟"或"学徒工制度"相类似。目前我国仍有很多企业实行这种帮带式培训方式，其主要特点在于通过资历较深的员工的指导，使新员工能够迅速掌握岗位技能 |

（2）新兴的培训方式（见表4-6）

表4-6　新兴的培训方式

| 方式 | 内容 |
|---|---|
| 网络培训 | 可以轻易得到内容更新并可以提高广大听众对培训的接收性；也可以在受训者需要的时候及时实施培训，学习者可以控制怎样接受信息和何时接受信息；可以使用附加信息的链接，也可以选择信息和练习的深度以更好地适应个体的培训需要 |
| 多媒体培训 | 多媒体是由计算机驱动，使各种类型的课文、图表、图像和声音信息交互性交流的系统。各种方式的多媒体相互结合可以使各种不同的内容被使用者以多种不同的方式获得，学习进度也可以由使用者自由掌握 |
| 远程学习 | 优点在于多人同时培训、节约费用和不受空间限制；缺点在于缺乏沟通、受传输设备影响大 |

8. 遴选培训师

培训师是员工培训的重要实施者，培训师的业务水平在很大程度上影响着培训的效果。通用性的素质培训通常会选择外部培训师，聘请相对固定的外部培训师有利于增加培训师的责任感，增加培训内容的针对性，而专业性培训通常选择内部培训师。

（1）内部培训师

①企业内部培训师应成为培训师资队伍的主体。

②培训师的水平高低不仅直接影响到具体培训活动的实施效果，还可能会影响到企业领导对人力资源部门和企业员工培训工作的基本看法。

"内部培训师评审流程"见附录37，《内部培训师评审表》见附录38。

（2）外部培训师

选拔程序：外部培训师的选拔程序，要接受申请、试讲、资格认证、评价、聘用、晋级等流程的管理。

制度：企业实行"外部培训师助手"制度，即为每一个正式聘用的外部培训师配备专门的内部助手。

## 二　培训计划的分类

### 1．长期培训计划

长期培训计划是从企业战略发展目标出发制订的相应的长远培训计划。长期培训计划的设计基于掌握企业组织架构、功能和人员状况，了解企业未来几年的发展方向与趋势，了解企业发展过程中员工的需求，结合企业现阶段工作重点，同时明确有哪些资源可供利用。

### 2．年度培训计划

年度培训计划主要表现企业本年度的培训主题，包括培训对象、培训内容、培训方式以及培训费用的预算，但是不涉及单一课程的具体细节，表格形式可参见附录39。年度培训计划的总体目标与企业长期培训计划保持一致，同时作为企业全年业务运用计划中人力资源计划的重要部分，应服务于企业的经营目标。

### 3．课程计划

课程计划是在年度培训计划的基础上，就某一培训课程进行的目标、内容、组织形式、培训方式等细节的规划。课程目标应明确完成培训后培训对象应达到的知识、技能水平。设定现实可行的培训目标既为培训指明了方向，又为评估培训效果提供了指标。

## 第四节　培训课程设计与资源开发

## 一　培训课程概述

广义上的课程设计应该包括多方面的内容，不仅包含课程本身的有关内容，还包含培训需求调查与预测、培训组织和环境、课程评价等。而狭义上的培训课程是指为实现培训目标而选择的培训内容的总和，与教育的学科课程相比，其功利性非常突出。

从培训内容完整性的角度来看，培训者在培训课程开发与设计上应该为所有的培训对象提供如表4-7中所示的五个方面的内容，根据培训对象的不同而区别安排具体的内容。

表4-7　培训课程的内容

| 培训内容层面 | 具体内容类别 |
|---|---|
| 初级层面 | 心态转变 |
| | 技能补充 |
| | 知识更新 |
| 深度层面 | 潜能开发 |
| | 思维变革 |

## 二　培训课程的设计

### 1. 培训课程设计的要素

（1）培训课程目标——根据环境和需求而定。

（2）培训课程内容——以实现培训课程目标为出发点去选择并组合。

（3）培训课程模式——有效体现培训内容，采用配套的组织与教学方法。

（4）培训课程策略——培训程序的选择和资源的利用。

（5）培训课程评价——对培训课程目标与实施效果的评价。

（6）教材——切合学习者情况，提供适当信息。

（7）学习者——学员的学习背景和学习能力、学员的类型、组织形式（个人、部门、组织、行业、跨行业等）、学员的规模等。

（8）执行者——理解培训课程设计思想的主持人与教员。

（9）时间——短、平、快，要求充分利用。

（10）空间——可超越教室的空间概念。

### 2. 培训课程设计的程序

培训课程设计的程序是：从培训需求的调查与分析出发，明确培训课程目标，根据目标要求，进行课程设计。设计包括安排课程内容、确定培训模式、组织课程执行者、准备培训教材、选择课程策略、编制课程评价方案、预设分组计划、分配培训课时。课程设计初步完成以后要进行论证，分析存在的问题，找出不足加以改进。

通过对培训课程设计过程中各个环节的具体分析，可以更清楚地理解培训课程设计的全部过程。课程设计过程分为以下几个阶段。

（1）定位：确定培训课程的基本性质和基本类别。

（2）目标：明确培训课程的目标领域和目标层次。

（3）策略：根据培训目的与学习者的学习风格设置课程系列。

（4）模式：优化培训内容、调动培训资源、遴选培训方法。

（5）评价：检测目标是否达到。

教你人力资源管理
实操从入门到精通

### 3. 培训课程设计的策略

培训课程设计的策略见表4-8。

表4-8　培训课程设计的策略

| 分类 | 内容 |
|---|---|
| 基于学习风格的课程设计 | 主动型学习：以经验与感觉为基础的学习风格 |
| | 反思型学习：以多维思考与归纳推理为基础的学习风格 |
| | 理论型学习：以逻辑推理和演绎分析为基础的学习风格 |
| | 应用型学习：以理论和实践相结合为基础的学习风格 |
| 基于资源整合的课程设计 | 培训者的选择：培训者和受训者要相互适应，要"因材施教" |
| | 对时间和空间的设计：时间设计上最重要的是如何充分地利用时间，在有限的时间里最大限度地调动受训者的学习积极性；空间的设计如教室座位的排定等直接影响培训方法的采用和培训者角色的确定 |
| | 教材的选择：要考虑为学员提供实际的、先进的、实用的教材 |
| | 教学技术手段和媒体的应用：教学媒体的多样性和先进性，是现代培训课程设计的一个很重要的特色 |
| | 培训方法的优选：培训方法的选择是保证培训课程的设计实现理想目标的根本保证 |
| 对课程设计效果的事先控制 | 培训教学设计的结果是形成好的教学计划和方案。在培训中，如果能在培训之前做好教学计划的话，将会收到非常好的效果。具体包括：<br>1.　对授课内容充满自信<br>2.　在预定的时间内达到培训目的<br>3.　控制授课时间<br>4.　可以应用于各种对象<br>5.　有利于培训者的自我启发 |

### 4. 培训课程设计的内容

（1）培训课程分析

培训课程分析是培训开发流程的重要步骤，是培训课程调查与研究的阶段。其目标是确定受训人员必须掌握的、用来执行符合课程意图的分内工作的知识和技能。主要包括课程目标分析和培训环境分析。

课程目标是指在培训课程结束后，希望受训人员通过课程学习能达到的知识、技能和能力水平。具体步骤如下：

①培训目标的确定；

②对培训目标进行划分，区分主要目标和次要目标，区别对待两者；

③对培训目标的各分目标进行可行性分析，根据企业培训资源情况，对那些不可行的目标做适当的调整，确立课程的目标；

④对课程目标进行层次分析，即明确各个课程目标的内在联系，安排其实施次序。

培训环境分析是指对开展培训的环境进行分析，具体包括实际环境分析、限制条件分析、引进与整合、器材与媒体可用性等方面。

（2）培训教学设计的内容

针对不同的培训对象，培训教学设计的具体方法步骤可能会有所不同，但其基本内容是一致的。主要包括：

①希望学员学习什么——即培训目的的确定；

②为达到预期目标，如何进行培训和学习——即教学策略和教学媒体的选择；

③在培训过程中，如何安排时间——即教学进度的安排；

④进行培训时，如何及时反馈信息——即培训评价的实施。

（3）撰写培训课程大纲

培训课程大纲是指在明确培训主题和了解受训人员之后，对培训内容和培训方式的初步设想。在撰写培训大纲时，主要考虑如表4-9所示的几个内容。

表4-9　撰写培训课程大纲

| 项目 | 内容 |
| --- | --- |
| 撰写课程大纲流程 | 1. 根据课程目的和目标确定主题<br>2. 为提纲搭建一个框架<br>3. 写下想讲的每项具体内容<br>4. 选择各项内容的授课方式<br>5. 要修改、重新措辞或调整安排内容 |
| 设计适用的内容 | 1. 受训人员需要知道学习的目的和原因<br>2. 受训人员感觉有现实或迫切的需要就会去学<br>3. 受训人员对学习内容的实用性和结果尤其关注<br>4. 受训人员喜欢将新知识与经验做比较<br>5. 受训人员喜欢按自己的方式和进度学习，期望知道效果<br>6. 受训人员在轻松、愉悦和友爱的环境下学习效果更好<br>7. 受训人员易产生精神疲倦 |
| 决定内容的优先级 | 需要遵循的原则包括：<br>1. 根据互为依据的课题进行编排<br>2. 按照问题由易到难的顺序来编排<br>3. 按照问题的出现频率、紧迫性和重要性进行编排 |
| 选择授课方式方法 | 培训者可根据授课内容的需要灵活选择使用不同的授课方法，只要能有效地达到授课目的，便可自由选择并综合使用 |

（4）培训课程价值的评估

①课程评估的设计：对培训项目的评估是在课程总体设计时就做好的方案，并在整个培训过程中一直进行。培训者不断地从各方面得到反馈，对培训效果进行评价，对培训项目进行改进。

②学员的反映：向学员发调查表，通过这种方式可以快速、简便地了解到学员对培训的反映。这种方式的缺点是会造成培训者过多地迎合学员，而不重视培训目的。

③学员的掌握情况：可以通过培训结束时的考试和论文来了解。关键在于如何设计考

题，能否全面反映学员对培训内容的掌握情况。

④培训后学员的工作情况：这需要到学员的工作地点进行跟踪调查，进行这项工作还有助于增强客户对培训工作的信任，而且可以使学员在培训结束时仍然得到帮助，但这项工作要花费较多的人力和物力。

⑤经济效果：指培训为这个公司带来的经济效益。由于很难确定其中的哪些效益是由培训带来的，因此，通常不对这项进行评估。

（5）培训课程材料的设计

制作课程内容的主要途径是建立资料库，将与培训有关的各种资料，无论是使用纸质介质还是多媒体介质的，都进行合理的安排，以便更好地提升培训效果。

培训材料应以提示重点和要点、强化受训人员认知为主要职能。其中，培训教材应留出一定的空白以方便受训人员做课堂笔记。PPT的制作也应该简洁明了、突出重点，演示课程大纲及重点内容即可。

课程材料中，教学资料通常包括整理资料、课题资料、资讯资料、摘要四种，培训课程内容的制作应该包括理论知识、相关案例、测试题、游戏和课外阅读材料五类材料。

（6）培训课程的修订与更新

培训课程在试讲之后就进入修订阶段，它是以培训师、受训人员、专家、课程设计相关人员、培训项目相关人员的评论为依据的。修订是一个过程，其中涉及协调时序和序列，调整练习、试题、实例等程序，更新或变更部分内容，补充或删除部分内容。

**【实例4-2】**

Y公司是一家服务器销售公司，公司一般喜欢招熟手。但是最近，随着规模的扩大和公司人才梯队建设的需要，公司逐步吸纳了部分应届生。部分新进人员不了解公司的规章制度，连考勤要求也不清楚；新进销售人员不了解公司的销售目标和销售激励政策；更有的职能部门的员工连公司的主营业务都不清楚。经过公司内部讨论决定，人力资源部应开展新员工培训工作。其中通用类课程由人力资源部设置，专业类课程由其他相关部门负责。结合本案例分析，新员工培训的通用性的课程应怎么设置？

**分析**

本案例中，由于公司的新进人员直接上岗，导致员工对公司的认识不足，很难融入到公司里面。公司在新员工入职后应该组织新员工培训，帮助新员工适应公司的工作环境。培训的通用类课程主要包括：1.公司介绍，包括公司的发展历程、组织结构、管理团队、企业文化等；2.产品介绍，包括产品功能、市场、合作客户等；3.管理规章制度，主要进行规章制度宣导，如考勤管理制度、公司福利、财务报销制度等；4.职业化的专题，如有效沟通、客户关系管理、目标管理、时间管理等专题。通过让新员工了解应知应会的知识和公司提倡的工作要求，降低试用期员工的流失率，使其更快地胜任本职工作，提高试用期员工对公司的认同度。这样，不仅规范了员工的入职管理，还可以让员工融入团队，更可以提高其试用期的工作效率。

### 三　常见培训教学模式

#### 1. 肯普的教学设计程序

肯普的教学设计主要包括以下几点内容：

（1）写出课题，确定每一课题的教学目的；（2）分析学员特点；（3）分析可能取得明显学习成果的学习目标；（4）列出每一个学习目标的学科内容和大纲；（5）设计预测题；（6）选择教与学的活动和教学资源；（7）协调所提供的辅助服务（如技术人员、经费、设备、仪器和进度表等）；（8）实施教学；（9）根据学员完成学习目标的情况来评价教学活动，以便进行反馈和再修正。

#### 2. 迪克和凯里的教学设计程序

迪克和凯里的教学设计是一个偏重于行为主义的模型，强调对学习内容的分析和鉴别，强调从学生的角度收集数据以修改教学内容。步骤如下：

（1）确定教学目标；（2）开展教学分析；（3）分析教学对象；（4）制定具体的行为目标；（5）设计标准参照测试；（6）开发教学策略；（7）开发和选择教材；（8）设计和开展形成性评价；（9）修改教学内容。

#### 3. 现代常用的教学设计程序

现代常用的教学设计程序如下：

（1）确定教学目的；（2）阐明教学目标；（3）分析教学对象的特征；（4）选择教学策略；（5）选择教学媒体；（6）实施具体的教学计划；（7）评价学生的学习情况，进行反馈修正。

### 四　教学方案的制订

教学方案的制订一般要按照如下的程序来进行：

1. 确定教学目的。确定教学整体的评价和重要性，明确地制定教学中心和教学目的。

2. 确定教学名称。题目最好能清楚明白并具有弹性。

3. 检查培训内容。要能包含培训的全部内容，并将重点项目列出来。内容要以学习者能够接受的程度为准，稍微简单一些比较好。

4. 确定教学方法。确定具体采用哪种教学方法，可以选择的教学方法很多，如小组讨论法、案例教学法、讲授法、角色扮演法等。

5. 选定教学工具。教学工具有传统和现代之分，传统教学工具有粉笔、黑板、挂图等。

6. 设计教学方式。这是整个教学方案的重心，包括教学一般技巧的使用、教学方法的

采用和教学工具的具体使用等内容，实际上就是将各种教学资源如何整合与利用的技巧和方法。这个环节很重要，也很复杂，需要花费较多的时间和精力来考虑。

7. 分配教学时间。完成所有程序之后，还需要做的就是计算和分配时间。在规定的时间内要既能按时完成培训的内容，又要保证各部分内容是有序而按主次进行的，这对达到培训目标也很重要。

在教学方案的每个项目都决定之后，把它们添加到教学计划书中，可以将计划书当作教学笔记。其书写通常有如下一些规律：项目栏里写上项目名称、培训对象等；时间栏里写上所需要的时间；形式栏里写上培训的具体方法和形式；强调栏里写上需要强调的内容；将培训内容分类写在相应的栏目里，并将各个部分内容所需花费的时间也写上；将要强调的地方画线；每个项目的事例写在空栏里，讲课时间多出来的话，可以利用这些事例来控制时间。

## 五　企业培训资源的开发与利用

### 1. 培训中的印刷材料

表4-10　培训中的印刷材料

| 项目 | 内容 |
| --- | --- |
| 工作任务表 | 具有强调课程的重点、提高学习的效果和关注信息的反馈的作用 |
| 岗位指南 | 岗位指南是对最常用和最关键的任务的描述，使包含许多复杂步骤的任务简单化。具有突出重点、使用简易、查阅快捷、记忆方便等优点。在培训中具有以下作用：<br>1. 迫使有关专家对理想的操作做出界定，进一步明确培训的目标<br>2. 有助于记忆在培训中学到的操作规程，也便于在以后工作中随时查阅<br>3. 有时可以代替培训或减少培训时间，节约成本 |
| 学员手册 | 学员手册是培训中的指导和参考材料 |
| 培训者指南 | 如果只是讲师使用，培训者指南可以很简单，如果要发给学员或其他人使用，就应该多一些注解 |
| 测验试卷 | 在培训开始时，利用测验试卷帮助培训者了解学员的知识和经验水平，对培训内容做最后的调整。在培训结束时，也可以进行试卷测验，测试的分数可使讲师和学员准确地知道他们的掌握程度 |

### 2. 培训讲师的选聘

培训讲师的选聘标准如下：

（1）具备经济管理类和培训内容方面的专业理论知识；

（2）对培训内容所涉及的问题应有实际工作经验；

（3）具有培训授课经验和技巧；

（4）能够熟练运用培训中所需要的培训教材与工具；

（5）具有良好的交流与沟通能力；

（6）具有引导学员自我学习的能力；

（7）善于在课堂外发现问题并解决问题；

（8）积累与培训内容相关的案例与资料；

（9）掌握培训内容所涉及的一些相关前沿问题；

（10）拥有培训热情和教学愿望。

### 3. 培训教材的开发

（1）培训课程教材应切合学员的实际需要，而且必须是足够的、能反映该领域内最新信息的材料。

（2）资料包的使用。许多课程为适应快节奏培训的高标准和高要求，除精心地用教学大纲说明课程意图外，还采用建设"教材资料包"的方法来组织。

（3）利用一切可开发的学习资源组成活的教材。

（4）尽可能地开发一切所能利用的信息资源，打破传统的教科书体系，充分利用现代科学技术的先进成果，把单一的文字教材扩充到声、像、网络以及其他各种可利用的媒体上。

（5）设计视听材料。

## 第五节　培训项目实施

### 一　开展培训准备工作

#### 1. 确定各培训参与者的职责

（1）培训管理者

培训管理者主要负责本企业员工培训的计划、组织、控制、监督等管理性工作。培训管理者应非常了解本企业员工，清楚员工的培训需求和掌握适合员工的培训方法。

（2）培训讲师

培训讲师的主要职责包括设计培训内容，负责课堂教学、组织与管理，提供咨询服务，激励员工学习及实施其他直接影响员工学习的所有活动。

（3）受训人员

受训人员在培训过程中，应认真履行积极配合培训前期工作、积极参与培训活动、做好培训总结工作和积极实践培训内容的职责。

（4）企业高层管理者

在企业培训中，虽然企业高层管理者并不是直接的参与者，但他们的决策、行动却事关企业培训工作的整体开展，没有他们配合、参与和营造重视培训的氛围，培训效果也会有所影响。因此，企业高层管理者应该做到态度上重视员工培训工作、支持员工培训组织体制建设和做好员工培训规划工作。

### 2. 落实培训前的具体事项

（1）检查培训后勤准备

根据培训内容、方式及讲师的要求，在正式培训的前2～3天需要做好后勤的准备工作，例如检查场地的大小、桌椅、黑板、投影仪等设备是否符合要求。

（2）联络讲师并浏览其课件

培训前应与培训讲师确认培训时间、地点，还应再次听取培训师对培训场地、器材、座位安排等方面的要求，便于直接做出调整。培训前还应将企业及受训人员的期望和建议传递给培训师，以便培训师在培训过程中"因材施教"。

（3）确认并通知受训人员

培训前应再次核实受训人员人数，并下发《培训通知单》（见附录40），避免出现缺席情况。

（4）备齐培训所需要的资料

应提前购买教材，准备活动器材，以及编制课程表、课程大纲、培训须知、试卷等资料，便于受训人员能准确了解培训内容和培训要求，培训管理者能顺利开展效果评估工作，培训师能全面了解受训人员对培训内容的掌握情况。

（5）落实培训期间的交通食宿

如果培训师是外聘的，需要做好培训期间的交通食宿安排。培训结束后，受训人员的交通安排等应与企业后勤服务人员协调好，以免造成受训人员的休息时间不足，从而影响接下来的工作。

（6）做好各种培训费用的预算

应提前做好培训预算，并根据企业财务制度做好相关费用的审批工作，以落实培训工作中所需要的各种经费。附录41为《培训费用支出申请表》。

### 3. 组织与管理培训活动

（1）培训开始时的管理

培训开始以后，培训管理者在做好引导培训讲师进场地、准备茶水、受训人员签到、发放课程资料等管理事务的基础上，按培训主题及课程介绍、日程安排介绍、培训讲师介绍和培训注意事项的流程开展工作。

（2）培训开展时的管理

①协助培训讲师开展培训活动。②注重培训课程的自我管理。

（3）培训收尾时的管理

①给培训课程归纳总结。②对培训活动进行回顾与展望。③向培训讲师表达谢意。④与培训讲师进行交流分享。

（4）培训结束后的管理

①考核受训人员培训成绩。②制作并颁发相关证书。③整理培训相关资料。④制作调查问卷并进行培训跟踪。⑤撰写培训小结。

## 二 选择培训机构和培训师

### 1. 培训机构的选择

在企业员工培训方面，尤其是中高层管理人员及高级技术人员的培训，许多企业选择聘请专业的外部培训机构来进行，有学历教育培训机构、技能教育培训机构或者管理（技术）咨询培训机构等。

### 2. 培训讲师的建设与选择

（1）内部培训师

企业在选拔内部培训师、建设内部培训讲师队伍时，一般应先明确选拔范围，然后在此基础上通过培训师自荐、部门推荐等方式，将其列入企业讲师资源库。

（2）外部培训师

在聘请外部培训师时，应注意以下几点：

①了解外部培训的缺陷，例如外部培训师对企业缺乏了解，可能导致培训效果不佳，外部培训师缺乏实际工作经验等；

②确定合适的内外部培训师的比例；

③拓展外部培训师的来源渠道。

### 3. 企业员工外出培训要求

为便于管理，需要外出培训的员工应做好以下工作：

（1）自己提出申请，如填写《员工外出培训申请表》（见附录42），经部门同意后交人力资源部审核，按管理权限呈报企业领导审批，最后由人力资源部备案；

（2）需签订员工培训合同，合同规定双方的责任、义务；

（3）外出培训最好不要影响工作，没有什么特殊情况的话，不提倡全脱产学习。外出学习在工作日的时间视同在公司上班，但要提供《员工外出培训总结考核表》（见附录43）。

### 三 促进培训成果的转化

由于培训成果的学习、长时间的维持以及在工作中的应用不单纯是培训活动能够解决的，所以企业必须营造有利的组织氛围，确保培训成果的运用，并防止受训人员回到已经习惯的行为方式上。

#### 1. 促进培训成果转化的组织学习理论

（1）组织学习理论（见表4-11）

表4-11 组织学习理论

| 项目 | 内容 |
| --- | --- |
| 鲍尔·沃尔纳的学习型组织五阶段模型 | 运用实证研究方法，从企业教育与培训活动角度分析并归纳出学习型组织的学习活动须经历的五个阶段，包括：<br>第一阶段，企业处于发展初期，企业中的学习活动一般是自发的、无意识的学习，组织尚无开发学习项目的意识<br>第二阶段，随着企业发展和外部竞争的加剧，企业进入了"消费性学习"阶段<br>第三阶段，学习引入了企业，这是学习型组织的开端<br>第四阶段，企业开始确定组织的学习日程<br>第五阶段，学习与工作实现了融合 |
| 约翰·瑞定的"第四种"模型 | 约翰·瑞定认为，"学习型组织"必须在学习的过程中进行准备、计划、推行工作，即全程学习。"第四种"学习型组织模型的基本项目包括持续准备、不断计划、即兴推行和行动学习 |
| 彼得·圣吉的学习型组织的"五项修炼" | 自我超越；改善心智模式；建立共同愿景；团队学习；系统思考 |

（2）组织中的持续学习

①组织持续学习的文化因素：组织持续学习文化是一种培训需求的组织分析；组织持续学习文化是一个多维层次结构，能够提供不同水平的组织诊断功能；将"学习迁移"分析由培训评估部分提前到组织分析之中。

②组织持续学习文化的层次结构：组织的持续学习文化是一个多维度有层次的结构，这种多维层次结构可以用来做不同水平的分析，是一个比较好的组织诊断工具。

a. 组织持续学习文化测量的一级因素为企业竞争气氛、上级支持、提供更新机会、同事支持、工作创新、工作竞争六个方面。

b. 上述六个方面组成组织持续学习文化的二级因素，主要包括社会支持维度、持续创新维度、竞争性维度。

#### 2. 培训成果转化的影响因素

（1）受训人员特征

培训开始前，培训管理人员一方面应充分了解受训人员的能力状况，根据员工的能力状况，安排员工力所能及的培训内容；另一方面，应多与受训人员进行沟通，告诉他们参加培训项目可能给他们带来的个人以及职业方面的收益，以强化受训人员的学习动机。

（2）培训项目的设计

在培训项目设计中，应从成果转化的角度着重做好以下工作：

①营造良好的学习氛围；

②采用符合转化理论的教学方式；

③帮助受训人员提出合乎自身特点的培训需求。

（3）工作环境的特点

受训人员的培训成果转化与工作环境中的转化氛围、管理者或同事的支持力度、执行新技能的机会、技术硬件支持等息息相关。

### 3. 培训成果转化的策略

（1）明确关键人员在培训成果转化中的作用

培训的全过程都应该分析关键人员，即管理者、培训者、受训者和受训者的同事在培训中应该做的工作，建立促进培训成果转化的工作环境，克服阻碍培训成果转化的因素。

（2）通过激励强化受训者的学习动机（表4-12）

表4-12　通过激励强化受训者的学习动机

| 项目 | | 内容 |
| --- | --- | --- |
| 运用激励强化理论，促进培训成果转化 | 运用目标设置理论 | 1. 明确的、需要经过努力才能达到的目标比模糊的目标更能调动人的积极性<br>2. 培训过程中，如果目标具体而有挑战性，培训内容和学员的能力、经历相关，并能根据学员任务完成情况提供反馈，培训效果就能得到保证 |
| | 运用期望理论 | 1. 个体的行为动力和人的预期密切相关<br>2. 在营造培训环境的过程中，培训师可以向受训者重点说明培训后能够得到的益处，帮助受训者建立起努力—成绩、成绩—奖励之间的依存关系 |
| | 运用需求理论 | 1. 如果一个人的主要需求得到满足，其动机和积极性就会被激发出来<br>2. 在企业组织的培训过程中，如果能够帮助员工感知到激发自己的成就需求和日后职业成功存在密不可分的关系，那么员工的行为就会符合组织的要求 |
| 采取有效措施促进受训者的配合 | | 1. 分析确定培训对象时应有所选择，要求受训者具备学习培训项目内容所需的基本技能。选择时，可以对候选人进行书面测试，结果不记入个人档案，以避免员工产生排斥心理<br>2. 要求受训者做好受训准备，端正学习态度和学习动机<br>3. 根据需要，通过自我学习提高基本技能<br>4. 明确告知培训后将考察学习结果和应用情况，设置奖惩项目，并与薪酬、晋升等活动挂钩<br>5. 如果员工不具备基本技能但又必须参加培训，可以将基本技能指导融入培训计划中<br>6. 培训实施前可将培训设计的资料印发给受训员工，让其事先阅读理解，可提高培训有效性 |

（3）积极营造有利于培训成果转化的工作环境

积极营造有利于培训成果转化的工作环境的措施主要包括：

①发挥人力资源管理部门的督导与推动作用；

②提高管理者的支持程度；

③增加应用所学技能的机会；

④建立受训员工联系网络；

⑤建立一对一的辅导关系。

（4）对培训效果及时跟踪调查

①受训者完成培训课程后，使用培训转化跟踪表对受训者进行调查。

②企业培训主管部门应当建立一个监督反馈系统，及时提醒并督促各级管理者按照培训评估的指标和标准，持续跟踪受训者，进行调查评估，以促进培训成果的有效转化。

（5）开展培训全过程的沟通

①培训前的沟通：目的是让受训员工知道做什么和该做什么。培训前的沟通对象是主管和同事，主要内容包括培训期间要完成的任务；学员在哪些方面存在不足，希望通过培训解决或提高。培训以后可以与培训前的沟通情况进行对比，为培训后的沟通做准备。

②培训期间的沟通：包括培训师、其他学员和培训机构。沟通的主要内容是培训中没有听懂的问题和本企业实际存在的问题。

③培训后的沟通：主要包括召开培训会；针对培训的内容制订成果转化计划；根据培训记录和培训结果整理培训档案资料；受训者在培训后的表现应该和考核相结合。

### 疑难解答

如何对管理人员进行培训？

作为管理人员，需要学习和训练如计划、组织、领导、控制、沟通、协调、激励等能力和手段，但是因为工作层面的不同，所需学习和训练的内容也应有所侧重。哈佛商学院的Katg教授研究出了各级管理人员能力的最优化组合，如表4-13所示。

表4-13　各级管理人员能力的最优组合

| 人员 | 专业技能 | 人文技能 | 理念技能 |
| --- | --- | --- | --- |
| 高层管理人员 | 17.9% | 39.4% | 42.7% |
| 中层管理人员 | 22.8% | 42.4% | 34.8% |
| 基层管理人员 | 50.3% | 37.7% | 12.0% |

其中，专业技能是指对生产产品或提供服务的特定知识、程序和工具的理解和掌握；人文技能是指在组织中建立融洽人际关系并作为群体的一员有效工作的能力；理念技能是指从整体把握组织目标、洞察组织与环境相互关系的能力。

对于高层管理人员来说，理念技能是最重要的；对于中层管理人员来说，人文技能是最重要的；而对于基层管理人员来说，专业技能是最重要的。要提高企业各层管理人员的能力必须注意这种层次性特点。表4-14给出了高、中、基层管理人员所需具备的能力的差别。

表4-14　各级管理人员所需具备能力

| 人员 | 能力 |
| --- | --- |
| 高层管理人员 | 洞察能力、决策能力、创造能力、统筹能力、批判能力、个人品德、自我控制力、概念思维、战略眼光、团队领导力等 |
| 中层管理人员 | 判断能力、领导能力、协调能力、沟通能力、专业能力、目标设定能力、业绩考核能力、解决团队问题能力等 |
| 基层管理人员 | 经营管理的基本内容和沟通方式、专业能力、计划能力、指导能力、沟通能力、理解能力等 |

企业的管理人员培训需要根据以上两个表格中的能力特征来设计相应的课程训练，以提升员工相关能力。

## 第六节　培训效果评估

培训效果评估与管理中的控制职能相似，在组织培训的某一项目或某一课程结束后，要对培训的效果进行评估，以便找出受训者究竟有哪些收获或者提高。

### 一　培训效果评估的内容

培训成果是培训效果评估的主要内容。培训成果包含认知成果、技能成果、情感成果、效果性成果和投资净收益五种类型，要始终围绕这五个部分开展培训评估。

#### 1. 认知成果

判断受训者对于培训项目所强调的原则、事实、技术、程序和流程的熟悉程度，可以衡量受训者在培训项目中学到了哪些知识。

#### 2. 技能成果

包括技能的获得或学习与技能的应用，用来评估受训者的技术和运动技能水平及其行为。

#### 3. 情感成果

包括受训者的态度和动机两个方面的内容。

### 4. 效果性成果

判断培训项目给企业带来的回报。

### 5. 投资净收益

指对培训所产生的货币收益与培训成本进行比较之后，企业从培训项目中所获得的价值。

**培训企业的两种典型代表**

1. 从来不组织或很少组织培训的企业，培训组织者和企业高层对培训本身能带来的价值的期望值非常高，经常将培训的收获与咨询的价值等同起来，希望一个培训或一个讲师的到来能解决企业目前所有的难题。这些企业大多采取大班授课，人数都会超过50人，甚至100人以上。

2. 越是经常组织培训的企业对培训能带来的价值的期望值越趋于理性，这些企业一般会采取小班授课，人数一般控制在20~30人之间。

## 二 培训效果评估的一般程序

大多数公司的高层领导对培训的必要性已经有比较深刻的认识，花在培训上的钱也越来越多。但是，因为培训本身并不直接产生经济效益，到底该花多少钱在培训上，花的钱有什么效果，这些都是领导们头疼的难题。甚至，在某些公司主管眼中，培训已经成为一个"保健因素"。那么，如何评估培训效果，把有限的培训费用花在刀刃上，使培训成为员工和企业发展的"激励因素"呢？

科学的评估程序是正确评估的基本保证，培训管理体系的测评由四个步骤组成。

第一步：评估目标确定。主要内容包括确定培训评估是否开展；进行培训评估的可行性分析；确定培训评估的项目；确定培训评估的目标。

第二步：评估方案制订。培训评估方案一般包括培训测评的价值分析，培训评估的项目及目的，培训评估的时间、地点和人员，培训评估的方法、标准及步骤，培训评估的分工与合作，培训评估的报告撰写与反馈等。制订培训评估方案时，要征求培训项目实施人员及外部培训专家顾问的意见，确保培训评估方案的科学性和可操作性。

第三步：评估方案实施。包括培训信息的收集和整理分析。不同的培训评估信息收集的渠道和收集的方法有所不同，常用的收集方法主要有原始资料收集法、观察活动收集法、访谈活动收集法和调查问卷收集法。由于培训评估需要的信息来自不同的渠道，信息的形式也各不相同，因此，有必要对收集到的信息进行分类，并根据不同的培训评估内容的需要进行信息归档，通过表格及图形将信息所表现的趋势和分布状况予以形象的处理。

第四步：评估工作总结。对培训效果评估工作的整体进展情况进行总结和评价，指出评估方案实施过程中的收获和不足，为下一次开展评估活动提出建议。对培训项目的实施效果撰写《培训评估报告》（见附录44）。撰写《培训评估报告》是整个评估最后的工作环节，同时也是影响评估结果的重要一环。因此，撰写评估报告时要在充分的信息收集的基础上，征求多方面的意见和观点，提高培训结果测评的价值。

要想让培训有效果，以上四步缺一不可。

## 三　培训效果评估的方法

培训效果评估的方法参见表4-15。

表4-15　培训效果评估的方法

| 方法 | 内容 |
| --- | --- |
| 观察法 | 由培训管理者担任观察者，按照事先拟定的提纲对观察对象实施观察 |
| 问卷调查法（见附录45） | 问卷设计根据使用范围和时机加以调整，最好是开放式问题和封闭式问题相结合 |
| 测试法 | 主要用于对知识性和技能型内容的测试 |
| 情境模拟测试 | 包括角色扮演和公文筐测试等多种方法，通过在最接近实际工作环境的情境下进行测试而了解受训者的真实水平 |
| 绩效考核法 | 收集受训者的绩效资料，对其在受训前后一段时间内绩效的变化进行考察 |
| 360度考核 | 通过被考核人的上级、同级、下级和服务的客户对他进行评价，从而使被考核人知晓各方面的意见，清楚自己的所长和所短，以达到提高自身能力的目的 |
| 前后对照法 | 选取两个条件相似的小组，在培训前，对两个小组进行测验，分别得到两组成绩。一个小组施加培训，一个小组不进行培训，在培训结束后，再对两个小组进行测验，比较每个小组的测验成绩，看培训是否对小组起作用 |
| 时间序列法 | 在培训后定期做几次测量，通过数据对比分析培训效果的转移程度 |
| 收益评价法 | 从经济角度综合评价培训项目的好坏，计算出培训为企业带来的经济收益 |

## 四　培训效果评估方案的设计

### 1．明确培训评估的目的

（1）评估的可行性分析。（2）明确评估的目的。（3）明确评估的操作者和参与者。

### 2．培训评估方案的制订

（1）最核心的工作内容包括评估方法选择、评估设计方案和评估策略选择。（2）最好能够由培训项目的实施人员、培训管理人员、培训评估人员和培训评估应用人员共同进行。

### 3．培训评估信息的收集

培训评估数据的收集主要是要注意数据的有效性、可靠性、简单易行性和经济的特点。

教你人力资源管理
实操从入门到精通

### 4. 培训评估信息的整理与分析

数据收集完毕后，要对收集到的信息进行分类，并根据不同的培训评估内容的需要进行归档，还要应用相应的统计方法进行整理分析。

### 5. 撰写培训评估报告

撰写培训评估报告是整个培训评估最后的工作环节，同时也是影响培训评估结果的重要环节。一般应包含五个方面：

（1）培训背景说明与培训概况；（2）培训评估的过程说明；（3）培训评估信息的总结与分析；（4）培训评估结果与培训目标的比较；（5）关于培训项目计划调整的建议。

# 第五章  绩效管理

绩效管理在现代企业管理体系中是不可缺少的，有效的绩效管理会给日常管理带来巨大的效益，如果绩效管理运用得当，企业的基层员工、各级管理人员乃至整个企业都会受益无穷。

## 本章思维导图

## 第一节  认识绩效管理

### 一  什么是绩效管理

#### 1. 绩效管理的认知误区

有很多人认为，绩效管理就是绩效考评，这种理解是错误的，它们有着本质的区别。我们一起来看下面的例子。

如果把绩效管理这项工作比喻为整理床铺，那么一张床怎么样才算整理干净呢？我们可以设定以下几个环节：

（1）明确由谁（被考核人）来整理；（2）整理哪些部位（绩效目标）；（3）整理到什么样的标准（考核标准）；（4）谁（考核人）来检查；（5）整理的过程中出现差错怎么办（管理者需要辅导、沟通与支持）；（6）整理的结果怎样（考核、评估）；（7）下次如何整理得更好，成为"整理床铺第一人"（反馈、改进与激励）。

在这七个环节中，考核人和被考核人只有携手同心，持续沟通对话，及时解决过程中的问题并加以改进，这张床铺才能整理出"高绩效"——成为整理床铺第一人！

现在我们进行分析：为什么很多床铺整理不干净？那是因为考核人只关注了七个环节中的部分环节，而没有注重其他几个环节，尤其是第五和第七环节。

从这个例子可以看出，绩效考评和绩效管理是完全不同的两个概念，它们有本质上的区别。

绩效考评关注结果，而绩效管理更关注过程。

绩效考评关注事后算账，而绩效管理更关注过程中的问题解决。

绩效考评关注过去，而绩效管理更关注未来。

绩效考评关注事，而绩效管理更关注如何投资于人。

如果将整理床铺事件运用到企业的绩效管理中，就会对绩效管理有更深刻的认知：绩效管理是经理与员工之间持续对话沟通的全过程。在这个过程中，双方就工作目标及达到目标所需要的资源和支持达成一致，经理作为绩效合作伙伴和辅导员帮助员工实现绩效目标，达到改善员工绩效、帮助员工提升自我，进而改善企业整体绩效的目的。

借上面例子中的七个环节，我们可以总结出绩效管理也遵循管理的"PDCA"循环规律，即P（plan）——计划；D（do）——实施；C（check）——检查；A（action）——行动。

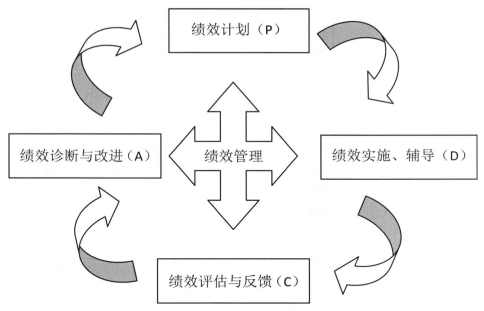

图5-1　绩效管理PDCA循环图

如图5-1所示，绩效管理是持续改进、周而复始的循环管理过程，并不是立刻就能判断、了解的绩效考评。因此，企业在实施绩效管理工作时，一定要把握好这一点。

### 2. 绩效管理的分类

按管理主题来划分，绩效管理可以分为两大类，一类是激励型绩效管理，侧重于激发员工的工作积极性，比较适用于成长期的企业；另一类是管控型绩效管理，侧重于规范员工的工作行为，比较适用于成熟期的企业。但是无论采用哪一种考核方式，其核心都应有利于提升企业的整体绩效，而不应拘泥于具体的考核指标的得分上。

### 3. 绩效管理系统

绩效管理系统是由一系列连续不断的活动组成的，是贯穿了持续沟通的动态循环过程的综合体，一个绩效管理过程的结束，是另一个绩效管理过程的开始。每个过程都包括绩效计划、绩效辅导与实施、绩效考评、绩效反馈面谈和绩效考评结果的运用（包括绩效改进）五个阶段。这五个阶段紧密联系、环环相扣，并以职位分析和目标管理为基础，与人力资源管理的其他环节紧密联系，共同构成一个完整的绩效提升系统，从而实现组织目标和战略意图。绩效管理系统的五个阶段如图5-2所示。

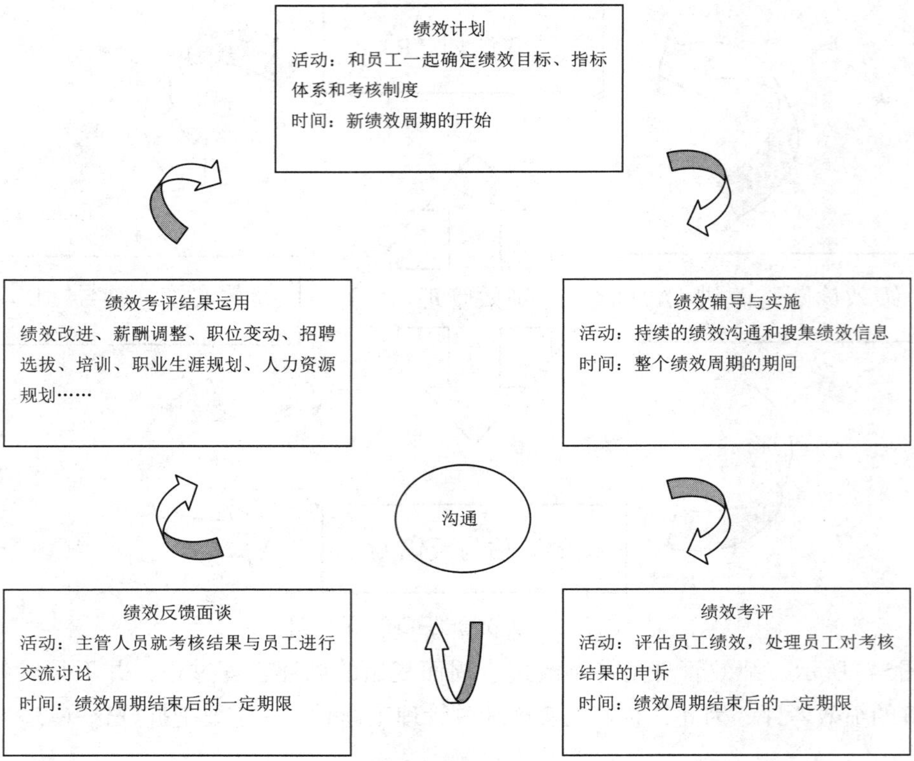

图5-2　绩效管理系统的构成

（1）绩效计划

绩效计划是指管理者和员工共同讨论，围绕组织战略目标，依据工作目标、工作职责确定考核期内组织期望的绩效目标和制定绩效考评标准。绩效计划是一个双向沟通的过程，在这个过程中，管理者与员工双方都负有责任。不是管理者单方面向员工提出工作要求，也不是员工自发设定工作目标。在绩效计划阶段，要让员工充分参与计划的制订，并签订非常正规的绩效契约，让员工感到自己对绩效计划中的内容是做了很强的公开承诺的，这样会使员工更加倾向于坚持这些承诺，履行自己的绩效计划。

（2）绩效辅导与实施

绩效辅导与实施指管理者对绩效计划进行跟进和调整，与被考核者进行持续沟通和反馈，并进行指导。

（3）绩效考评

绩效考评是指被考评主体按照事先制定的绩效目标和绩效标准，采用科学的考评办法，根据收集汇总的员工绩效表现资料对员工绩效进行分析、评估和传递，并处理考核结果的申诉。

（4）绩效反馈面谈

绩效反馈面谈是指管理者根据考核获得的信息与员工进行沟通交流，分析存在的问题，并对员工进行指导，共同制订促进员工发展和提高绩效的改进方案。

（5）绩效考评结果的运用

绩效考评结果的运用是指将考核结果运用于绩效改进、薪酬激励、培训等。

通过绩效目标的设定和绩效计划过程，组织的战略目标被有效地分解到各个部门和个人，使组织的战略目标得以层层传递和落实，从而保证个人目标和组织目标一致。通过对员工实现绩效目标过程的监控以及绩效考评，组织可以有效地了解目标的实现情况，及时发现阻碍目标实现的原因并采取相应的措施，从而能够有效地约束、引导和激励员工的行为，通过对员工个体绩效的持续改进，以保障公司战略目标的实现和业绩的不断提升。

值得注意的是，管理者和员工之间保持持续和有效的沟通，是成功实施绩效管理的核心。沟通在绩效管理中的作用如表5-1所示。

表5-1　沟通在绩效管理中的作用

| 绩效管理阶段 | 沟通内容 | 员工 | 管理者 |
|---|---|---|---|
| 绩效计划 | 员工和直接上级共同制订绩效计划，并就考核指标、标准、权重、考核方式等问题达成一致 | 明确了自己的工作目标和工作重点，并了解上级对其工作成果的期望 | 将组织目标和员工个人目标联系起来，引导员工的行为朝着实现组织战略目标的方向努力 |
| 绩效实施 | 定期进行绩效面谈；如有需要，进行绩效计划的调整 | 向上级汇报工作进展情况；寻求上级的指导或帮助 | 对员工的工作进展情况了如指掌，并在必要的时候给予指导或帮助；并能够对员工偏离组织战略目标的行为及时加以纠正 |
| 绩效考评 | —— | 由于依据绩效计划阶段制定的考核指标和标准对员工的工作进行考核，从而减少了矛盾和争议 | |
| 绩效反馈 | 员工和直接上级共同回顾员工在绩效期间的表现；共同制订员工的个人绩效改进计划 | 自己的优点和成绩得到肯定；自己工作中存在的问题及时得到反馈，并明确了改进措施 | 肯定员工的成绩，指出其不足；帮助员工提高自己的绩效水平 |

【实例5-1】

在一次企业季度绩效考评会议上，营销部门经理A说："最近的销售做得不太好，我们有一定的责任，但是主要的责任不在我们，竞争对手纷纷推出新产品，比我们的产品好。所以我们也很不好做，研发部门要认真总结。"

研发部门经理B说："我们最近推出的新产品是少，但是我们也有困难呀。我们的预算太少了，就是这些少得可怜的预算，也被财务部门削减了。没钱怎么开发新产品呢？"

财务部门经理C说："我是削减了你们的预算，但是你要知道，公司的成本一直在上升，我们当然没有多余的钱投在研发部了。"

采购部门经理D说："我们的采购成本是上升了10%，这是为什么你们知道吗？俄罗斯

教你人力资源管理
实操从入门到精通

的一座生产铬的矿山爆炸了，导致不锈钢的价格上升。"

这时，A、B、C三位经理一起说："哦，原来如此，这样说来，我们大家都没有多少责任了。"说完他们就哈哈地笑了起来。

人力资源经理F说："这样说来，我只能去考核俄罗斯的矿山了。"

**分析**

这则故事说明了一个问题，在实施绩效管理时，当员工的绩效出现问题的时候，人们会习惯于归罪于外部原因、推卸责任，而不是共同查找导致失败的原因，并加以改善。

案例中各部门的经理们都找到了在他们看来"合适"的理由，最后都把责任推给了组织以外的人，觉得目标最终未达成和自己无关。

绩效管理的最终目标是让员工和组织一起成长，帮助员工改善绩效，而不是分清责任。当绩效指标出现问题的时候，大家的着力点应该放在如何改善绩效而不是划清责任上。

遇到问题就想分清责任的思维，与企业对绩效管理的定位有关。如果企业把绩效管理定位为落实战略、帮助员工成长，那么，在出现绩效问题的时候，人们首先想到的是：目标是什么？完成目标的行动计划是什么？实际的结果是什么？结果与目标之间的差距有多少？没有达成目标的原因有哪些？怎么做才能把目标完成？当大家把思维集中于达成目标的时候，责任就不再重要了，因为大家的目的是找到能够达成目标的措施，而不是未达成目标的借口。

## 二 绩效、绩效考评、绩效管理的关系

### 1. 绩效与绩效考评和绩效管理的关系

绩效是成绩和效果，绩效考评是对工作绩效的考核和评价。绩效管理是以绩效考评为核心的管理体系。绩效考评和绩效管理都依赖于绩效的定义。绩效的定义是绩效考评和绩效管理的前提，绩效考评与绩效管理都是针对绩效进行的活动。

### 2. 绩效考评与绩效管理的关系

绩效考评与绩效管理关系密切，两者既有联系又有区别。

（1）绩效考评与绩效管理的联系

①绩效考评是绩效管理过程中一个不可或缺的重要组成部分，绩效考评可以为绩效管理的改善提供所需的资料和信息，帮助员工提高实现绩效的能力，帮助企业提高绩效管理的水平和有效性，使绩效管理能够真正地帮助企业获得理想的绩效水平。

②绩效考评的成功与否，不仅取决于考核本身，而且在很大程度上取决于与考核相关的整个绩效管理过程。有效的绩效考评有赖于整个绩效管理活动的成功开展，反过来说，绩效管理过程的成功开展也需要有效的绩效考评来支撑。

（2）绩效考评与绩效管理的区别

绩效考评与绩效管理并不是等价的，绩效管理是人力资源管理体系中的核心内容，而绩效考评只是绩效管理中的关键环节。具体来说，绩效管理与绩效考评的区别如表5-2所示。

表5-2　绩效考评与绩效管理的区别

| 绩效考评 | 绩效管理 |
| --- | --- |
| 管理过程的局部环节和手段 | 一个完整的管理过程 |
| 侧重于判断和评估 | 侧重于沟通和绩效的提高 |
| 只出现在特定的时期 | 伴随管理活动全过程 |
| 事后的评估 | 事先沟通与承诺 |
| 注重员工的考核成绩 | 注重个人素质能力的全面提升 |
| 绩效考评人员与被考核人员是独立的两面 | 绩效管理人员与员工之间是绩效合作的伙伴关系 |

### 3. 公司规模与绩效管理

绩效管理是提升绩效的管理手段，手段服从于目的。在规模较小的公司，管理者与员工、员工与员工之间比较熟悉，而且工作任务经常变化，管理者通过口头表扬、批评及员工之间的交流，就能够比较容易地形成较为准确的评价时，没有必要建立规范的绩效管理体系。如果公司初具规模，已经形成了较为稳定的组织结构，管理者与员工、员工与员工之间对彼此的工作状况不太了解，员工的工作职责和任务又相对稳定，就有必要建立系统的绩效管理体系，公司一般也会相应地成立独立的人力资源管理部门，甚至成立主管绩效管理的业务科室。

 疑难解答

1. 绩效管理中存在的问题有哪些？

要解决问题首先必须很好地分析问题，找到问题的症结所在，才能对症下药，从而有效地解决问题。目前，在企业的绩效管理中，主要应注意以下几方面问题：

（1）对绩效管理的认识不足；（2）绩效计划性不强；（3）绩效指标难以量化，评价标准模糊；（4）偏重绩效考核，忽视绩效管理的其他流程；（5）忽视员工的参与和沟通。

以上问题的存在，使得绩效管理的作用未能充分发挥，不能有效促进组织发展和个人成长。

2. 员工为什么不喜欢绩效评估？

其一，绩效评估是一件容易让人焦虑的事情，员工的焦虑表现在：不知道评估什么；对批评或者惩罚的焦虑；害怕自己的弱点暴露出来。主管人员的焦虑表现在：担心会与员工发生冲突；担心员工没有意识到这件事的必要性和重要性。

温馨
提示

**马斯洛的"需求层次理论"**

美国心理学家马斯洛曾经提出了一个"需求层次理论"，其中，他将需求分为以下五个层次。

1. 生理需求：指人对食物、水分、空气、睡眠、呼吸等的需求，这是人的所有需求中最基本的需求。

2. 安全需求：指员工追求安全，要求稳定，希望受到保护，避免恐惧和焦虑。

3. 爱与归属的需求：指员工要求与他人建立感情关系，希望得到他人的认可。

4. 尊重需求：包括自尊和受到别人尊重，满足自尊会使人相信自己的力量和价值，使人在生活中变得更有能力、更富有创造性。

5. 自我实现需求：最高层次的需求，是指员工追求实现自我的能力或潜能，并使之完善化。

每个员工内心都希望能够了解自己的绩效，了解自己的工作究竟做得怎么样，了解别人对自己的评价。如果不能通过有效的途径将员工的绩效表现反馈给员工，那么员工只能通过猜测来了解自己的绩效表现。

## 第二节　绩效计划

### 一　绩效计划的内涵

绩效计划是绩效管理系统闭合循环中的第一个环节，对于绩效计划的含义可以从两方面来理解。其一，把绩效计划理解成动词，绩效计划是管理人员与员工相互沟通，形成对工作目标和工作标准的一致意见，并最终拟定绩效合约的过程；其二，把绩效计划理解成名词，绩效计划就是关于工作目标和工作标准的合约。因此，在绩效管理过程中，制订绩效计划时既要注重动态的沟通过程，又要关注最终拟定的绩效合同。

绩效计划可以总结为，绩效双方在充分沟通的基础上，将企业战略目标分解为部门和员工的工作目标，并对已经达成共识的工作目标和工作要求进行确认而形成的契约。

### 二　绩效计划的制订

#### 1. 绩效计划的制订过程

（1）准备阶段

这一阶段主要的工作是交流信息和动员员工。绩效计划的一项主要任务是明确企业和企业员工的目标，因此让员工了解企业前进的方向是非常重要的。此外，员工还要了解与他个人相关的一些信息，比如他所在职位的工作分析和前一绩效周期的情况反馈。

（2）沟通阶段

①沟通环境：管理人员和员工都应该确定一个专门的时间，放下手头工作，专心致志地进行绩效计划的沟通；沟通时最好不要被其他人打扰；沟通的气氛要尽可能宽松，不要给人太大的压力。

②沟通原则：双方在沟通中是一种相对平等的关系，大家共同为了业务单元的成功而编制计划；管理人员在制订工作的衡量标准时应该更多地发挥员工的主动性，更多地听取员工的意见；管理人员应该与员工一起做决定，而一定不要代替员工做决定，员工自己做决定的成分越多，绩效管理就越容易成功。

③沟通过程：回顾有关信息；确定关键绩效指标；讨论主管人员提供的帮助；结束沟通。

（3）形成阶段

①员工的工作目标与企业的总体目标紧密相连，并且员工清楚地知道自己的工作目标与组织的整体目标之间的关系。

②员工的工作职责和描述已经按照现有的组织环境进行了修改，可以反映本绩效期内主要的工作内容。

③管理人员和员工就员工的主要工作任务、各项工作任务的重要程度、完成任务的标准、员工在完成任务过程中享有的权限都已经达成了共识。

④管理人员和员工都十分清楚在完成工作目标的过程中可能会遇到的困难和障碍，并且明确管理人员所能提供的支持帮助。

⑤形成了一个经过双方协商讨论的文档，该文档中包括了员工的工作目标、实现工作目标的主要工作结果、衡量工作结果的指标和标准、各项工作所占的权重，并且双方都要在该文档上签字。

⑥要保证计划的时效性。当情况发生变化时，必须调整或修改整个计划或者其中的一部分内容。

### 2. 绩效合同的设计

绩效合同是进行考核的依据，在主管与员工就员工在本考核周期的业绩目标反复沟通，双方达成一致后就可以按照企业提供的绩效合同样式，将员工的个人考核指标、预期目标填写完整，签字后双方各执一份备查。绩效合同包含的内容见表5-3。

表5-3　绩效合同的内容

| 内容 | 具体含义 |
| --- | --- |
| 受约人信息 | 即被考评对象的基本信息，包括员工的姓名、职位、所在部门等 |
| 发约人信息 | 发约人常常由被考评员工的上一级正职（或正职授权的副职）担任 |

（续上表）

| 内容 | 具体含义 |
|------|----------|
| 合同期限 | 规定了绩效合同生效到截止的时间，一般为一个绩效管理周期 |
| 计划内容 | 主要是绩效指标、考评权重、考评标准等，用于衡量被考评员工的重要工作成果，是绩效合同的主要组成部分 |
| 考评意见 | 在绩效考评完成之后，由发约人根据受约人的实际表现填写，用于分析绩效完成的亮点与不足，以达到绩效提升和改进的目的 |
| 签字确认 | 绩效合同需要由发约人和受约人双方签字确认后方可生效 |

除了以上基本内容，一些绩效合同中还规定了合同双方的权利和义务、绩效目标完成与否的奖惩措施、员工能力发展计划、绩效目标修改履历等。绩效合同设计的繁简取决于企业的绩效管理水平和重视程度，不能一概而论，只要适合企业的实际情况即可。

附录48为《绩效合同》模板参考。

【实例5-2】

T公司成立于2018年，是一家以技术为导向的公司，公司由最初的20人发展到现在将近120人的规模。T公司是初创型公司，各项规章制度都不完善，为促进员工的工作效率，总经理希望在公司开展绩效考核工作。人力资源部推动绩效考核工作半年后，大家认为目前的考核工作流于表面，达不到实质性的效果。老板很不满意，要求人力资源部落实好工作，结合实际完善绩效考核工作。请结合本案例分析，初创期的公司应该怎么做好绩效考核？

分 析

初创型公司的考核以工作计划管理为主，即考核初期确定考核的主要工作任务，明确工作责任人和完成的预期结果及期限。考核期末，对照初期的工作任务，衡量工作任务完成的实际结果、时间，综合评价考核责任人工作任务完成的情况。工作计划为公司的各项工作明确了方向和目标，它能促使公司的各项工作在更为规范化的模式下有序、有效地开展。工作计划管理，由部门工作计划分解到员工工作计划，明确各部门工作的重要性和紧急性，优先把重点工作作为考核的重点。

**葡萄串原理**

如果把组织和个人的关系看成葡萄串和葡萄的话，一个组织就是一整串葡萄，每个人则是一颗颗葡萄，如果要想拿起整串葡萄，一定是抓住葡萄串的"根"，否则所有葡萄都有可能会被扯落。绩效管理的原理就是这串葡萄，公司的绩效考核就是这串葡萄的"根"，部门的绩效考核就是根的分支，职位的绩效考核就是葡萄，绩效管理的三个层面都在这串葡萄上得到了体现。

因此，绩效管理必须要有公司的绩效考核表，而且必须要得出公司的绩效考核成绩，这是所有"葡萄"的绩效成绩的依据，一旦缺少了这个最重要的"根"，部门的绩效考核与职位的绩效考核都将散落，导致公司的绩效与所有人的绩效脱节，公司为了考核而考核，直到绩效考核把所有人都"烤糊"为止。

为了避免这样的结局，绩效计划就显得格外重要。绩效计划的主要目的是把公司年度目标提炼成指标，依据目标的重要性配置指标权重，依据目标的要求形成考核标准，最后编制公司绩效考核表，这是绩效计划环节的最终成果。目标、指标、权重、标准构成公司绩效考核表的核心四要素。只有具备这四要素，绩效管理体系才能够开始运行。

## 第三节 绩效辅导与实施

绩效辅导与实施是绩效管理的一个重要的中间过程。如果说绩效计划可以在短短几天甚至几个小时内完成，那么绩效辅导与实施则是绩效管理中耗时最长的活动。在这个过程中，管理者需要进一步明确目标、制订计划、分配资源、落实进度、合理控制。通过绩效辅导与实施，一方面保证了绩效计划中制定的绩效目标的实现，同时也为绩效评估提供重要的考评依据。因此，绩效辅导与实施可以说是绩效管理的关键环节。

### 一 绩效辅导的作用

绩效辅导是指在绩效监控过程中，管理者根据绩效计划，采取恰当的领导风格，对下属进行持续的指导，确保员工工作不偏离组织战略目标，并提高其绩效周期内的绩效水平以及长期胜任素质的过程。

优秀的指导者或管理者应该在以下三个层次上发挥作用。

1. 与员工建立一对一的密切联系，向他们提供反馈，帮助员工制定能"拓展"他们目标的任务，并在他们遇到困难时提供支持。

2. 营造一种鼓励员工承担风险、勇于创新的氛围，使他们能够从过去的经验中学习。

3. 为员工提供学习机会，使他们有机会与不同的人一起工作。

### 二 绩效辅导的时机和方式

#### 1. 辅导时机

一般来说，在以下时间进行指导会获得较好的效果：

（1）当员工需要征求管理者的意见时；

（2）当员工希望管理者解决某个问题时；

（3）当管理者发现了一个可以改进绩效的机会时；

（4）当员工通过培训掌握了新技能时，如果管理者希望他能够将新技能运用于工作中，就可以辅导他使用这种技能。

### 2. 辅导方式（表5-4）

表5-4　辅导方式

| 辅导方式 | 内容 |
| --- | --- |
| 指示型辅导 | 主要针对那些对于完成任务所需的知识技能比较缺乏的员工，给予他们一些具体指示，然后一步一步地传授完成任务的技能，并且跟踪员工的执行情况 |
| 方向型辅导 | 员工基本掌握完成任务的知识技能，但是有的时候还会遇到一些特殊的情况无法处理；或者员工掌握了具体的操作方法，但需要主管人员进行方向性引导 |
| 鼓励型辅导 | 对于具有完善的知识技能的专业人员，主管人员的辅导不必介入到具体的细节，只需要给予他们鼓励和适当的建议，使员工充分发挥自己的创造力 |

 【实例5-3】

某公司中层管理人员的考核目标直接由分管副总制定，以季度为周期进行考核。客服部冯经理本季度经常要出差，多数工作均已出色完成，还有部分重点工作未能按时完成。结果冯经理本季度绩效考核等级为C（即绩效工资要扣减）。冯经理认为本季度自己非常辛苦，工作表现相当出色，季度绩效不应该评C。如果你是该公司的人力资源部绩效考核主管，你认为本考核的过程有什么问题，该如何改进？

### 分析

本案例中，在季度考核目标设定时，完全由分管副总确定，没有和冯经理进行工作业务上的沟通，导致冯经理对考核目标不清楚。同时，最终的考核结果也没有和冯经理沟通，最后引起冯经理对考核结果不认可。因此在整个绩效计划的过程中，对于绩效的沟通是比较缺乏的。在绩效目标设定的时候，考核者应该和被考核者就考核的重点、目标达成一致；同时，在绩效考核过程中，考核者应做好被考核者的绩效辅导；最后，应对考核的结果进行沟通。这样就可以避免大家的认知不一致的情况发生。

## 三　绩效管理实施中各类人员的职责

组织中各级各类管理者和员工在绩效管理实施过程中承担着不同的责任，表5-5说明了绩效管理实施中各类人员的职责。

表5-5　绩效管理实施中各类人员的职责

| 人员类别 | 承担的主要职责 |
| --- | --- |
| 最高管理层 | 确认企业总体目标；审核绩效管理实施计划和政策；做有关绩效管理的总动员，为全面推广实施营造氛围；接受实施过程的反馈信息；检查绩效管理的整体效果 |
| 人力资源部 | 制定绩效管理实施计划和随附计划；组织落实动员宣传工作；组织落实对管理人员的培训；设计并保持反馈渠道畅通；收集汇总相关信息，准备对整体实施效果进行评估 |

（续上表）

| 人员类别 | 承担的主要职责 |
|---|---|
| 部门经理和基层管理人员 | 熟悉绩效评估系统并掌握绩效管理的技能；明确本部门绩效目标；负责在本部门按人力资源部门制订的绩效管理计划实施绩效管理 |
| 被评估者 | 为自己的职责承担起责任；做好自我评估；为评估者提供有效信息；熟悉和学习考评体系与有关技能 |

## 四　绩效信息的收集和分析

### 1. 收集信息的内容

因为收集和分析信息需要大量的时间、人力和财力，如果信息收集投入过多，有可能抓不住问题的关键，把握不住最有价值的信息。那么，究竟哪些信息具有收集和分析的价值呢？我们需要明确收集信息的目的，具体内容如图5-3所示。

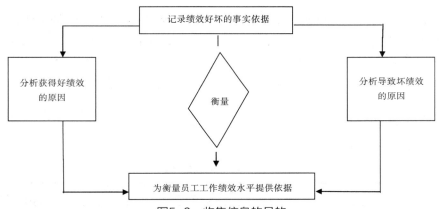

图5-3　收集信息的目的

围绕这些目的，我们要收集的信息主要包括：

（1）目标和目标值达到或未达到的情况；

（2）员工受表扬和批评的事件；

（3）工作绩效突出或低下的具体数据或证据；

（4）成绩或问题原因分析的依据或数据；

（5）绩效问题谈话记录等。

### 2. 收集信息的渠道与方法

（1）收集信息的渠道

信息收集的渠道有员工自身的汇报和总结，有对同事的访谈记录，有上级的检查结果记录，也有下级的反映与评价记录。如果企业中所有员工都具备了绩效信息反馈的意识，就能为绩效管理带来极大的帮助和支持。如果各种渠道畅通、信息来源全面，就更便于作出真实客观的绩效考评，使企业的绩效管理更加有效。

（2）收集信息的方法

既然与绩效有关的信息是进行绩效考评时所必需的，那么就需要采取一些系统的方法收集绩效信息。信息收集的方法主要有观察法、工作记录法和他人反馈法等。

①观察法。指主管直接观察员工在工作中的表现并记录的方法。

②工作记录法。员工的某些工作目标完成情况是通过工作记录体现出来的，记录关键事件为目前许多企业所使用。关键事件是员工的一些典型行为，既有证明绩效突出的好的事件，也有证明绩效存在问题的事件。

③他人反馈法。员工的某些工作绩效不是管理人员可以观察到的，同时这些不被观察到的工作绩效也缺乏日常的工作记录，这种情况下就只有采用他人反馈法。

具体工作中，我们建议综合运用各种信息收集方法，因为单一的方法可能只了解到员工绩效的一个或几个方面，而不能面面俱到。

## 五　绩效沟通

绩效沟通是绩效管理的核心，是指考核者与被考核者就绩效考评反映出的问题以及考核机制本身存在的问题展开实质性的面谈，并着力于寻求应对之策，服务于后一阶段企业与员工绩效改善和提高的一种管理方法。

绩效沟通贯穿于整个绩效管理过程，有助于实现绩效管理效用的最大化。

### 1. 绩效沟通的内容

绩效沟通的内容见表5-6。

表5-6　绩效沟通的内容

| 项目 | 内容 |
| --- | --- |
| 绩效计划沟通 | 绩效计划沟通的内容主要包括两方面，一方面是目标制定的沟通，例如：企业发展的蓝图是什么；要实现这个蓝图，企业发展的目标是什么；为了完成企业发展整体目标，各个部门的发展目标是什么；为了完成部门的发展目标，企业对员工的期望是什么；为了实现企业对员工的期望，岗位要完成多少目标任务，工作要达到什么标准；完成了工作目标会怎样，没有完成工作目标又会怎样。另一方面是目标实施的沟通，例如：实现目标的过程中哪些是关键环节、工作重点是什么、会遇到什么矛盾和问题、应对的办法是什么等，要和员工进行沟通 |
| 绩效辅导的沟通 | 绩效辅导的作用是将问题解决在执行过程中，而不是解决在事后。管理者要对员工工作绩效目标执行情况及时进行了解，跟踪计划进度，对员工实现目标过程中执行的制度、流程、机制进行监督，发现问题并及时纠正 |
| 绩效反馈沟通 | 绩效考评结束后，并不意味着绩效管理的结束，而是要把考评结果有效反馈给员工，让员工知道自己做了什么、做得怎样、为什么、后面怎么办，和员工一起共同分析成功的原因和失败的教训 |
| 绩效改进沟通 | 绩效考评的完成，既是一个过程的终点，又是下一个过程的起点。在此过程中，管理者与员工之间需要提出绩效改进目标，为绩效改进提供基础的依据，同时要制定绩效改进方案，最后还要检查绩效改进效果 |

### 2. 绩效沟通的方式（表5-7）

绩效沟通可以分为正式的绩效沟通和非正式的绩效沟通两大类。正式的绩效沟通是企业管理制度规定的各种定期进行的沟通，非正式的绩效沟通则是员工与管理者在工作过程中的信息交流过程。

表5-7　绩效沟通的方式

| 项目 | | 内容 |
|---|---|---|
| 正式的绩效沟通 | 正式的书面报告 | 很多管理者都会要求员工定期上交工作汇报，以了解员工的工作情况和遇到的各种问题，并要求员工提出"建设性意见"。书面报告最大的优点是简单易行，而且能够提供文字记录，但它使沟通成为一种单方向的信息流动。因此，往往通过将书面报告与其他沟通方式结合使用来克服这个问题 |
| | 定期会面 | 形式有管理者与员工之间一对一的会面和有管理者参加的员工团队会谈<br>对于定期会面式的绩效沟通，应当注意两个问题。一是，不论是一对一的面谈还是团队式的会谈，会谈形式最大的问题就是容易造成时间的无谓耗费；二是，沟通频率是管理者需要考虑的另一个重要问题 |
| 非正式的绩效沟通 | | 管理者和员工在工作过程中或工作之余的各种非正式会面为他们提供了非常好的沟通机会。非正式绩效沟通的最大优点在于它的及时性，当员工在工作中发生问题时，管理者可以与之进行简短的交谈，从而促使问题得到及时解决 |

### 3. 不同绩效管理阶段沟通的目的和侧重点

不同绩效管理阶段沟通的目的和侧重点各不相同，具体内容如表5-8所示。

表5-8　不同绩效管理阶段沟通的目的和侧重点

| 项目 | 内容 |
|---|---|
| 绩效计划阶段 | 管理者就绩效目标和工作标准与员工讨论后达成一致。在此期间管理者要当好辅导员和教练员，指导和帮助下属制订好计划 |
| 绩效执行阶段 | 1. 员工汇报工作进展或就工作中遇到的障碍向主管求助，寻求帮助和解决办法<br>2. 主管人员对员工的工作与目标计划之间出现的偏差进行及时纠正 |
| 绩效考评和反馈阶段 | 1. 对员工在考核期内的工作进行合理公正和全面的评价<br>2. 主管应当就员工出现问题的原因与员工进行沟通分析，并共同确定下一阶段改进的重点 |
| 考评后的绩效改进与在职辅导阶段 | 跟踪了解整改措施的落实情况，并提供相关支持。具体包括以下两点：<br>1. 要经常性地关注员工的绩效发展，对绩效进行前后对比，发现偏差，及时纠正<br>2. 要将整改的落实情况纳入到下一轮绩效考核的依据收集中，做到闭环管理 |

### 4. 绩效沟通的技巧

沟通是一门艺术，管理者在进行沟通时应掌握以下技巧。

（1）沟通时态度应该坦诚，给员工以信任感和安全感，不可使用带威胁性的词语，以询问的方式进行，通过询问获取员工更多的信息，以便帮助员工解决问题。

（2）沟通时应该具体，尽量获得与员工绩效有关的具体信息。

（3）要让员工知道自己的想法和需要，以便员工更好地配合工作，不能简单地认为员工应该知道自己的想法。

（4）不能仅仅只看到问题，更要看到成绩，鼓励多于批评的沟通才更加有效也更具前瞻性，且更符合绩效管理的原则。

（5）注意倾听，少说多听是沟通的一个重要的技巧，因为多听才能获得更多需要的信息。

（6）沟通应及时，出现问题及时组织沟通，消极等待只会使事情更加恶化，后果更加不可想象。

（7）沟通应具有建设性，作为沟通的结果，管理者应提出建设性的意见，以帮助员工更好地调整自己，更好地完成绩效目标。

 疑难解答

1. 有人说绩效考评是用今天的结果考察昨天的过程，存在一定的滞后性；更为重要的是我们要用这种因为昨天的行为而造成的结果来影响明天的工作。这样的双重滞后性是否存在先天的不足？

绩效考评是先定目标，过程中辅导、监控、考评、反馈、改进；其中，过程辅导和监控很重要，其中的一些措施是我们有好的结果的前提，这一点不可忽略。结果不论好坏，我们都需要去承担、去激励，如果说对我们有影响，也是积极的影响，并不是滞后的影响。

2. 我国很多中小民营企业普遍采用的考评模式基于两个要素：一是公司或团队业绩，二是领导的层层评分。你如何看待这种普遍存在的考评方式，有什么好的建议吗？

方式没有对错，只有适合与否。上面两个要素也是分层级的，高层当然要对公司业绩负责，部门经理对团队业绩负责，而基层员工对自己的工作负责就可以了。这里建议企业制定好目标，根据完成情况打分即可。

 温馨提示

**BEST法则**

BEST法则也称"刹车"原理，是指在管理者指出问题所在并描述了问题所带来的后果之后，在征询员工的想法的时候，管理者就不要打断员工，应适时地"刹车"；然后以聆听者的姿态听取员工的想法，让员工充分发表自己的见解，发挥员工的积极性，鼓励员工自己寻求解决办法；最后，管理者再做点评总结即可。

## 第四节　绩效考评

　　绩效考评是绩效管理的关键环节，在绩效管理循环中发挥着重要的作用。只有通过绩效考评才能得到员工绩效的评估结果，发现员工工作中的不足，进而改进绩效；通过绩效考评还能够发现管理者管理行为的不足，从而有效地改善管理绩效。

### 一　绩效考评管理机构

　　考评的组织工作主要包括两部分，一是建立绩效管理工作组织部门，包括绩效管理委员会和负责绩效数据收集与核算的日常管理小组；二是绩效管理工作在企业开展的组织工作。

#### 1. 绩效管理委员会和绩效日常管理小组（表5-9）

表5-9　绩效管理委员会和绩效日常管理小组

| 项目 | | 内容 |
|---|---|---|
| 绩效管理 | 目的 | 为了保证企业绩效管理工作的顺利开展，企业可以建立绩效管理委员会 |
| | 组成 | 委员会由企业领导班子成员和财务部、人力资源部、战略规划部以及核心业务部门的主要负责人组成 |
| 绩效管理委员会 | 主要职责 | 1. 领导和推动企业的绩效管理工作<br>2. 研究绩效管理重大政策和事项，设计方案与实施控制<br>3. 解释现行绩效管理方案的具体规定<br>4. 处理涉及绩效管理但现行政策未作规定的重大事项等 |
| 绩效日常管理小组 | 组成 | 委员会下设绩效日常管理小组，可以由战略规划部、财务部、人力资源部组成 |
| | 工作内容 | 管理小组具体负责日常的绩效管理工作，比如企业、部门KPI指标数据的收集以及KPI指标考评分数的核算等 |
| | 具体分工　战略规划部 | 1. 负责按照企业任务目标及企业年度目标，向委员会提出年度KPI及具体指标值调整方案<br>2. 负责收集、整理、分析有关KPI的内部反馈信息，及时提出调整建议<br>3. 提供年度和月度考评参数<br>4. 负责对KPI考评执行情况进行监督、检查，并汇总各考评部门的意见，根据考评情况提交奖惩报告 |
| | 人力资源部 | 1. 负责收集、整理、分析有关绩效管理运作体系的反馈信息，对考评体系的设计和调整提出建议<br>2. 向委员会提出所有部门PRI及指标值调整方案<br>3. 对绩效结果的运用提出建议<br>4. 指导和督促绩效管理日常工作的开展<br>5. 负责汇总计算绩效分值并形成报告等 |

## 2. 绩效考评管理机构的职责

（1）考评模式的选择、创新与组织流程的设计

目前，绩效考评方式多种多样，如基于平衡计分卡的绩效考评、基于素质模型的绩效考评以及360度绩效考评等。考评组织机构可以对这些考评模式进行分析比较，并根据实际考评需求和考评内容选择其中一种考评模式或创新一种考评模式，再根据所定的考评模式设计具体而规范的考评组织流程。

（2）考评指标体系的设计

绩效管理机构要遵循正确的指标设计原则，组织相关人员参与指标设计过程，以确保指标体系的科学性和系统性。另外，随着时间的推移，还要组织对考评指标体系进行检验并不断修改、补充和完善。

（3）考评步骤、考评时间及考评资源的安排协调

①根据具体情况确定考评步骤或考评环节，科学估算每一步骤所需的时间和资源。

②对每一步骤的完成时间做出具体安排，对有限的资源作出充分利用和合理协调的计划，并可以利用网络规划技术优化锁定方案。

③作出整体规划书并将其作为行动依据。

（4）考评主体的选择与培训

①绩效考评主体的多元性，要求绩效管理机构根据考评对象的性质、特点和要求，做出正确的选择，并对所选考评主体的规模、知识结构、专业结构、年龄结构和行业结构等作出具体的规定。

②要对所选的考评主体进行系统培训，让其明确考评的意义和目的，全面理解考评指标、考评内容、考评标准和考评程序等，将人为误差减少到最小。

（5）绩效信息的收集与整理

绩效考评过程中最重要的考评工具是数据收集和处理工具。一般而言，收集数据可以采取发放调查表、口头或手机调查、现场观察等形式。

（6）数据统计分析和管理

①应注意资料的代表性以及相互之间的关联度，并在整体均衡的基础上突出指标之间的相互制衡。

②要初步确立考评模型，运用收集到的绩效信息进行考评，得出绩效考评结果。

（7）考评结果的管理

①对考评结果的信度和效度进行检验。

②形成绩效考评报告书并及时反馈给被考评对象。

③根据实际情况合理确定考评结果的公开范围和公开方式。

④将考评结果和相关信息形成数据库。

**【实例5-4】**

U公司是一家大型商场，公司包括管理人员与员工共有500多人。由于大家齐心协力，公司销售额不断上升。

到了年底，U公司又开始了一年一度的绩效考核，因为每年年底的绩效考评是与奖金挂钩的，大家都非常重视。人力资源部又将一些考评表发放给各个部门的经理，部门经理在规定的时间内填写表格，再交回人力资源部。

老张是营业部的经理，他拿到人力资源部送来的考评表格，却不知道应该怎么办。表格主要包括了对员工工作业绩和工作态度的评价。工作业绩那一栏分为五档，每一档只有简短的评语，如超额完成工作任务、基本完成工作任务等。

年初由于种种原因，老张并没有将员工的业绩目标清楚地确定下来。因此对业绩进行考评时，无法判断谁超额完成任务、谁没有完成任务。工作态度就更难填写了，由于平时没有收集和记录员工的工作表现，到了年底，他仅对近一两个月的事情有一点记忆。

由于人力资源部又催得紧，老张只好在这些考评表勾勾圈圈，再加上一些轻描淡写的评语，交给人力资源部。想到这些绩效考核要与奖金挂钩，老张感到这样做有些不妥，他决定向人力资源部建议重新设计本部门营业人员的考评方法。老张在考虑，为营业人员设计考评方法应该注意哪些问题呢？

**分 析**

U公司的绩效考核所存在的问题有：

1．考核目的不明确。绩效考核的目的是发现员工工作的长处与不足，改进员工以及组织的整体绩效，促进员工与组织的提高与发展，而不是为了考评而考评。U公司也没有就绩效考核的结果进行绩效面谈，更没有制订员工的绩效改进计划。

2．绩效目标不清楚。考评者和被考评者对于被考评者的绩效目标的认识竟然是模糊的，使得考核没有了对比标准。

3．平常的工作过程中没有关于员工工作行为的记录，使得考评时缺乏证据性资料，使得考评结果的可靠性降低。

4．在考核过程中，考评者以被考评者近期的绩效表现代表整个考核期的表现，这种"以近概全"的方式，使得考评结果的正确性降低。

5．考核周期设置不当。营业部的业绩考核周期过长，不利于发现、解决问题，也不利于平时收集员工的绩效信息。

因此，在设计考评方法时应该注意五个方面的问题：

1．明确考核的目的；

2．重新设计考核周期；

3．有利于员工绩效的信息的收集；

4．重视绩效面谈的作用；

5．制订绩效改进计划，为员工的绩效改进做必要的指导。

## 二 绩效考评主体的选择

绩效考评主体是指对考评对象做出评价的人。随着绩效管理理念及实践的不断发展，人们对考评主体的理解发生了一定的变化。其中组织内部考评者包括上级、下属、自己和同事；组织外部考评者包括客户、供应商、分销商等利益相关者。

选择的一般原则有以下三个：

1. 绩效考评主体所考评的内容必须基于他可以掌握的情况；
2. 绩效考评主体应对所评价职位的工作内容有一定的了解；
3. 有助于实现一定的管理目的。

## 三 绩效考评方法

### 1. 绩效考评方法的分类

在设计和选择绩效考评方法和指标时，可以根据被考评对象的性质和特点，分别采用特征性、行为性和结果性三大类效标，对考评对象进行全面的考评。由于采用效标的不同，从绩效管理的考评内容上看，绩效考评可以分为品质主导型、行为主导型和结果主导型。

（1）品质主导型

采用特征性效标，以考评员工的潜质为主，着眼于"他这个人怎么样"，重点是考量该员工是一个具有何种潜质（如心理品质、能力素质）的人。

（2）行为主导型

采用行为性效标，以考评员工的工作行为为主，着眼于"干什么""如何去干"，重点是考量员工的工作方式和工作行为，适合于对管理性、事务性工作进行考评，特别是对人际接触和交往频繁的工作岗位尤其重要。

（3）结果主导型

采用结果性效标，以考评员工或组织工作效果为主，着眼于"干出了什么"，重点是考量"员工提供了何种服务，完成了哪些工作任务或生产了哪些产品"，适合生产性、操作性的以及工作成果可以计量的工作岗位采用，对事务性工作岗位人员的考评不太适合。

①行为导向型的主观考评方法，主要有排序法、选择排序法、配对比较法、强制分布法和结构式叙述法。

②行为导向型的客观考评方法，主要有关键事件法、强迫选择法、行为定位法、行为观察法和加权选择量表法。

③结果导向型的绩效考评方法，主要有目标管理法、绩效标准法、短文法、直接指标法、成绩记录法和劳动定额法。

④综合型的绩效考评方法，主要有图尺度评价量表法、合成考评法。

## 2．绩效考评方法的比较

（1）品质主导型

优点：操作简单，能够激励员工提高技能或培养职业需要的个人素质。

缺点：主观性强，标准设定和描述比较困难，技能好未必会带来良好的工作业绩。

适用的行业或职业：变化剧烈、需要大量的知识能力作为业绩支持的行业，比如IT行业。

（2）行为主导型

优点：开发成本小，反馈功能好，具有较强的连贯性。

缺点：受主观影响大，需要经常关注员工的行为。

适用的行业或职业：管理人员、行政人员、流水线工人等单个个体难以量化衡量或者在团队中完成工作的人。

（3）结果主导型

优点：实施成本低廉。

缺点：短期效应比较强。

适用的行业或职业：销售人员等容易单独量化计算的职位。

### 【实例5-5】

林宇是某公司生产部门主管，该部门有20多名员工，其中既有生产人员又有管理人员。该部门采用的考评方法是排序法，每年对员工考评一次。

具体做法是根据员工的实际表现给其打分，每个员工最高分为100分，上级打分占30%，同事打分占70%。在考评时，20多人互相打分，以此确定员工的位置。

林宇平时很少与员工就工作中的问题进行交流，只是到了年度奖金分配时才对所属员工进行打分排序。

结合案例分析以下问题：

1．该部门在考评中存在哪些问题？

2．产生问题的原因是什么？

### 分析

1．存在的问题

（1）考评方法不合适，缺乏客观标准。对于生产人员和管理人员的考评，应首先将员工的工作表现与客观标准相比较，而不能仅仅采用排序法这一员工之间主观比较的方法。

（2）考评方法不合理。生产人员和管理人员的工作性质、工作过程和结果有着本质的不同，因此应采用不同的标准分别进行考核，而不能混在一起互相打分。

（3）无论对生产人员还是管理人员进行考评时，应以上级考评为主，而不能以同级考评为主，这样会影响考评的客观公正性。

（4）主管平时缺少与员工的沟通和对员工的指导。绩效考评应按步骤进行，这样才能有效发挥考评的作用。

（5）考评周期不合理。生产人员和管理人员的考评周期不应都为一年，生产人员应相对短一些。

2．产生问题的原因

（1）主管林宇缺乏绩效管理的相关知识，不能科学有效地在本部门实施绩效管理。

（2）绩效管理目的不明确。绩效管理的根本目的是促进企业和员工的共同发展，而不仅仅是为了发放奖金。

## 四　绩效考评流程

### 1．员工绩效考评

员工绩效考评的流程如下。

（1）确定考评指标、考评者和被考评者

根据绩效管理工作的需要，确定考评期内的考评指标，并根据考评指标的不同设定对应的考评者。

（2）明确考评方法

根据考评指标、考评者以及被考评者的关系，选择合适的考评方式和方法。

（3）确定考评时间

根据周期的不同，结合企业实际情况制定相应的考评时间。

（4）组织实施考评

在这一流程中，企业所有部门和个人根据层级关系，自上而下进行有秩序的考评工作。

（5）核算考评结果

计算组织和员工的考评得分，需要计算本身所担负绩效指标的考评得分；将员工的自身绩效得分和上级部门以及企业的考评得分进行结合，得出最终的绩效考评得分，这一分数是进行年度奖金核算的依据。

（6）绩效反馈面谈与申诉

①通过绩效反馈与面谈，使员工了解自己的绩效以及上级对自己的期望，认识自己有待改进的方面。

②员工可以提出自己在完成绩效目标中遇到的困难，请求上级的指导和理解。

③在绩效管理过程中，员工如果发现有不公平、不公正、不合理的地方，可以和考评者面谈、沟通。如果沟通不能达成一致意见，员工可以向人力资源部或绩效管理委员会提出申诉。

（7）制订绩效改进的计划

在绩效考评和绩效面谈的基础上，考评者要根据被考评者的实际情况共同为被考评者制订绩效改进计划。绩效改进工作的成功与否，是绩效管理过程是否发挥作用的关键。

### 2. 团队绩效考评

团队绩效一般指某一组织群体的整体绩效。团队绩效不仅仅体现了一个团队的整体实力与该团体对组织的贡献，也反映了团队中各成员积极努力的成果。

**团队绩效与部门绩效的比较**

团队绩效考核与传统的部门绩效考核的差别主要有以下几点：

1. 传统职能部门只对个人进行考核，而团队绩效考核需要同时对团队和个人进行考核；

2. 传统的部门绩效考核更关注结果，而团队绩效考核则更关注过程；

3. 传统职能部门偏重于对个人进行奖励，团队须同时对团队和个人进行奖励。

团队绩效考评的流程是：确定团队绩效测评和个体绩效测评的各种要素；对各分析要素赋予相应的权重比例；在测评要素的基础上，分解测评的关键要素；构建分析表，对团队绩效进行分析。

跨部门团队的绩效考评是按照以下流程来进行的。

（1）人力资源部门启动绩效考评工作

各部门主管作为绩效考评责任人，确定"考评原则"，制定各个员工的绩效考评参考人，其一般为员工所在项目组的项目经理。

（2）员工自述

员工就自己本季度的工作目标完成情况、突出业绩、需改进的地方等进行自述，并在与部门主管及项目经理初步沟通的基础上，填写下季度工作目标。

（3）进入绩效考评环节

①绩效考评参考对照预期计划、目标或岗位职责要求，对员工任务的完成进度、质量以及季度工作中的优点和改进点进行考评，并在项目组内按照比例控制原则给出考评等级。

②部门主管召开由各个项目经理参加的集体评议会，结合每个员工完成部门工作的状况，对其业绩、改进点进行最后的考评，对与项目经理不一致的意见进行协调沟通，并按照比例控制原则对项目经理给出的考评等级进行调整，确定每个员工的最终绩效考评结果。

③各大部门的人力资源管理委员会审计各部门考评结果及比例。

（4）进行考评后的分层沟通和辅导

各考评责任人在结果确定后的一定工作日内与员工沟通、反馈绩效考核结果，同时根据各主管的意见确定员工下季度的个人绩效目标。

（5）员工根据实际情况反馈考核结果满意度、沟通满意度

各大部门人力资源管理委员会与反馈问题的员工进行沟通及处理员工投诉。考核程序结束，完成闭环。

## 五　绩效考评中的偏差及修正

### 1. 绩效管理体系本身的偏差及修正

（1）高层领导不支持

表现：高层领导对绩效考评的作用缺乏认识；认为目前绩效考评时机不成熟。

修正对策：加强沟通，争取支持。

（2）管理者认识不到位

表现：管理者认为绩效考评纯粹是浪费时间；担忧对本部门员工造成伤害；不喜欢面对面的评估会谈方式；害怕发生不必要的人际冲突。

修正对策：对管理者进行绩效考评重要性的培训。

（3）管理者缺乏评估技能

表现：管理者对考评指标与标准不理解；不知道选择什么样的考评方法才能做到有效和公正；不知道如何收集员工绩效信息；缺乏绩效沟通的技能与技巧。

修正对策：对管理者进行绩效考评技能培训。

（4）指标与标准不清晰

表现：指标选取与企业总体目标脱节；指标选取与岗位脱节；标准欠缺；照搬标准；标准难以衡量；因标准的系统性偏差导致考评结果趋同。

修正对策：设计系统的指标体系和有效的考核标准；要基于岗位分析与企业发展目标制订可衡量的、明确的标准；标准要有区分度。

（5）考评方式单一

表现：上级对下属的审查式考评。

修正对策：根据岗位特点采取适用的考评方式，不排除多主体、多角度的考评方式。

（6）考评过程形式化

表现：将绩效考评等同于填表格，导致考评结果趋同，无法成为人事决策的依据。

修正对策：提高对绩效考评的认识；明确绩效考评的目的；选择正确的考评方法。

（7）考评缺乏沟通

表现：没有定期沟通制度；忽视绩效辅导；考评者有意隐瞒考评结果；考评者无意识或无能力反馈考评结果。

修正对策：将定期沟通作为管理者的工作职责加以考核；加强组织文化建设，形成民主的组织文化；对管理者进行沟通能力培训。

（8）考评结果不应用

表现：没有将考评结果用于人力资源管理活动，而仅仅将考评结果作为存档之用，为考核而考核。

修正对策：建立与绩效考评结果相配套的人力资源管理体系，如薪资调整、职位变动、企业招聘、绩效改进及员工培训与职业发展等制度。

### 2. 考评人主观偏差及修正

在绩效考评过程中，考评者总是会存在一些心理困扰，影响考评的质量，产生考核偏差。

（1）晕轮效应

表现：把对被考评人绩效的某一方面形成的感觉推及其所有绩效考评方面。
修正对策：以KPI达标情况或工作目标达成情况为依据。

（2）首因效应

表现：以初期印象推及整个绩效考评周期。
修正对策：在整个考评周期内做好员工表现的有关原始记录并以此为依据。

（3）近因效应

表现：以近期印象推及整个绩效考评周期。
修正对策：在整个考评周期内做好员工表现的有关原始记录并以此为依据。

（4）趋中效应

表现：考评结果集中于考评尺度的某一区域，考评成绩拉不开距离。
修正对策：对管理者进行管理技巧培训，结果以统计百分比进行衡量。

（5）溢出效应

表现：将上一评价周期的表现推及本周期。
修正对策：以本考评周期绩效作为评估依据。

（6）类己效应

表现：以自己的个性特征作为参照对被考评人作出绩效评价。
修正对策：以被考评人的工作标准为依据。

（7）对比效应

表现：将所有员工绩效相互比较以权衡分值高低。

修正对策：以每个员工的绩效与工作标准做对比。

（8）逻辑效应

表现：在对某些有逻辑关系的考核要素进行考核时，使用简单的推理，如由"社交能力强"推断出"谈判能力强"。

修正对策：记录关键事件；按照素质胜任模型的等级定义对考核要素进行评估。

（9）个人偏见

表现：对被考评人的某些个人特征如性别、年龄、民族、爱好、性格等方面存在偏见。

修正对策：加强与员工的绩效沟通，关注员工行为。

（10）刻板印象

表现：对被考评人所处的社会群体存在某种成见。

修正对策：加强与员工的绩效沟通，关注员工行为。

（11）过宽与过严倾向

表现：对被考评人的评价高于或低于其实际业绩。

修正对策：以客观绩效标准为依据，以二次考核为监督。

 疑难解答

1. 目前绩效考评常见的问题有哪些？

（1）计划制订不合理，避重就轻或者无法考核。（2）制订计划敷衍了事，计划表前后不一致。（3）考核取值部门事先沟通不到位，月底无法取值。（4）计划制订不执行或变化过大无法考核。（5）同级别部门计划分工不公平，影响员工心态。（6）修改表格格式与标准不一致。

2. 作为一家大型集团公司的人力资源部，在实施绩效考核工作时，考核工作组应该由哪些部门组成比较合适？例如公司设有风险运营、营销管理、质量、财务等专业职能部室，还有具体业务单位。

建议还是由高层带队，人力资源部协调，各个部门经理都是绩效考核小组成员。此外，一些关键的部门负责人设置为副队长，明确责任，加大他们的参与力度。

3. 像人力资源部人员、财务部人员、信息部等部门行政人员的工作很难量化，应该如何考核？

其实是可以量化的。人力资源按招聘计划完成率、培训计划完成率、工资核算准确率等；财务部按各类报表上交及时、准确率，工资、应付款的发放及时、准确率，成本费用的控制率等。从他们的具体工作内容入手，从实践、数量、成本、质量等维度进行考核。

## 第五节　绩效反馈面谈

### 一　绩效面谈的类型

从绩效面谈的内容和形式上看，绩效面谈可以有多种类型，按照具体内容可分为四类。

#### 1. 绩效计划面谈

即在绩效管理初期，上级主管与下属就本期内绩效计划的目标和内容，以及实现目标的措施、步骤和方法所进行的面谈。

#### 2. 绩效指导面谈

即在绩效管理活动的过程中，根据下属在不同阶段中的实际表现，主管与下属围绕思想认识、工作程序、操作方法、新技术应用、新技能培训等方面的问题所进行的面谈。

#### 3. 绩效考评面谈

即在绩效管理末期，主管与下属就本期的绩效计划的贯彻执行情况，以及其工作表现和工作业绩等方面所进行的全面回顾、总结和评估。

#### 4. 绩效反馈面谈

即在本期绩效管理活动完成之后，将考评结果以及有关信息反馈到员工本人，以及为下一期绩效管理活动创造条件的面谈。

按照绩效面谈的具体过程及其特点，绩效面谈又可分为以下四种类型，如表5-10所示。

表5-10　绩效面谈的类型

| 项目 | | 内容 |
| --- | --- | --- |
| 单向劝导式面谈 | 含义 | 又称单向指导型面谈，是通过对员工现时工作行为和表现的剖析，说明哪些行为是正确的、有效的，哪些行为是错误的、无效的 |
| | 优点 | 对于改进员工行为和表现的效果十分突出，尤其适用于参与意识不强的下属 |
| | 缺点 | 缺乏双向的交流和沟通，难以给下属申诉的机会 |
| | 要求 | 要求主管具备劝服员工改变自我的能力，并且能够熟练运用各种激励下属的模式和方法 |

（续上表）

| 项目 | | 内容 |
|---|---|---|
| 双向倾听式面谈 | 步骤 | 1. 要求下属回顾总结自己的工作<br>2. 上级主管根据下属的自评报告，在综合归纳各个方面考评意见的基础上，提出自己的看法，并作出总体的评估<br>3. 主管再听取下属的意见，给下属充分发表意见的机会，使其毫无顾忌地表达自己对考评结果的直接感受和真实看法；遇到不同意见时，也允许下属保留自己的看法 |
| | 目的 | 让下属了解上级对其优缺点的评价，并就此做出反应 |
| | 优点 | 可以在员工受到挫折时，减少或消除员工的不良情绪 |
| | 缺点 | 难以向被考评者立即提出下一步工作改进的具体目标 |
| 解决问题式面谈 | | 使用解决问题的面谈方式时，应创造一种活跃的、开诚布公的能够进行有效交流的环境和氛围，主管应倾听员工的陈述，对员工的感受做出正确的回应，并针对上次面谈以来员工所遇到的困难、需求、工作满意度等各种问题，逐一进行剖析，以达成共识，从而促进员工成长和发展 |
| 综合式绩效面谈 | | 指在一次面谈中，采取灵活变通的方式，由从一种面谈形式转换过渡到另一种面谈形式。例如，单向劝导式面谈适用于评估绩效计划目标的实现程度，而解决问题式面谈更适用于促进员工潜能开发和全面发展 |

## 二 绩效反馈面谈的目的

作为绩效面谈中非常重要的一项内容，绩效反馈面谈是管理者就上一绩效管理周期中员工的表现和绩效评价结果与员工进行正式面谈的过程。绩效反馈面谈主要有以下四个目的。

1. 使员工认识到自己在本阶段工作中取得的进步和存在的缺点，了解主管对自己工作的看法，促进员工改善绩效。

2. 对绩效评价结果达成共识，分析原因，找出需要改进的地方。

3. 制订绩效改进计划，共同商讨确定下一个绩效管理周期的绩效目标和绩效计划。

4. 为员工的职业规划和发展提供信息。

【实例5-6】

钱鑫是某公司市场部的主管。今天早上一上班，他刚在自己的办公桌后坐好，主管市场部的副总裁林总的秘书李立就打了一个电话给他，说林总叫他过去一下。钱鑫到了林总的办公室，原来林总是要跟他讨论手下的一个销售经理宋洋的问题。在这次的绩效评估中，宋洋的评估结果远远低于平均水平。林总找钱鑫谈话也就意味着这件事已经引起了高层的关注，林总的意思是让钱鑫尽快做宋洋的工作，他说："小钱，你应该赶快做宋洋的工作，给他一个月的时间，如果他还是没有改进的话，就劝他走人。我们不允许因为他影响公司的效益，你必须对他采取一些措施。"

钱鑫一整天都在想着与林总谈话的事情，他心里想：是啊，我是应该采取一些措施。

我一直对这件事保持沉默，其实我非常希望宋洋能够改进绩效。在绩效反馈面谈的时候，我谈了一些期望，但看得出来，宋洋最近情绪不太好，因为最近两周的绩效依然没有什么起色，他可能也对自己的前途问题很敏感。我该怎么做呢？看来，我必须再找宋洋好好谈一谈。

1．你认为钱鑫与宋洋谈关于绩效改进的问题时要注意哪些方面？

2．在关于宋洋的绩效方面，作为主管，钱鑫是否存在失误，为什么？

**分析**

1．在面谈时，首先要注意建立并维护彼此的信赖，必须在一个彼此都很轻松的场合，清楚地说明面谈的目的，避免对立和冲突，尽量减少批评，注重解决问题。在肯定员工优点的前提下谈他的缺点，注重改变员工的行为方式而不是改变他这个人，并分析绩效没有明显改进的原因是什么。可以从个人的动机问题、工作的方式和其他一些个人困难等方面来分析，最后以积极的方式来结束面谈，和员工一起制订绩效改进目标。

2．钱鑫在宋洋的绩效问题上存在失误。按照正常的解决绩效问题的步骤，钱鑫在宋洋的绩效问题刚出现时就应该与其沟通，不断地对其行为进行反馈和修正，帮助宋洋设计改进绩效的方法。

## 三　绩效面谈的准备

### 1．主管人员应做的准备

（1）选择适宜的面谈时间

选择哪个时间段进行绩效面谈是非常重要的。主管人员在选择绩效面谈时间时通常需要注意以下几点。

①选择面谈双方都有空闲的时间。

②选择面谈双方都能全身心投入的时间。尽量避免选择下班时间来面谈，员工往往着急回家，很难集中精力与主管交谈；同时也要避免处于时间压力下的绩效面谈。

③选择面谈双方情绪都稳定的时间。如果员工因为工作中遇到的困难情绪低落，这时不宜进行面谈，否则对主管人员的批评会存有较大的抵触情绪。

④选择适合的时间段。每名员工绩效面谈的时间一般在1~2小时，避免安排过于紧凑的绩效面谈。

在确定面谈时间时，主管应提前征询员工的意见，双方共同决定面谈时间。这样一方面是对员工的尊重，另一方面也利于员工做好安排。

（2）选择适宜的面谈场所

在选择面谈场所时，应注意以下几点。

①选择不受干扰的场所。通常会将主管的办公室作为面谈场所，但是容易受到电话、传真机等办公设备的干扰，也容易被其他来访者打断。建议最好选择场所相对封闭的小型

会议室，或者类似咖啡厅这样的地方。

②选择适宜的场所布置。布置场所时，双方最好不要面对面，因为这样容易给双方尤其是给员工造成比较大的心理压力。

（3）准备好面谈的资料

在进行绩效面谈之前，主管人员必须准备好相关资料，具体包括员工绩效考评表、员工日常表现的记录、员工的定期工作总结、岗位说明书等，主管人员应当提前熟悉这些信息。此外，对员工的教育背景、工作经历、性格特点等也应当有所了解。

（4）计划好面谈的程序与进度

要事先对面谈的过程做好计划。计划的内容包括面谈过程的组成部分、面谈的内容和面谈内容的先后顺序如何安排等。

### 2. 员工应做的准备

绩效反馈面谈是一个双向沟通的过程，因此员工也应当做好充分的前期准备工作。

（1）准备表明自己绩效的资料或者证据。

（2）准备好向主管提问的问题。

（3）准备好个人的发展计划。

（4）将自己的工作安排好。

## 四　绩效面谈的实施

### 1. 绩效面谈的内容

绩效面谈的内容通常包括工作业绩、行为表现、改进措施和工作目标这四个方面。参见附录49的《绩效面谈记录表》。

### 2. 绩效面谈的程序

（1）为双方营造一个和谐的面谈气氛。

（2）说明面谈的目的、步骤和时间。

（3）讨论每项工作的目标考评结果。

（4）分析成功和失败的原因。

（5）与被考评者讨论考评的结果，特别是双方要围绕优势与不足、存在的重要困难和问题、在计划期内亟待改进的方面进行深入的讨论，并达成共识。

（6）与被考评者围绕培训开发的专题进行讨论，提出培训开发的需求，共同为下一阶段的员工培训开发工作设定目标。

（7）对被考评者提出的需要上级给予支持和帮助的问题进行讨论，提出具体的建议。

（8）双方达成一致，在绩效考评表上签字。

### 3. 绩效反馈面谈的技巧

（1）考评者一定要摆好自己与被考评者的位置，双方应当是具有共同目标的交流者，具有同向关系，双方是完全平等的交流者。注意，面谈不是宣讲，而是沟通。

（2）通过正面鼓励或者反馈，关注和肯定被考评者的长处。

（3）要提前向被考评者提供考评结果，强调客观事实。

（4）应当鼓励被考评者参与讨论，发表自己的意见和看法，以核对考评结果是否合适。

（5）针对考评结果，与被考评者协商，提出未来计划期内的工作目标与发展计划。

## 五　绩效改进的方法与策略

绩效改进是指确认组织或员工工作绩效的不足和差距，查明产生的原因，制定并实施有针对性的改进策略，不断提高企业员工竞争优势的过程。

### 1. 分析工作绩效的差距和原因

（1）分析工作绩效的差距

在对员工绩效进行考评时，不但要对员工绩效计划的实施情况进行评价，分析其工作行为、工作结果，以及计划目标实现的程度，还要找出其工作绩效的差距和不足。具体方法如下：

①目标比较法，是将考评期内员工的实际工作表现与绩效计划的目标进行对比，分析工作绩效的差距和不足的方法。

②水平比较法，是将考评期内员工的实际业绩与上一期（或去年同期）的工作业绩进行比较，衡量和比较其进步或差距的方法。

③横向比较法，在各个部门或单位之间、各个下属成员之间进行横向的对比，以发现组织与下属员工工作绩效实际存在的差距和不足。

（2）查明产生差距的原因

在找出员工工作绩效的差距之后，各级主管还应当会同被考评者，一起查找和分析产生这些绩效差距和不足的真正原因。

### 2. 制定改进工作绩效的策略

（1）预防性策略与制止性策略

预防性策略是指在员工进行作业之前，由上级制定出详细的绩效考评标准，明确什么是正确的、有效的行为，什么是错误的、无效的行为，并通过专门、系统性的培养和训练，使员工掌握具体的作业步骤和操作方法，从而可以有效地防止或减少员工在工作中出现重复性差错和失误。

制止性策略是指对员工的工作劳动过程进行全面的跟踪检查和监测，及时发现问题，

及时予以纠正，并通过各个管理层次的管理人员实施全面、全员、全过程的监督和引导，使员工克服自己的缺点，发挥自己的优势，不断地提高自己的工作业绩。

（2）正向激励策略与负向激励策略

①正向激励策略，是通过制定一系列行为标准，以及与之配套的人事激励政策，如奖励、晋级、升职、提拔等，鼓励员工更加积极主动工作的策略。

②负向激励策略，又称反向激励策略，它对待下属员工的方式与正向激励策略完全相反，采取了惩罚的手段，以防止他们产生绩效低下的行为。

（3）组织变革策略与人事调整策略

①劳动组织的调整。

②岗位人员的调动。

③其他非常措施，如解雇、除名、开除等。

### 【实例5-7】

E公司是一家民营企业，为了使员工准时上班，公司实行打卡制度。公司要求，每天打卡三次：早上8:30之前打卡一次，中午12点至1:30之间打卡一次，下午5:30之后打卡一次；早上8:30至9:00之间打卡为迟到，前三次迟到不扣工资，之后依次累加；中午忘记打卡，前三次每次扣5元，之后从30元依次累加。王子异为本公司员工，由于忘记打卡而导致被扣掉工资，但实际情况是王子异当天仍在工作岗位上工作，却被扣去工资。经调查，公司有很多员工都因为忘记打卡而被扣工资，因此引起了员工的不满。

### 分析

此案例中的问题是，员工实际进行了当天的工作，但是仅因为忘记打卡而被扣掉工资，造成了员工的不满。公司实行员工打卡制度的本质目的是希望员工准时上下班，而不是扣员工的工资，虽然每个月有三次的迟到机会，而前三次忘记打卡扣的工资也比较少，但是这种打卡制度会给员工一种被约束、不被信任的感觉。

综上所述，问题可以这样解决：公司可以实行弹性工作制度，早上八点半以后到晚上八点，只要员工在岗时间达到八个小时即可，同时取消中午打卡的程序，最大程度地给员工以自由。实行弹性工作时间制度可以有效地避免迟到问题，取消中午打卡可以让员工感到被公司所信任，那么就可以有效地解决员工对于当前制度不满的问题，而公司也会达到管理的目的。

## 六 绩效申诉

绩效申诉是指当被考评人对考核结果不清楚或持有异议时，可以采取书面形式向人力资源部提起申诉，人力资源部将就申诉问题进行调查，然后就申诉的事项作出说明。如果申诉人对说明不认同或者不满意，人力资源部将把申诉问题连同对问题的意见送交评审小组进行讨论处理，评审小组在指定的时间内给出合理的解释或最终的处理意见，并由人力资源部将意见与申诉人进行面谈沟通。绩效申诉是对员工权利的一种保护，也是为了更有利于绩效考评的公平和绩效改进的实施。《绩效考核申诉表》的形式参考附录50。

### 1. 绩效申诉受理内容

结果方面：如果员工对于自身的绩效结果无法认同，或发现绩效考评数据不准确，可以向人力资源部提出申诉，并阐明申诉理由。

程序方面：如果员工认为考评者在进行绩效考评时违反了相关程序和政策，或存在失职行为，也可以进行绩效申诉，要求人力资源部进行处理。

### 2. 申诉处理机构

（1）绩效管理委员会

①主要负责绩效管理体系的总体设计和重大事项的管理，是绩效考评的领导机构。

②主要由企业高层和相关部门负责人组成。

③主要负责初次申诉无法解决的问题或重大绩效申诉事件的处理。

（2）绩效管理日常管理小组

①是绩效考评的执行机构。

②负责绩效考评的具体工作，一般设在人力资源部。

③主要负责初次绩效申诉处理。

### 3. 申诉处理流程

（1）初次申诉处理

考评者如对绩效考评结果存有异议，应首先通过与直接上级沟通的方式谋求解决。如解决不了，员工有权在得知考评结果后一定期限内向人力资源部提出申诉，填写绩效申诉表，超过期限则不予受理。

（2）二次申诉处理

如果员工对首次处理意见不服，还有权在接到首次处理意见后的一定期限内向公司的绩效管理委员会再次进行申诉，超过期限则不予受理；绩效管理委员会在接到员工的申诉后，须在一定期限内作出裁决。如果绩效管理委员会认为员工的二次申诉成立，则由人力资源部按照绩效管理委员会的处理意见与被评价者的上级进行协商，调整其绩效评价结果；如果绩效管理委员会经调查核实认为考评结果不存在问题，则维持原评价结果，员工不得继续申诉。

（3）申诉材料归档

在绩效申诉处理完毕之后，由人力资源部负责进行归档，将员工申诉表归入员工绩效考评档案中，作为绩效考评过程的记录。

【实例5-8】

X公司是一家上市公司的控股子公司，从事的是成长性的高新技术行业，但是随着公司生产能力的不断扩大，原来的管理制度明显跟不上企业的发展需求。具体表现在：迫于部门利益和个人利益冲突，现行绩效考核办法往往频繁调整，然而员工积极性并无明显改善，抱怨之声依然不绝于耳。可是，如何拿出一个能为各方所接受的、公正的绩效考核办法又令企业管理层大伤脑筋，最终导致人才流失，公司难以吸引以及留住优秀人才。

该公司考核制度存在什么弊端？应该如何改进？

分 析

问题诊断：1．绩效考核办法过于粗犷，绩效考核结果的处理非程序化，缺乏有效的申诉机制。2．绩效考核的结果同职业晋升、薪酬分配挂钩过于简单化，人才的选拔和任免主观偏好较大。3．缺乏系统的人才晋升通道，内部晋升通道设计与执行不合理，薪酬分配缺乏合理的业绩依据，薪酬与岗位职责、业绩考核脱节。4．对高层管理人员缺乏明确而持续的激励机制，绩效考核指标的制订未加以具体分析，员工行为偏离企业总体目标，缺乏有效的导向和制约纠偏机制。

改进：1．组织再造，建立一套系统的组织结构体系。2．明确部门职责、岗位责任，制订岗位说明书，在此基础上，建立一套有效的绩效考核体系，实现绩效考核制度公正、公开、公平。3．建立申诉机制，修正绩效考核体系偏差，促进沟通和理解。4．制订人才培训计划，人力资源管理流程再造（招聘、选拔、任命、激励），制订员工发展计划，培育员工的使命感和归宿感。5．建立以绩效考核结果为基础的薪酬分配体系和人才晋升通道。

疑难解答

1．绩效考评面谈与沟通中，如何贴近考评指标，切实做到有效高效沟通？

一般来说，绩效面谈围绕工作业绩、行为表现、改进措施和新的目标四个方面来进行沟通。谈到工作业绩时，可以将具体的达成状况与工作付出的努力相结合，让考核者知道自己考核的达成状况，进而检视自己前期的努力和付出，最后与考核者共同制订接下来的目标与努力方向。

2．怎么才能避免面谈形式化？

（1）拟定面谈计划。包括面谈人员、面谈时间安排、面谈地点、管理者需要做的准备、员工需要做的准备以及通知员工。

（2）准备相关资料。包括业绩合约、下属的绩效记录、下属的工作总结、上一周期的绩效改进计划等。

3．绩效面谈时，员工出现情绪化问题该怎么办？

面谈时，不要过多地指责员工，而是要给予开导安抚，同时给予实际的支持和帮助，一起落实员工绩效改善提升计划；同时，员工做出成绩或有进步时应第一时间给予肯定和表扬，让员工尽快走出情绪化问题的阴影期。

**绩效面谈中的"汉堡包原则"**

在绩效管理中，当需要批评一个人时，可以用修正性的反馈，也称之为"汉堡包原则"。

"第一块面包"是指出某人的优点，"中间的牛肉"是指还存在哪些需要改进的项目或方法，"最下面一块面包"是一种鼓励和期望。

也可以这样认为：绩效考核后，进行绩效面谈时，员工一般都会有些紧张，为了缓和员工紧张的情绪，我们可以先对员工进行表扬，让员工心情舒畅起来；接下来指出员工的不足，最后再对员工的优点进行表扬，使他们能带着愉快的心情结束谈话。两块赞赏的"面包"，夹住批评的"馅"，员工"吃下去"就不会感到太生硬。

在人力资源管理中引用"汉堡包原则"的内涵，主要是讲求过失原则的运用。要帮助某个人认识他的缺点可以先指出他的优点，然后说出他需要改进的地方，最后再给予一定的鼓励和期待。"汉堡包原则"最大的好处是给人指出缺点的时候不会让人有逆反感。

## 第六节 绩效考评方法的运用

在第四节"绩效考评"中，我们提到过绩效考评方法的选择。实际上绩效考评的方法有很多，但是每一种方法往往只能达到某一特定的目的。为了提高绩效考评的有效性，一般会综合运用几种考评方法。

### 一 绩效考评的一般方法

#### 1. 排序法

排序法是指按被考评员工绩效相对的优劣程度，通过直接比较，确定每人的相对等级或名次的方法，又可以称为分级法，即排出全体被考评员工的绩效优劣顺序。具体操作中又可以分为直接排序法、交替排序法、配对比较法、强制分布法。排序法一般只适用于小型组织的人员考评，而且考评对象必须从事同一性质的工作。如果工作性质存在差异，或是对不同部门的工作人员进行考评，则不适宜采用该种方法。

（1）直接排序法

直接排序法也称简单排序法，是评价者经过通盘考虑后，以自己对评价对象工作绩效

的整体印象为依据进行评价，将本部门或一定范围内需要评价的所有员工从绩效最高者到最低者排出一个顺序来。该方法所需要的时间成本很少，简便易行，一般适合于员工数量比较少的评价。

（2）交替排序法

交替排序法也称选择排序法，是将需要进行评价的所有被评价者名单列举出来。评价者在所有需要评价的员工中首先挑选出最好的员工以及最差的员工，将他们分别列为第一名和最后一名；然后在余下的员工中再选择出最好的员工作为整个序列的第二名，选择出最差的员工作为整个序列的倒数第二名。依次类推，直到将所有员工排列完毕，就可以得到对所有员工的一个完整的排序。

（3）配对比较法

配对比较法也叫对偶比较法或两两对比法，其基本做法是在每一个评估因素上将每一个员工与其他所有的员工进行比较，其中价值较高者可得1分，价值较低者得−1分，最后将每位员工所得分数相加即得到该员工的最终评分。

（4）强制分布法

强制分布法也称强迫分配法、硬性分布法，是按事物"两头小、中间大"的正态分布规律，先确定好各等级在总数中所占的比例。该方法的优点是等级清晰、操作简便，有效避免了评估中出现过严或过松等一边倒的现象。缺点则有：如果员工的业绩水平事实上不遵从强制要求的分布，那么按照考评者的设想对员工进行硬性区别容易引起员工不满；只能把员工分为有限的几种类别，难以具体比较员工的差别；个别组织为了应对强制分布法，会采用"轮流坐庄"的方式来应对，但这样不能体现强制分布法的真正用意。

【实例5-9】

某企业的绩效管理主要采用以下步骤和方法。

第一步，对于部门主管以上领导干部，年终由主管领导召集其下属员工开会，共同听取其述职报告，再由员工及上级领导根据其一年来的表现填写"年度领导干部考核评议表"。该表汇总后将分数按"领导、部门内同事、下属"（2:3:5的权重）加权平均得出总分。

第二步，全体员工共分四组排序：一般员工、主管、部门经理、高层领导。每组按考评结果分成五个等级，每一等级所占比例如表5-11所示。

表5-11  考评结果等级与比例

| 等级 | A | B | C | D | E |
|---|---|---|---|---|---|
| 比例 | 10% | 30% | 54% | 5% | 1% |

第三步，考评结果运用：A等级范围的人有机会获得晋升，而E等级的将被淘汰或者降级。

1. 请指出前两个步骤使用了哪些绩效考评方法。

2. 上述考评方法有哪些不足之处？请针对这些不足提出改进建议。

### 分析

1. 使用的评分方法

第一步使用了多考核主体，或多维度、多视角、360度考评方法。采取领导、部门内同事、下属分别评分的方法。

第二步使用了强制分布法，将一般员工、主管、部门经理、高层领导分四组进行排序，每组分五个等级，这种方法称为强制分布法。

2. 考评方法的不足与改进建议

（1）领导、部门内同事、下属能反映管理者或员工行为的多维度水平，但是尚不够全面。还应增加自我考评，必要时增加外部考评，提高考评者的全面性。

（2）强制分布比例可以进一步优化，E级的比例偏低，而A级和B级的比例偏高。应克服强制分布法的不足，根据自身情况适当调整比例。

（3）考评结果只应用到晋升和淘汰，使用范围较窄。还可以应用于人力资源管理的多个方面，扩大激励结果。

### 2. 量表法

量表法是最简单和运用最为普遍的工作绩效评价技术之一。它通过一些图尺度或表格列举出绩效构成要素很多和跨度很宽的工作绩效等级。实际上，它就是将评价指标的定义、尺度、权重等设计成表格用于评价的一种方法。

量表的形式多种多样，下面简要介绍图尺度评价量表法和行为锚定评价量表法。

（1）图尺度评价量表法

图尺度评价量表法也称为图解式考评法，它列举出一些组织所期望的绩效构成要素（如团队精神、服务态度等），还列举出跨越范围很宽的工作绩效等级（如从"非常不满意""一般""基本满意"到"非常满意"）。在进行工作绩效评价时，首先针对每一位下属员工，从每一项评价要素中找出最能符合其绩效状况的分数，然后将每一位员工所得到的所有分值进行汇总，即得到其最终的工作绩效评价结果。

这一测评方法有很多种变形，比如通过对指标项的细化可以用来测评具体某一职位人员的表现。指标的维度来源于被测对象所在职位的职位说明书，从中选取与该职位最为密切相关的关键职能领域（KFA），再进行总结分析出关键绩效指标（KPI），并为各指标项标明重要程度，即权重。在实际操作过程中，首先在一张图表中列举出一系列绩效评价要素，并为每一要素列出几个备选的工作绩效等级；然后主管人员从每一要素的备选等级中分别选出最能够反映下属雇员实际工作绩效状况的工作绩效等级，并按照相应的等级确定其各个要素所得的分数。

优点：使用起来较为方便；能为每一位雇员提供一种定量化的绩效评价结果。

　　缺点：不能够有效地指导行为，它只能给出考评的结果而无法提供解决问题的方法；不能提供一个良好的机制以提供具体的、非威胁性的反馈；准确性不高，很可能得不到准确的评定，常常凭主观来考评。

　　（2）行为锚定评价量表法

　　行为锚定评价量表法也称行为锚定等级评定量表法，是通过对特定行为特征进行描述，以此作为一个统一的度量标准，考评者根据给定的行为锚定等级的标准来对员工实际表现出的能力、技能、价值观等进行评价的一种方法。行为锚定评价量表法实质上是把关键事件法与图尺度评价量表法结合起来，兼具两者之长。行为锚定评价量表通常由行为学专家与企业组织内的考评人员共同讨论设计，针对某一被考评职务选出适当的考评维度，每一考评维度附以行为描述文字和相对应的评分标准（通常为数字刻度）。

　　优点：对工作绩效的考评更加精确；工作绩效考评标准更加明确；具有良好的反馈功能；各种工作绩效表现要素之间有着较强的相对独立性，可以避免考评者因对被考评者某一方面的评价较高而将其他方面的评价等级也定得较高的情况；信度较高。

　　缺点：设计和实施成本比较高，经常需要聘请绩效管理专家帮助设计，而且在实施以前要进行多次测试和修改，因此要花费许多时间和金钱。

## 3. 关键事件法

　　关键事件法是由美国学者弗拉赖根和贝勒斯在1954年提出的，通用汽车公司在1955年运用了这种方法并获得了成功。它是通过对工作中最好或最差的事件进行分析，对造成这一事件的工作行为进行认定，从而作出工作绩效评估的一种方法。关键事件法运用于绩效评估中，会让评估更具有针对性。通常来讲，关键事件法会帮助管理者汇集一系列与特别好或特别差的员工有关的实际工作表现，而平常的或一般的工作表现均不予考虑，这样做有助于把最好或最差的员工从一般员工中挑出来。

　　关键事件法往往是对其他评价方法，特别是各种量表法的补充，通常不能单独运用。

　　优点：针对性强，对评估优秀和劣等表现十分有效；尤其适合应用于绩效评估的行为尺度评定与行为观察中；描述工作行为、建立行为标准更加准确；能更好地确定每一行为的作用。

　　缺点：搜集与整理关键事件要花费大量的时间和精力；对关键事件的把握和分析可能存在某些偏差；对中等绩效的员工关注不够。

### 应用关键事件法的注意事项

　　在应用关键事件法时，要注意以下要点。

　　1. 所记录事件必须是关键事件，即属于典型的"好的"或"不好的"事件，判断是否属于关键事件，其主要依据在于事件的特点与影响、性质。所记录的关键事件必须是与被考评者的关键绩效指标有关的事件。

2. 关键事件法一般不单独作为绩效考评的工具来使用，而是应和其他绩效考评方法结合使用，为其他考评方法提供事实依据。

3. 记录的关键事件应当是员工的具体行为，不能加入考评者的主观评价，要把事实与推测区分开来。

4. 关键事件的记录要贯穿于整个工作期间，不能仅仅集中在工作最后的几个星期或几个月里。

5. 关键事件法是基于行为的绩效考评技术，特别适用于那些不仅仅以结果来衡量工作绩效，而且还要注重一些重要行为表现的工作岗位。

## 二　关键绩效指标法

关键绩效指标简称为KPI，即英文"Key Performance Indicator"的缩写。作为一个相对独立的术语，可以将其理解为一种新的考评方法，或者一种新的绩效管理模式。

具体来讲，关键绩效指标是检测并促进宏观战略决策执行效果的一种绩效考评方法，它首先是企业根据宏观的战略目标，经过层层分解之后，提出具有可操作性的战术目标，并将其转化为若干个考评指标；然后，借用这些目标，从事前、事中和事后多个维度对组织或员工个人的绩效进行全面跟踪、监测和反馈；这些指标有机地组合在一起，成为一个能对组织、部门和个人工作目标起战略导向作用的引导体系，即关键绩效指标体系。

KPI体系的设计思想源自于管理学中的帕累托定律，即"80%的工作任务由20%的关键行为完成，抓住20%的关键行为并对之进行分析和衡量，就可以抓住战略的重点、目标的核心"。KPI体系就是要通过20%的关键指标来把握和引领企业80%的绩效，以不断增强企业的核心竞争力，使企业持续地取得高效益。该体系具有以下四个特点：

1. KPI体系中的指标是一系列可量化的或可行为化的关键绩效指标；

2. KPI体系针对企业战略目标起到增值作用的工作产出来设定指标；

3. KPI体系将个人和部门的绩效与企业整体绩效直接挂钩，包括企业级、部门级和岗位级关键绩效指标三个层次；

4. KPI体系的设计基于公司的发展战略与流程，而不是岗位的功能。

综合来看，关键绩效指标法就是要通过关键绩效指标体系来引导员工的个人行为和目标与企业的战略相契合，从而提高组织绩效和实现企业战略目标。

### 1. 优缺点分析

关键绩效指标法具有以下几个优点：

（1）有利于实现企业战略目标；

（2）有利于传导压力；

（3）有利于部门、岗位间的团结协作；

（4）有利于明确部门、岗位工作的重点和目标。

教你人力资源管理
实操从入门到精通

关键绩效指标法也存在一些缺陷和不足，主要表现在：

（1）指标体系过于庞大；

（2）指标的创建和量化较难。

### 2. 适用范围

关键绩效指标法比较适用于与组织战略目标有着紧密联系、对组织的增值或未来发展潜力有直接贡献的岗位，如总经理、副总经理、研发人员、销售人员、生产人员等，而对于事务性岗位则不太适用。

### 3. 提取KPI的方法

（1）标杆基准法

指企业将自身的关键绩效行为与那些在行业中领先的、最具影响力或最具竞争力企业的关键绩效行为作为基准，进行深入全面的比较研究，探究这些基准企业的绩效形成原因，在此基础上建立企业可持续发展的关键绩效标准，并提出改进员工绩效的具体程序、步骤和方法。

（2）关键分析法

指通过多方面信息的采集和处理，寻求一个企业成功的关键点，弄清到底是什么原因使得企业克敌制胜的，并对企业成功的关键点进行跟踪和监控。基本思想：通过分析企业获得成功或取得市场领先地位的关键因素，提炼出获得成功的关键绩效模块，再把业绩模块层层分解为关键要素，并将这些要素细分为各项具体的指标，即提出KPI。

（3）目标分解法

采用的是平衡计分卡设定目标的办法，即通过建立包括财务指标与非财务指标的综合指标体系，对企业的绩效水平进行监控。内容包括确定战略的总目标和分目标、进行业务价值树的决策分析、各项业务关键驱动因素分析。

### 4. 构建KPI体系的程序

建立KPI指标的要点在于系统性、计划性和流程性。各个层级的绩效考核指标，无论是应用于组织、部门、团队或者是个人，绩效考核的指标体系都应该达到这样的状态：能够清晰地描述出绩效考核对象的增值工作产出；针对每一项工作产出提取了绩效指标和标准；划分了各项增值产出的相对重要性等级；能追踪绩效考核对象的实际绩效水平，以便将考核对象的实际表现与要求的绩效标准相对照。

按照这样的指标体系标准，我们可以从以下几个步骤进行设计。

（1）利用客户关系图分析工作产出

即通过图示的方式显示某一团队或员工个体对组织内部和外部客户的工作产出。采用客户关系图的好处是：

154

①能够用工作产出的方式将个体或团队的绩效与组织内外其他个体和团队联系起来，增强每个团队或员工的客户服务意识；

②能够更加清晰地显示团队或员工对整个组织的贡献率；

③能够更全面、更深入地分析掌握团队和员工的工作产出，不会遗漏较大的或重要的考评项目。

（2）提取和设定绩效考评的指标

在确定了团队或个体的工作产出，并从中汇总整理出各种相关的绩效考核指标之后，应当运用SMART方法提取关键绩效考评指标。一般来说，关键绩效指标主要可以区分为数量指标、质量指标、成本指标和时限指标四种类型。例如，产品产量、销货量、销售额、利润等指标属于数量性指标，通常可以通过工作记录、统计报表、财务票据等方式获取这类指标的数值；破损率、独特性、准确性、一次检验合格率、废品率等属于质量性指标，一般可以通过生产记录、上级评估、客户反馈等方式获取这类指标的数值；而成本指标如单位产品的成本、投资回报率等，则可以通过财务方面获取有关数据。

（3）根据提取的关键指标设定考评标准

一般来说，考评指标是指从哪些方面对工作产出进行衡量或评估，而考评标准则是指各个考评指标在数值上应当达到什么样的水平。

KPI的标准水平可做出以下区分：

①先进的标准水平，包括本行业先进水平，国内同类企业的先进水平，以及国际同类企业的先进水平；

②平均的标准水平，包括本行业平均水平，国内同类企业的平均水平，以及国际同类企业的平均水平；

③基本的标准水平，是指期望被考评者达到的水平。这种标准的水平是每个被考评者经过一定程度的努力都能够达到的水平。

基本标准的作用主要是判断被考评者的绩效是否能够满足企业基本的要求。采用这类标准所获得的考评结果主要用于决定一些非激励性的工资待遇，如基本工资的支付等。

（4）审核关键绩效指标和标准

审核关键绩效指标的要点包括：

①工作产出是否为最终产品；

②多个考评者对同一个绩效指标和标准进行评价，其结果是否具有可靠性和准确性；

③关键绩效考评指标的总和是否可以解释被考评者80%以上的工作目标；

④关键绩效指标和考评标准是否具有可操作性；

⑤关键绩效指标的考评标准是否预留出可以超越的空间。

（5）修改和完善关键绩效指标和标准

指进一步对关键绩效指标标准体系进行补充、修改，不断提高关键绩效指标体系的科

学性、可行性和准确性。

【实例5-10】

2012年年底，公司中层管理人员进行年底述职。在述职过程中，中层管理人员集中于工作事项的汇报，都在强调自己做得好的方面，而且没有什么具体数据，本次考核流于形式，没有达到任何效果。总经理对此十分恼火，要求人力资源部在1月份完成关键绩效指标考核的准备工作，考核对象是部门经理，每个部门必须要采取量化式考核，要有10～15个指标，每个月都要考核，严格按照考核的数据进行奖金的分配。明知道这个工作很难做，人力资源部经理还是按照总经理的要求进行工作沟通，开始准备工作。1月底了，人力资源部工作的阻力很大，工作进展缓慢。请结合本案例分析，应该如何提炼关键绩效指标，做好量化式考核？

分析

本案例中，由于年底公司中层管理人员述职，采取工作报告的形式进行汇报，导致考核流于形式，达不到绩效考核的目的。KPI考核，即关键绩效指标考核方式，是量化式考核，避免了定性考核，保证了考核的有效性、客观性。KPI考核基于目标管理，需要明确考核对象（被考核部门、员工）的主要工作职责、工作任务、工作目标。在提取关键绩效指标时，要做好目标的分解、部门职能工作的梳理。关键绩效指标提取应考虑：1．基于被考核部门的工作职能、员工的工作职能，进行关键指标的提取；2．基于关键工作、项目的实际输出，进行关键指标提取；3．基于工作的流程，进行关键指标的提取。为保证考核指标是量化型数据，可以从质量、成本、进度三个方面进行提炼。

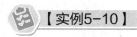温馨
提示

**设定关键绩效指标的常见问题及解决方法**

1．工作的产出项目过多

例子：列出15～20项的工作产出。

解决和纠正方法：（1）删除与工作目标不符合的产出项目；（2）比较产出结果对组织的贡献率；（3）合并同类项，将增值贡献率的产出归到一个更高的类别。

2．绩效指标不够全面

例子：对某项产出可从质量、数量和时限几个方面进行衡量，但在关键绩效指标中仅仅给出了数量标准，如发展客户的数量。

解决和纠正方法：设定针对性强的更全面、更深入的绩效考评指标。

3．对绩效指标的跟踪和监控耗时过多

例子：正确回答客户问题的比率。

解决和纠正方法：跟踪"正确率"比较困难，但可以跟踪"错误率"。

4. 绩效标准缺乏超越的空间

例子：绩效标准中使用"零错误率""100%""从不""总是""所有"等指标。

解决和纠正方法：（1）如果100%正确的绩效标准确实必须达到，那么就将其保留。（2）如果不是必须达到的，就修改绩效标准，以预留出超越标准的空间。

## 三　目标管理法

目标管理简称MBO，是英文"Management by Objectives"的缩写。美国著名管理大师彼得·德鲁克在《管理的实践》一书中率先提出"目标与自我控制管理"的主张，他认为企业的目的和任务必须化为目标，企业的各级主管必须通过这些目标对下级进行领导，以此来达到企业的总目标。如果一个范围没有特定的目标，则这个范围必定被忽视；如果没有方向一致的分目标来指导各级主管人员的工作，则企业规模越大、人员越多时，发生冲突和浪费的可能性就越大。德鲁克的主张在企业界和管理学界产生了极大的影响，对形成和推广目标管理起到了巨大的推动作用。

目标管理法是指管理者和员工根据组织目标和部门目标共同商讨制订个人绩效目标，然后以这些双方都认可的目标为依据对员工绩效进行考核的一种方法。它提供了一种将组织的整体目标转换为组织内各个单位和成员目标的有效方式，是现在流行的一种员工绩效考核方法。

### 1. 优缺点分析

目标管理法具有以下优点：

（1）有利于调动员工的积极性；（2）有利于激发员工的潜力；（3）有利于改进组织结构的职责分工；（4）有助于改善组织内部的人际关系。

目标管理法也存在一些缺陷和不足，主要表现在：

（1）目标难以确定；（2）对员工的动机做了过分乐观的假设；（3）缺乏必要的"行为指导"；（4）倾向于短期目标；（5）经常不能被使用者接纳；（6）目标的商定可能会增加管理成本。

### 2. 适用范围

目标管理法一般适用于从事工作独立性强的人员考评，如管理人员、专业技术人员以及销售人员等。而对从事常规水平的工作人员并不适用，如流水作业线上的工人就不适合采用目标管理法。

### 3. 目标管理的具体做法

目标管理的具体做法分为三个阶段：第一阶段为目标的设置；第二阶段为实现目标过程的管理；第三阶段为测定与评价所取得的成果。

（1）目标的设置

这一阶段可以分为四个步骤：

①高层管理预定目标；②重新审议组织结构和职责分工；③确立下级的目标；④上级和下级就实现各项目标所需的条件以及实现目标后的奖惩事宜达成协议。

（2）实现目标过程的管理

首先进行定期检查，利用双方经常接触的机会和信息反馈渠道自然地进行；其次要向下级通报进度，便于互相协调；再次要帮助下级解决工作中出现的困难和问题，当出现意外、不可测事件而严重影响组织目标实现时，也可以修改原定的目标。

（3）总结和评估

达到预定的期限后，下级首先要进行自我评估，提交书面报告；然后上下级一起考核目标完成情况，决定奖惩；同时讨论下一阶段目标，开始新的循环。如果目标没有完成，就分析原因总结教训，切忌相互指责，以保持相互信任的气氛。

## 四　360度考评方法

360度考评方法产生于20世纪40年代，最初被运用于英国军方所设立的评价中心，在评价部队战斗能力以及选拔士兵等活动中发挥了重要作用。从50年代起，360度考评方法被推广到工商企业，主要用于工作岗位分析以及管理人员的能力评价、筛选与安置。到了80年代，360度考评方法日趋完善，成为跨国公司人力资源管理与开发的重要工具之一。

360度考评方法又称全视角考评方法，是指由被考评者的上级、同事、下级和（或）客户（包括内部客户、外部客户）以及被考评者本人担任考评者，从多个角度对被考评者进行360度的全方位评价，再通过反馈程序，达到改变行为、提高绩效等目的的考评方法。

360度考评的方法主要强调全方位、客观地对员工进行考评，它既注重考评员工的最终成果，又将员工的行为、过程和个人努力的程度纳入考评的内容，使得绩效考评更能客观全面地反映员工的表现和业绩。

### 1. 优缺点分析

（1）优点

①具有全方位、多角度的特点。②不仅考虑工作产出，还考虑深层次的胜任特征，通过这种方法得出的考评结果更加全面、深刻。③有助于强化企业的核心价值观，增强企业的竞争优势，建立更为和谐的工作关系。④采用匿名考评方式，消除考评者的顾虑，使其能够客观地进行评价，保证了考评结果的有效性。⑤充分尊重组织成员的意见，这有助于组织创造更好的工作气氛，从而激发组织成员的创新性。⑥加强了管理者与组织员工的双向交流，提高了组织成员的参与性。⑦促进员工个人发展。

（2）缺点

①侧重于综合评价，定性评价比重较大，定量的业绩评价较少，因此经常与KPI关键绩效评价相结合，使评价更全面。②信息来源渠道广，但是从不同渠道得来的信息并非总是一致的。③收集到的信息比单渠道考评方法要多得多，增加了收集和处理数据的成本，而且需要汇总的信息量很大。④在实施过程中，如果处理不当可能会在组织内造成紧张气氛，影响组织成员的工作积极性，甚至带来企业文化震荡、组织成员忠诚度下降等现象。

## 2. 适用范围

360度考评方法适用于知识型员工较多的企业或信息化程度较高的企业。由于360度考评方法需要搜集处理对某一员工全方位评价的数据后，方可正确评价某一员工的绩效，因而在实际操作中往往需要用人力资源管理信息系统来做技术支撑。对于被考核对象层面，由于360度绩效考评是对被考核者全方位的考核，要求被考核者既要有上级和服务对象，又要有下级和同级（或供应商），加之考核成本较高，所以只适合对公司的中高层进行考核。

## 3. 实施程序

360度考评方法的实施程序如下。

（1）考评项目设计

①进行需求分析和可行性分析，决定是否采用360度考评方法。②编制基于岗位胜任特征模型的考评问卷，问卷的来源主要有两种，一种是企业针对自身特点和具体要求进行设计，另一种是向咨询公司购买成型问卷。

（2）培训考评者

①组建360度考评者队伍，考评者的来源有两种，一种是由被考评者自己选择，另一种是由上级指定。②对选拔出的考评者进行沟通技巧、考评实施技巧、总结考评结果的方法、反馈考评结果的方法等培训。

（3）实施360度考评

①实施考评，对具体实施过程进行监控和质量管理。②统计考评信息并报告结果，现已有专门的软件可用于对360度考评信息进行统计评分，并报告结果。③对被考评人员进行如何接受他人的考评信息的培训，让他们体会到360度考评最主要的目的是改进员工的工作绩效，为员工的职业生涯规划提供咨询建议，从而提高被考评人员对考评目的和方法可靠性的认同度。具体可以采用讲座和个别辅导等培训方法。④企业管理部门应针对考评的结果所反映出来的问题，制订改善绩效（或促进职业生涯发展）的行动计划。

（4）反馈面谈

①确定进行面谈的成员和对象。②有效进行反馈面谈，及时反馈考评的结果，帮助被考评人员改进自己的工作，不断提高工作绩效，完善个人的职业生涯规划。

（5）效果评价

①确认执行过程的安全性。②评价应用效果。③总结考评过程中的经验和不足，找出存在的问题，不断完善整个考评系统。

**实施360度考评方法应注意的问题**

1. 确定并培训公司内部专门从事360度考评的管理人员。

2. 实施360度考评方法，应选择最佳的时机，在组织面临士气问题、处于过渡时期或走下坡路时，不宜采用360度考评的方法。

3. 上级主管应与每位考评者进行沟通，要求考评者对其意见承担责任，确保考评者的意见真实可靠。

4. 使用客观的统计程序。

5. 防止考评过程中出现作弊、合谋等违规行为。

6. 准确识别和估计偏见、偏好等对业绩评价结果的影响。

7. 对考评者的个别意见实施保密，确保每位接受评价的员工无法获知任一考评者的评价意见，上级评价除外。

8. 不同的考评目的决定了考评内容的不同，所应注意的事项也有所不同。

## 五　平衡计分卡法

20世纪80年代，哈佛大学教授罗伯特·卡普兰和复兴方案公司总裁大卫·诺顿在对绩效测评方面处于领先地位的12家公司进行了为期一年的研究后，发明了平衡计分卡（The Blanced Score Card，简称BSC）。

### 1. 基本框架

平衡计分卡是以企业的战略为基础，从财务、客户、内部流程、学习与成长四个维度来衡量、考核组织整体绩效的一种方法，如图5-4所示。其中，财务指标主要衡量企业的成长和盈利能力，体现了股东的价值；客户指标主要衡量企业赢得客户的能力，体现了企业与顾客的战略伙伴关系；内部流程指标主要衡量企业改善经营业绩、增加盈利和提高客户满意度的能力，体现了企业的内部效率；学习与成长指标主要衡量企业持续发展的能力，体现了企业和员工的战略伙伴关系。

以上四个方面的指标构成了一个互为基础的有机整体。财务方面思考：如果我们成功，我们呈现给股东的是什么？客户方面思考：为实现我们的愿景，我们必须呈现给客户什么？内部流程方面思考：为满足客户，我们必须在哪些流程上追求卓越？学习与成长方面思考：为实现我们的远景，我们的组织必须如何学习和改进？"学习与成长"解决企业长期生命力的问题，是提高内部流程的基础，"内部流程"的提高是创造客户价值的基础，"客户"价值的提高是企业取得良好财务效益的基础。也就是说，"财务指标"是企业追求的结果，其他三个方面的指标则是取得这种结果的动因。

综合来看，这种考核技术的最大特点就在于它把企业的使命和战略转变为了具体的目标和考核指标，实现了企业战略和绩效管理的有机结合。

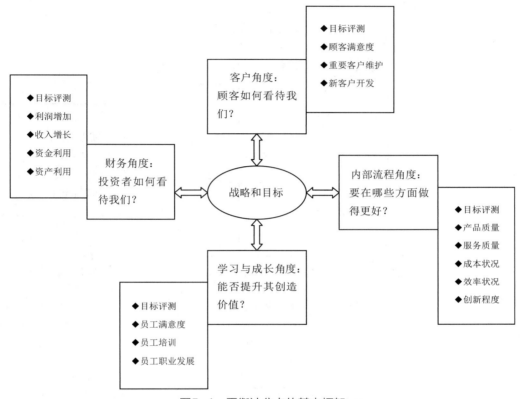

图5-4　平衡计分卡的基本框架

### 2. 优缺点分析

（1）优点

①有利于战略目标的传递和实现。②有利于实现企业的长期均衡发展。③有利于实现内外部衡量的平衡。④有利于防止次优化行为。

（2）缺陷和不足

①指标的创建和量化较难。②结果和驱动因素的关系难以确定。③指标权重的分配较困难。④调整设计较复杂和困难。

### 3. 适用范围

平衡计分卡适用于面临且感知到较大竞争压力的企业，以目标、战略为导向的企业，以及管理基础较好、成熟度较高的企业。

### 4. 引入平衡计分卡的基本程序

以平衡计分卡为基础建立企业的绩效考核体系，一般需要经由如图5-5所示的四个基本程序。这四个程序既可独立，也可以共同为把长期的战略目标与短期的行动联系起来发挥作用。

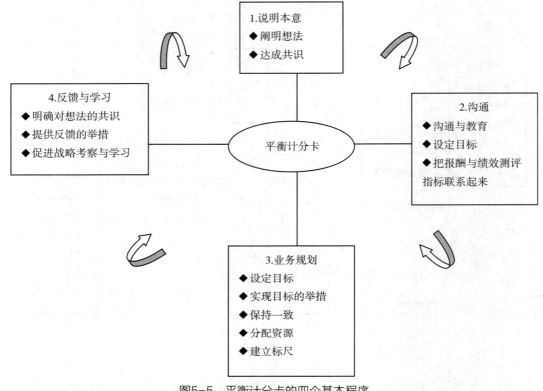

图5-5　平衡计分卡的四个基本程序

**疑难解答**

1. 对中高层管理者采用何种考评方式比较好？如何考评管理者的能力（如创新能力、领导能力等）和价值观？

对于中高层的能力考核，如果公司没有能力素质模型的支撑，任职资格体系尚不健全，建议不要硬性考核，还是以绩效、业绩考评为主，其他方面采用高层综合、模糊评判的方式。

2. 对于工业品制造业公司来说，销售人员适合采用哪种绩效考评和奖金发放方式？

销售人员考评还是要以业绩、回款、新客户增加等为主，建议采取"提成+奖金+罚金"的形式进行，简单明了。实际上，这本身也是一种考评，并不是非要有所谓的考核指标去评分。

**制订对企业有效的绩效考评**

　　有效是相对而言的，具体需要结合企业实际发展现状和人力资源管理水平，制订合理的绩效考评方案，而不要盲目地追求时髦或者"大而全"。步骤：做好绩效考评实施的前期调研、绩效推行计划的制订、绩效考评方法的选择、绩效指标的提炼和确定、绩效流程实施和过程监控、绩效面谈和反馈等。

## 第七节　绩效考评结果运用

### 一　绩效考评结果的应用范围

　　作为人力资源管理职能中的核心环节，绩效评价与各人力资源管理职能之间存在着非常密切的关系，绩效评价的结果可以作为人力资源管理系统中的招募与甄选环节、培训与开发环节、职位变动与解雇退休环节以及薪酬福利环节的决策依据。

　　绩效考评结果的应用范围如下。

#### 1. 用于招募与甄选

　　绩效评价的结果除了是组织作出招募计划的重要依据外，在研究招募与甄选的效度时，通常都选用绩效评价结果作为员工实际绩效水平的替代，在人员招募与甄选的过程中发挥重要的效标作用。

#### 2. 用于人员调配

　　员工绩效考评的结果是人员调配的重要依据。人员调配不仅包括纵向的升迁或降职，还包括横向的工作轮换。通过参考绩效考评的结果有两种，一种是可以将不能胜任现有工作岗位的员工调换到其能胜任的岗位，另一种是可以发现优秀的、有发展潜力的员工。

#### 3. 用于人员培训与开发决策

　　（1）可以发现人员培训和开发的需要。（2）企业有可能对未来的变化进行考虑，当绩效考评结果显示员工不具备未来所需要的技能或知识时，对员工进行开发是常见的选择。（3）可以作为培训的效标，即用绩效考评结果衡量培训的效度。

#### 4. 用于确定和调整员工薪酬

　　这是绩效考评最主要的一种用途。绩效考评最初的目的是更好地评价员工对团队或组织绩效的贡献，以更好地在薪酬分配的过程中体现公平性原则。一般而言，为了强调薪酬

的公平性并发挥薪酬的激励作用，要将员工的薪酬和绩效挂钩。

## 二　绩效考评结果的具体应用

绩效考评结果的用处很多，这里主要介绍基于考评结果的培训体系设计和薪酬体系的变动，这也是绩效考评结果应用最多的两个方面。

表5-12　绩效考评结果的具体应用

| 项目 | | 内容 |
|---|---|---|
| 基于绩效考评的培训开发 | 员工培训阶段的划分 | 员工培训从管理方面看，基本上可以划分为：<br>1．计划阶段，主要是确定培训目标和培训内容，即要进行培训的需求分析<br>2．培训实施阶段，主要是选择培训方法、学习方式以及具体实施培训的过程<br>3．评估阶段，主要内容是培训成效的具体测定与衡量 |
| | 员工培训的需求分析 | 1．从战略层次分析，可以确定企业对员工培训的总体需求，将员工培训同企业发展的总目标密切联系起来<br>2．从组织层次分析，即从组织对员工的需要角度，运用工作分析的方法，确定员工要达到良好的工作绩效，将员工培训同企业的各项具体工作目标相联系<br>3．从个人层次分析，即针对每个员工所完成工作任务的好坏，从而确定对培训有什么具体需求 |
| 基于绩效考评的薪酬调整 | 薪酬等级的变动 | 薪酬等级的变动主要和个人的岗位等级挂钩 |
| | 奖金额度的确定 | 奖金额度确定的步骤有：首先要在企业KPI考评得分的基础上确定总体薪酬额度，再根据部门考评得分确定部门奖金总额，再根据个人考评得分确定最终奖金额度 |

《绩效结果应用表》的格式参考附录51。

【实例5-11】

传统软件行业K公司，因经济形势不理想，考虑优化人员结构，辞退部分员工。人力资源部考虑从绩效考核的角度去进行人员考核，进而优化员工队伍。在实施的过程中，遇到绩效评价差的人员否认自己绩效差，认为公司只不过是通过考核的手段裁员的情况。此时，人力资源部应该怎么做？

### 分析

在本案例中，人力资源部在人员优化的工作中，通过绩效考核评价员工工作表现，并最终作为人员优化的依据是可行的。具体实施时，应采取以下方法。

1．在公司推行绩效考核时，要做好考核制度的培训和宣贯。绩效考核只是一种手段，帮助大家提高工作效率，确保公司目标的达成。

2．绩效实施完成后，考核双方应就考核的结果进行沟通。对于考核无法达到预期的员工，应进行培训。

3．对于培训后仍然无法胜任工作的员工，可以协商解除劳动合同，并予以经济补偿。

以上过程应在绩效考核制度和劳动合同管理制度中明确，同时人力资源部应保留相关证据。

法律条款依据：《劳动合同法》第四十条第（二）款规定，劳动者不能胜任工作，经过培训或者调整工作岗位，仍不能胜任工作的，用人单位提前三十日以书面形式通知劳动者本人或者额外支付劳动者一个月工资后，可以解除劳动合同。

 **疑难解答**

在绩效管理中，如何理解结果与过程的关系？

关注结果，控制过程，这是管理者经常需要考虑的事情。但是对于一个执行者而言，结果和过程有时是矛盾的统一。控制过严，必然影响结果的达成。对过程来说，应注意其合理、合法性，而不纠结于细节，对人力资源管理者尤为如此。

 温馨提示

### 不能一味追求结果考核

员工通常是你考核什么他就重点关注和做什么，以结果导向为考核出发点固然重要，但是一味地追求结果考核而忽略过程考核，得到的结果往往不可控，甚至没有结果。因此，适当加入过程指标的考核做法是正确的，如对销售人员除了业绩考核以外，可以适当加入客户拜访数量和频率的考核。

# 第六章　薪酬管理

　　薪酬管理是指根据企业总体发展战略的要求，通过管理制度的设计与完善、薪酬激励计划的编制与实施，最大限度地发挥各种薪酬形式如工资、奖金和福利等的激励作用，为企业创造更大的价值。

　　薪资管理针对不同的企业有不同的模式，薪资管理是企业管理的重要组成部分。

## 本章思维导图

薪酬管理

正确认识薪酬
- 什么是薪酬
  - 薪酬的概念
  - 薪酬与报酬、工资、薪水等的关系
  - 薪酬的实质
  - 影响员工薪酬水平的主要因素
- 什么是薪酬管理
  - 薪酬管理的内容
    - 薪酬体系
    - 薪酬水平
    - 薪酬结构
    - 薪酬形式
    - 薪酬调整
    - 薪酬控制
    - 薪酬政策
  - 薪酬管理的原则
    - 公平原则
    - 激励原则
    - 经济原则
    - 合法性原则
- 战略性薪酬管理
  - 战略性薪酬体系设计步骤
  - 战略性薪酬体系设计原则

特殊员工薪酬管理
- 销售人员薪酬管理
- 专业技术人员薪酬管理
- 高层管理人员薪酬管理
- 外派员工薪酬管理

薪酬形式
- 基本工资形式
  - 计时工资
  - 计件工资
  - 定额工资
  - 浮动工资
  - 奖金
  - 津贴
- 奖金
  - 奖金的概念和内容结构
  - 绩效奖金
  - 奖励方式和奖酬计划
  - 激励计划
- 福利
  - 福利的类型
    - 法定福利
    - 企业补充福利
    - 企业年金
    - 团体人寿保险
    - 补充医疗保险计划
  - 福利管理
    - 企业员工福利模式的选择
    - 员工福利计划的制订
    - 弹性福利计划的制订与实施
  - 常用表单记录
    - 各类保险金的计算
    - 住房公积金的计算

基本薪酬体系
- 薪酬体系的概念与分类
  - 岗位薪酬体系
  - 技能薪酬体系
  - 绩效薪酬体系
- 薪酬体系设计的基本要求及前提条件
  - 基本要求
    - 薪酬体系设计要体现薪酬的基本职能
      - 补偿职能
      - 激励职能
      - 调节职能
      - 效益职能
      - 统计监督职能
    - 薪酬体系设计要体现劳动的基本形态
      - 潜在劳动（可能的贡献）
      - 流动劳动（现实的付出）
      - 凝固劳动（实现的价值）
  - 前提条件
- 岗位薪酬体系
- 技能薪酬体系
  - 划分职位系列
  - 进行工作任务分析
  - 技能等级的确定与评价
  - 技能的培训与认证
- 绩效薪酬体系
  - 绩效薪酬制度的优缺点
  - 绩效薪酬的分类

薪酬结构设计
- 薪酬结构设计原理
  - 薪酬结构的构成
  - 薪酬结构的类型
  - 薪酬结构的作用
- 薪酬结构设计方法与实施步骤
  - 方法
    - 职位评价法
      - 基准职位定价法
      - 设定薪酬调整法
    - 非职位评价法
  - 步骤
    - 薪酬政策线的制定
    - 薪酬等级的确定
    - 薪酬等级范围的确定
    - 薪酬结构的调整
- 宽带薪酬
  - 宽带薪酬的特征
  - 宽带薪酬体系设计流程
  - 设计宽带薪酬的关键决策
- 股权激励
  - 股票期权
  - 业绩股票
  - 虚拟股票
  - 股票增值权
  - 限制性股票
  - 延期支付
  - 经营者/员工持股
  - 管理层/员工收购
  - 账面价值增值权

薪酬水平及外部竞争性
- 薪酬水平及外部竞争性的概念及作用
- 薪酬水平策略
  - 领先型薪酬策略
  - 跟随型薪酬策略
  - 滞后型薪酬策略
  - 混合型薪酬策略
- 市场薪酬调查
  - 薪酬市场调查的流程
    - 确定调查目的
    - 薪酬市场调查的范围
    - 选择调查方式
      - 企业之间相互调查
      - 委托中介机构进行调查
      - 采集社会公开的信息
      - 调查问卷
  - 薪酬市场调查的主要方法
    - 问卷调查法
    - 面谈调查法
    - 文献收集法
    - 电话调查法
  - 薪酬市场调查问卷的设计
- 薪酬满意度调查
  - 薪酬满意度的内容
  - 薪酬满意度调查的工作程序
  - 薪酬满意度调查表的设计

## 第一节　正确认识薪酬

### 一　什么是薪酬

#### 1. 薪酬的概念

薪酬泛指员工获得的一切形式的报酬，包括薪资、福利和保险等各种直接或间接的报酬。

薪酬有不同的表现形式：精神的与物质的、有形的与无形的、货币的与非货币的、内在的与外在的等。

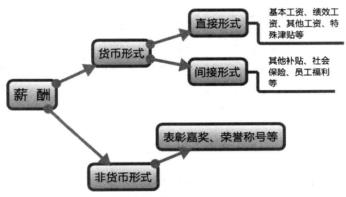

图6-1　薪酬的基本形式

#### 2. 薪酬与报酬、工资、薪水等的关系

薪酬的概念通常会跟报酬、工资、薪水等相混淆，下面我们就来仔细说明一下这几者之间的区别。

（1）报酬

报酬，是指员工从企业那里获得的作为个人贡献回报并认为有价值的各种东西。

报酬通常有两种分类方法，一种是将报酬分为经济性报酬和非经济性报酬，二是将报酬分为内在报酬和外在报酬。

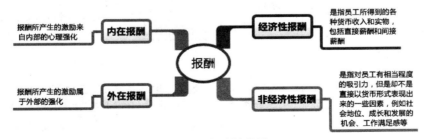

图6-2　报酬的分类

（2）工资

在英文中，薪酬这个词经历了从工资（Wage）到薪水（Salary），再到薪酬（Compensation），最后衍变为全面报酬（Total Rewards）的过程。

工资的概念主要在1920年以前被企业所应用，工资是根据工作量（如工作时间长短）而给付的报酬。但是，主要支付对象是从事体力劳动的蓝领，他们根据每天工作的时间数来领取报酬。

在经济学中，对工资问题的研究由来已久。例如威廉·配第和魁奈的最低工资理论和生存工资理论、亚当·斯密的工资差别理论、穆勒的工资基金理论、马歇尔和克拉克的边际生产力理论、均衡价格工资论，以及舒尔茨的人力资本理论等。这其中的许多理论至今仍然对薪酬管理实践有着重要的影响。

（3）薪水

1920年以后，出现了薪水（Salary）的概念。在美国，薪水是支付给那些不被包括在《公平劳动法案》内，属于豁免职位的任职者，从而没有加班工资的雇员的报酬。白领阶层就属于这类雇员，他们的报酬不是以每天工作多少个小时就给多少小时的钱这种依据来发放的，而是企业在每一个阶段单位时间（如一年）之后，一次性支付给员工一个相对固定的报酬数额（如年薪）。这就是薪水和工资之间最大的差别。

### 薪酬的定义

从1980年开始，薪酬的概念开始为大多数人所接受。从这个"酬"字就能看出，薪酬的支付方与被支付方之间是一种"交换"的关系，劳动者为企业付出劳动，企业为其提供报酬。

### 3. 薪酬的实质

（1）外部回报

外部回报是指员工因为雇佣关系从自身以外所得到的各种形式的回报，又称外部薪酬。外部薪酬包括直接薪酬和间接薪酬。

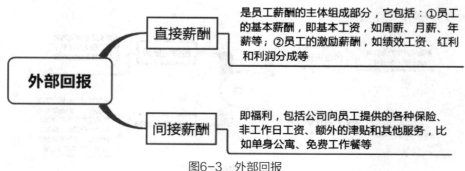

图6-3 外部回报

（2）内部回报

内部回报是指员工自身心理上感受到的回报，主要体现为一些社会和心理方面的回报。一般包括参与企业决策，获得更大的工作空间或权限、更大的责任、更有趣的工作、个人成长的机会和多样化的活动等。

### 4. 影响员工薪酬水平的主要因素

影响员工薪酬水平的主要因素可以从以下两个方面来分析。

（1）影响员工个人薪酬水平的因素

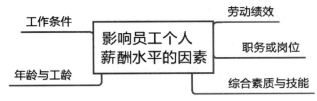

图6-4　影响员工个人薪酬水平的因素

（2）影响企业整体薪酬水平的因素

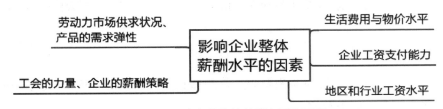

图6-5　影响企业整体薪酬水平的因素

## 二　什么是薪酬管理

薪酬管理是指企业在经营战略及发展规划的指导下，综合考虑内外部各种因素的影响，确定自身的薪酬体系、薪酬水平、薪酬结构和薪酬形式，并进行薪酬调整、薪酬控制以及制定薪酬政策的整个过程。

薪酬管理是一个组织中最为敏感的话题，薪酬决策和分配是组织与员工之间、员工与员工之间的利益冲突点。因此，它被认为是一项最困难、政策性最强的人力资源管理工作。薪酬管理的成功不但能激励员工积极努力地为组织工作，同时还能有效地降低人力成本。

### 1. 薪酬管理的内容

从薪酬管理的定义中，可以看出薪酬管理大致包括以下几方面内容。

（1）薪酬体系

薪酬体系确定企业的基本薪酬以什么为基础。目前通行的薪酬体系有三种，即职位薪酬体系、技能薪酬体系以及能力薪酬体系，其中以职位薪酬体系的运用最为广泛。

（2）薪酬水平

薪酬水平是指企业内部各类职位以及企业整体平均薪酬的高低程度。它能够反映出企业支付薪酬的外部竞争性。影响薪酬水平的因素主要有外部因素、内部因素和个人因素。外部因素主要有社会经济环境、社会生活成本指数、劳动力市场供求状况等；内部因素主要有工作性能、企业负担能力、企业经营状况、企业文化等；个人因素主要有职位差别、技能水平、工作数量和质量等。

（3）薪酬结构

薪酬结构是指同一企业内部的薪酬等级数量以及不同薪酬等级之间的薪酬差距大小，它能够反映出企业支付薪酬的内部一致性（内部公平性）。

（4）薪酬形式

薪酬形式是指计量劳动和支付薪酬的方式，主要有计时工资、计件工资、奖励薪酬等。

（5）薪酬调整

薪酬调整是指企业根据内外部各种因素的变化，对薪酬水平、薪酬结构和薪酬形式进行相应的变动。

（6）薪酬控制

薪酬控制是指企业对支付的薪酬总额进行测算和监控，以维持正常的薪酬成本开支，避免给企业带来过重的财务负担。

（7）薪酬政策

薪酬政策是企业管理者对企业薪酬管理运行的目标、任务和手段的选择和组合，是企业在员工薪酬上所采取的方针策略。由于企业发展战略和人力资源战略各不相同，企业在薪酬管理政策上需要进行合理选择。

## 2. 薪酬管理的原则

（1）公平原则

公平是薪酬管理的基础，员工只有在认为薪酬系统公平的前提下，才能对相应的薪酬制度产生认同感和满意感，薪酬的激励作用才可能得到充分发挥。薪酬公平分为内部公平、外部公平、个人公平三类，分别代表与企业内部其他员工、企业外部员工以及员工个人职业生涯中的纵向比较三个方面的公平。

（2）激励原则

对于大多数企业而言，薪酬管理的最终目的就是要激励员工，提高他们的业绩。制定一份科学合理的薪酬体系对员工进行激励是最基本，也是最有效的做法。

（3）经济原则

薪酬是企业成本的一个部分，尤其针对劳动密集型企业来说，人力成本更是企业运营成本的重要组成部分。企业管理者不仅需要考虑薪酬系统对员工的吸引力和激励性，还要考虑企业承受能力的大小、利润的合理积累等问题；同时还要合理配置劳动力资源，劳动力资源过剩或配置过高都会导致薪酬的浪费、成本的提高。

（4）合法性原则

薪酬管理应遵守国家相关政策、法律法规和企业的一系列管理制度，这样的薪酬制度才具有立足之本和持久性。相关的法规有《中华人民共和国宪法》《劳动法》，以及各种劳动行政法规、地方性劳动法规和批准生效的国际劳工公约等。

**【实例6-1】**

H化工厂是一家近年来发展起来的新型化工产品企业，由于其产品新颖，消费者很喜欢，市场销量日益扩大。但是近一年来，跟风产品越来越多，竞争日趋激烈，企业原有的技术人才被挖走的现象时有发生，员工无精打采、信心不足。新任人力资源部经理赵川决定进行调查，发现存在一个这样的问题：企业没有完善的薪酬制度，原来的工资都是进厂时与老板面谈决定的。

一半以上的人认为他们的工资没有反映出劳动强度、劳动条件的不同，三分之一的员工认为其他企业的工资比自己企业的高，四分之一的员工认为岗位之间工资差别不大，对于贡献大的员工工资上也没有区别。根据以上情况，总经理责成赵川制订一套薪酬管理制度，赵川应该怎么办？

**分析**

1. 薪酬调查。
2. 岗位分析与评价。
3. 明确掌握企业劳动力供给与需求关系。
4. 明确掌握竞争对手的人工成本状况。
5. 明确企业总体发展战略规划的目标和要求。
6. 明确企业的使命。
7. 掌握企业的财力状况。
8. 掌握企业生产经营的特点和员工的特点。

## 三　战略性薪酬管理

战略性薪酬管理是以企业发展战略为依据，根据企业某一阶段的内、外部总体情况，正确选择薪酬管理策略，系统设计薪酬体系并实施动态管理，使之促进企业战略目标实现的活动。

战略性薪酬管理除了是对员工贡献的承认或者回报，还是一套把企业愿景、目标和价值观转化为具体行动方案以及支持员工实施这些行动方案的管理流程。其核心是制定出一系列战略性薪酬决策。

### 1. 战略性薪酬体系设计步骤

一般来说，战略性薪酬体系设计要经过以下几个步骤：

（1）寻找企业发展战略瓶颈；（2）分析相应的人力资源瓶颈；（3）制定相应的战略性薪酬体系；（4）动态分析企业发展瓶颈及其带来的人力资源瓶颈，并从长远性出发，制定战略薪酬政策。

### 2. 战略性薪酬体系设计原则

（1）必须保持战略性薪酬体系设计的动态性。（2）审慎处理由战略性薪酬带来的较大薪酬差距问题。（3）合理选择战略性薪酬体系的调整时机。

---

**疑难解答**

1. 奖励到底起什么样的作用？

一般而言，奖励能够获得暂时的服从。如果想从根本上转变人们的行为和态度，奖励和惩罚一样没有效果，一旦完成发放奖励，人们又会恢复先前的行为。有研究表明，为减肥、端正坐姿使用奖励，比不采取任何措施更加糟糕。

2. 不少公司都会有员工抱怨的情况出现，其背后的实质是什么呢？

员工的待遇包含物质待遇和精神待遇，物质需求和精神需求都获得满足才能使每个人的能力得以发挥。精神需求具有隐蔽性，难以清楚地定义、讨论。所以，当员工抱怨"我每天这么受气，才得到这么少的工资"时，往往表达的是员工对精神待遇的不满。管理者需要弄清员工抱怨的根本，提高员工的物质待遇并不是万能钥匙。

温馨提示

**高薪的误区**

公司越强调"高薪"，员工越容易陷入"唯薪论"（员工更加计较资金的薪酬水平，对薪酬分配过度挑剔、过度关注）。公司做出再大努力，都不能让员工对薪酬满意。招聘时，我们要用优厚的待遇吸引人才而不仅仅是"高薪"。

## 第二节 基本薪酬体系

### 一 薪酬体系的概念与分类

薪酬体系通常是指支付薪酬基准，即基本工资的根据是什么，按其差异可以区分薪酬性质和特征。

目前，通行的薪酬体系类型主要有岗位薪酬体系、技能薪酬体系和绩效薪酬体系三种。

#### 1. 岗位薪酬体系

岗位薪酬体系是应用最为广泛，同时也是最为稳定的薪酬体系类型。根据员工在组织中的不同岗位特征来确定其薪酬等级与薪酬水平。

#### 2. 技能薪酬体系

为了增强对人才的吸引力，充分发挥各类人才的工作积极性和潜力，一些企业转而把与企业发展息息相关的员工技术和能力水平作为决定薪酬等级和水平的基本依据，技能薪酬制度便应运而生。技能薪酬可分为技术薪酬体系和能力薪酬体系。

#### 3. 绩效薪酬体系

绩效薪酬体系将员工个人或者团体的工作绩效与薪酬联系起来，根据绩效水平的高低确定薪酬结构和薪酬水平。员工工作绩效主要体现为完成工作的数量、质量，所产生的收益以及对企业的其他可以测评的贡献。

上述三种类型的薪酬体系各有利弊。一些企业由于自身规模庞大、构成复杂，在进行薪酬体系设计时，同时采用多种薪酬体系。

### 二 薪酬体系设计的基本要求及前提条件

#### 1. 基本要求

（1）薪酬体系设计要体现薪酬的基本职能

薪酬职能是指薪酬在运用过程中的具体功能的体现和表现，是薪酬管理的核心，包括补偿职能、激励职能、调节职能、效益职能和统计监督职能。

①补偿职能：职工在劳动过程中体力与脑力的消耗必须得到补偿，保证劳动力的再生产。

②激励职能：典型表现是奖金的运用，奖金是对工作表现好的员工的一种奖励，也是对有效超额劳动的报偿，对员工有很大的激励作用。

③调节职能：主要表现在引导劳动者合理流动上。薪酬高，劳动供给数量就大；薪酬低，劳动供给数量就少。

④效益职能：从雇主的眼光来看，薪酬具有效益职能。在正常情况下，一个劳动者所创造的劳动成果总是大于他的薪酬收入，剩余部分就是薪酬经济效益。

⑤统计监督职能：薪酬可以反映出劳动者向社会提供的劳动量（劳动贡献）大小和劳动者的消费水平。

（2）薪酬体系设计要体现劳动的基本形态

薪酬体系设计要体现劳动的基本形态，主要包括以下几种形态。

①潜在劳动（可能的贡献），是指蕴含在个体身上的劳动能力。按潜在劳动计量薪酬，有利于鼓励员工进行人力资本投资，在一定程度上也能够增强组织对人才的吸引力。

②流动劳动（现实的付出），是指人力资源个体在工作岗位上的活动是已经付出的劳动。按流动劳动计量薪酬，适用于那些难以计算或者不必计算工作定额、不存在竞争关系而只要求按时出勤的工种或岗位。

③凝固劳动（实现的价值），是指劳动付出后的成果，如产量是多少、销售额有多少等。按凝固劳动计量薪酬，能够比较准确地表明劳动价值的大小，也便于发挥薪酬管理的激励功能，但其适用的范围有限。

## 2. 前提条件

（1）明确企业的价值观和经营理念。（2）明确企业总体发展战略规划的目标和要求。（3）掌握企业生产经营特点和员工特点。（4）掌握企业的财务状况。（5）明确掌握企业劳动力供给与需求关系。（6）明确掌握竞争对手的人工成本状况。

## 三 岗位薪酬体系

岗位薪酬体系是根据每个岗位的相对价值来确定薪酬等级，通过市场薪酬水平调查来确定每个等级的薪酬幅度。

一般来说，岗位薪酬体系的设计流程分为八步。

第一步，环境分析。指要通过调查分析，了解企业所处的内外环境的现状和发展趋势，它是薪酬设计的前提和基础。

第二步，确定薪酬策略。薪酬策略是有关薪酬分配的原则和标准、薪酬总体水平的政策和策略。

第三步，岗位分析。要全面了解某一特定工作的任务、责任、权限、任职资格、工作流程等相关信息，并对其进行详细说明与规范，这样能为招聘、培训绩效考核、薪酬设计提供依据。一般通过问卷调查法、参与法、观察法、访谈法、关键事件法、工作日志法等方法获取相关岗位信息。

第四步，岗位评价。它是通过工作分析，在获取相关岗位信息的基础上，对不同岗位工作的难易程度、职权大小、任职资格高低、工作环境优劣、创造价值多少等进行比较，确定其相对价值的过程。常用的方法有排序法、归类法、因素比较法、计点法、海氏评估法等。

第五步，岗位等级划分。通过岗位评价，企业可以得出组织不同岗位的价值的大小，从而为组织确定岗位结构奠定基础。一般来说，等级数目少，薪酬宽度大，员工晋升慢，激励效果差；等级数目多，岗位层次多，管理成本高。宽带薪酬模式是一种与企业组织扁平化相适应的新型设计。

第六步，市场薪酬调查。主要是通过收集、分析市场薪酬信息和员工关于薪酬分配的意见、建议，来确定或者调整企业的整体薪酬水平、薪酬结构和各具体岗位的薪酬水平的过程。

第七步，确定薪酬结构与水平。薪酬结构是薪酬体系的骨架，有广义和狭义之分。狭义的薪酬结构是指同一组织内部不同岗位薪酬水平的对比关系。广义的薪酬结构还包括不同薪酬形式在薪酬总额中的比例关系，如基本薪酬与可变薪酬、福利薪酬之间的不同薪酬组合。薪酬水平是指组织整体平均薪酬水平，包括各部门、各岗位薪酬在市场薪酬中的位置。

第八步，实施与反馈。薪酬体系设计完成之后，必须制度化、标准化地执行企业薪酬管理制度。

## 四 技能薪酬体系

技能薪酬体系以员工所掌握的与职位相关的知识和技术的深度与广度的不同为依据来确定薪酬等级和薪酬水平。从本质上来说，技能薪酬体系的设计目的就是把岗位薪酬体系所强调的工作任务转化为能够被认证、培训以及对其付酬的各种技能。

技能薪酬体系一般遵循以下流程。

### 1. 划分职位系列

在技能薪酬体系中，所有职位被纳入到不同的职系中，每个职系通常都设计了较为宽泛的薪酬区间，如宽带型薪酬结构。这样的话，不管是否在职位层级中得到提拔，员工只要不断提高自身的任职能力，其薪酬水平就会相应提升，以此实现职业发展。而在以职位为基础的薪酬体系中，员工的晋升和发展一般只能沿着行政级别的提高实现，如果不能被提拔到更高的职位，薪酬水平就很难得到提高，也难以实现职业发展。同时，划分职位系列也有利于降低管理难度，因为每个职位都对员工能力有不同的要求，如果为每个职位编写能力标准，并以此为基础对员工能力进行管理将十分困难。

### 2. 进行工作任务分析

为清楚地了解在一个组织中所要完成的所有工作任务，有必要依据一定的格式和规范将这些工作任务描述出来。根据这些标准化的任务描述，就能理解为了达到一定的绩效水

平所需要的技能层次。在描述工作任务时，到底应该将信息详细描述到哪种程度呢？这个可以依据编写任务描述的目的而定。刚开始做时，可以将工作任务描述得简单一些，只要强调了所要完成的工作以及完成这些工作时所需要的必要行为就可以了。

### 3. 技能等级的确定与定价

在技能薪酬体系下，关于技能的陈述实际上就是以技能的形式对工作任务描述重新加以表达。其中，最困难的事可能就是如何将技能或知识与薪酬合理地结合起来。企业在确定技能等级时，应充分考虑技能的需要及企业目标的实现，同时这个技能等级应该是可以评估和认证的。在技能认证完成以后，每隔一段时期，对员工的技能进行重新认证也非常重要。此外，企业需要根据自身技术水平的更新情况，随时修订自己的技能等级定义，并且随之进行技能等级的重新认证。

### 4. 技能的培训与认证

设计和推行技能薪酬计划的最后一步就是关注如何让员工置身在该计划中，对员工进行培训和认证。在对员工现有技能进行分析的同时，还要制订培训计划、技能资格认证计划以及追踪管理工作成果的评价体系。

## 五　绩效薪酬体系

绩效薪酬连接了人力资源管理中的两个非常敏感、至关重要的部分——薪酬管理和绩效管理。绩效管理中的绩效评估体系和绩效评估结果对绩效薪酬具有决定作用。绩效薪酬体系的核心内容在于绩效评估。

### 1. 绩效薪酬制度的优缺点

绩效薪酬制度是目前企业普遍采用的一种薪酬制度。绩效薪酬与传统的薪酬相比，在激励性、成本控制等方面有强大的优势，但是它也有不完善之处和负面影响。

（1）优点

①激励性强。②更具有客观性和公平性。③利于组织目标的实现。④利于成本控制。⑤利于吸引和留住优秀员工。⑥指引努力方向，培育企业文化。

（2）缺点

①绩效薪酬可能破坏员工之间的信任和团队精神。②在绩效薪酬体制下，员工可能抵制公司的管理变革和技术改造。③绩效评价制度的科学性与合理性影响绩效薪酬的效果。④增大了员工的工作压力，降低了员工的安全感。⑤增加管理层与员工之间发生摩擦的机会。

### 2. 绩效薪酬的分类

绩效薪酬可以按照不同的标准划分为不同的类型。

（1）按照绩效薪酬的关注对象进行划分，可以分为个人绩效薪酬、群体绩效薪酬和组织绩效薪酬。

个人绩效薪酬，也称个人绩效奖励，是针对员工个人的工作业绩和工作行为提供奖励的一种报酬制度。典型形式有工资制、绩效加薪制、一次性奖金、分红等。

群体绩效薪酬，也称团队奖励计划或群体奖励计划，是以团队绩效而非个人绩效为对象，并根据群体绩效决定群体整体薪酬的一种薪酬模式。主要表现形式为利润分享计划、收益分享计划、成功分享计划等。

组织绩效薪酬，也称全公司奖励计划，这类计划把员工的薪酬与公司短期内的业绩联系在一起。

（2）按照绩效薪酬的周期进行划分，可以分为短期绩效薪酬和长期绩效薪酬。

短期绩效薪酬适用于短期内绩效目标能够实现的职位。

长期绩效薪酬是指对一年以上既定绩效目标的达成提供奖励的制度。主要针对于为企业做出长期贡献的员工。

**【实例6-2】**

S公司是一家大型的电子企业。2006年该公司实行了企业工资与档案工资脱钩，与岗位、技能、贡献和效益挂钩的"一脱四挂钩"工资、奖金分配制度。

一是以实现劳动价值为依据，确定岗位等级和分配标准，岗位等级和分配标准经职代会通过形成。公司将全部岗位划分为科研、管理和生产三大类，每类又划分出10多个等级，每个等级都有相应的工资和奖金分配标准。科研人员实行职称工资，管理人员实行职务工资，工人实行岗位技术工资；科研岗位的平均工资是管理岗位的2倍，是生产岗位的4倍。

二是以岗位性质和任务完成情况为依据，确定奖金分配数额，每年对科研、管理和生产工作中有突出贡献的人员给予重奖，最高的达到8万元。总体上看，该公司加大了奖金分配的力度，进一步拉开薪酬差距。

S公司注重公平竞争，以此作为拉开薪酬差距的前提，如对科研人员实行职称聘任制，每年一聘。这样既稳定了科研人员队伍，又鼓励优秀人员脱颖而出，为企业长远发展提供源源不断的智力支持。

请问：

1.S公司薪酬体系的优势主要体现在哪些方面？

2.您对完善S公司的薪酬体系有何建议？

**分析**

1.S公司薪酬体系的优势。

（1）S公司的"一脱四挂钩"工资、奖金分配制度，同时考虑了岗位特点、员工技能

水平、员工贡献和企业效益四个方面，可见S公司的薪酬体系是一种平衡的薪酬体系。

（2）S公司将企业的全部岗位划分为科研、管理和生产三类，岗位分类比较合理。

（3）S公司将每类岗位细分出十多个等级，每个等级都有相应的工资和奖金分配标准，可见S公司的薪酬体系细节明确，为新的薪酬体系奠定了坚实的基础。

（4）S公司的薪酬体系重点突出，偏重于科研人员，使关键技术人才的薪酬水平高于一般的可替代性强的员工薪酬水平，在市场中具有竞争力。

（5）S公司通过加大奖金分配力度的做法来拉开薪酬差距，有利于企业效益的增长。

（6）S公司注重公平竞争，如对科研人员实施聘任制，为拉开薪酬差距提供前提。

2．对S公司的薪酬体系的建议。

S公司的薪酬制度虽然有很大优势，但要保证其有效运行，还需要做到以下几点。

（1）掌握市场薪酬水平变化，及时进行薪资调整，提高薪酬制度的对外竞争力。

（2）不断完善绩效管理制度，为薪酬制度的运行提供依据，保证薪酬制度的公平合理。

（3）在贯彻薪酬制度的过程中会遇到各种问题，因此需要建立并完善沟通平台，上情下达，下情上达，不断发现问题，提出对策，完善薪酬制度。

（4）注意长期激励与短期激励相结合，对高层管理者、核心技术人员和有突出贡献的员工推行长期激励，如年薪制、期权和股权计划等。

### 疑难解答

1．应聘人员一开始就问工资多少，转正可达到多少工资，该如何回答？

在回答这些问题之前，HR应知道公司给薪的底线和最高上限，但是只需要告诉应聘者薪水范围的下限及中间值，这样一方面可以替公司筛选掉对薪资有过高预期的应聘者，一方面又保留了谈判空间，遇到经验丰富或者条件极佳的应聘者时，还可以有往上调整的弹性空间。

2．招聘时经常遇到合适的人选，但是其要求的薪酬超过了岗位的最高薪酬标准，应该怎么办？

首先，应该告知定薪原则。有的应聘者认为企业可以依据他们提供的原薪酬与期望薪酬来定薪，存在很大的灵活性，这时应明确告知应聘者，定薪必须遵循公司的薪酬体系。

其次，应弱化应聘者的重要性。强调很多候选人在竞争该职位，公司正在比较与衡量，这样可以有效降低应聘者的谈判筹码。

最后，展现"全面薪酬"。人才职业转换的影响因素来源于多个方面，包括公司品牌、工作平台、薪酬福利、工作环境等，要提炼出企业尽量多的卖点，逐步展现给应聘者，增强其对企业的信心，提升整体的吸引力。

**薪酬制度的激励作用**

　　科学有效的激励机制能够让员工发挥出最佳的潜能，从而为企业创造出更大的价值。激励的方法有很多，但是薪酬可以说是一种最重要且最易使用的方法。它是企业对员工给企业所做的贡献（包括他们实现的绩效，付出的努力、时间、学识、技能、经验和创造）所付给的相应回报和答谢。在员工的心目中，薪酬不仅仅是自己的劳动所得，它在一定程度上还代表着员工自身的价值，代表企业对员工工作的认同，甚至还代表着员工的个人能力和发展前景。

## 第三节　薪酬水平及外部竞争性

### 一　薪酬水平及外部竞争性的概念及作用

#### 1. 薪酬水平

　　薪酬水平是指组织之间的薪酬关系，组织相对于其竞争对手的薪酬水平的高低。而一个组织所支付的薪酬水平的高低无疑会直接影响到企业在劳动力市场上获取劳动力的能力，进而影响企业的竞争力。

　　薪酬水平是相对而言的，它可以在不同层次上进行比较，可以是指某一国家、地区、行业、企业、部门、职位或员工个人等不同层次的薪酬水平，也可以特指某一领域范围中的劳动者的薪酬水平，其中企业员工的薪酬水平是基础和核心。薪酬水平不仅要考察薪酬的平均水平或绝对水平，还应考察"边际水平"，即结合劳资双方的利润分配关系来考察。例如某些劳动生产率很高的科技产业，尽管员工收入很高，但是企业获得的利润分配增加得非常快，剩余价值率很高，这样，与企业的获利相比，员工的薪酬水平其实并不高。

　　薪酬水平不能仅看货币薪酬，更应该看其实际薪酬水平。因为货币薪酬不能真正反映员工的薪酬水平，而实际薪酬说明了货币薪酬的实际购买力，实际薪酬才能确切地反映员工的薪酬水平和生活水平。可以这样理解，应当按用货币薪酬所能买到的消费品的数量来认识薪酬水平。实际薪酬水平的影响因素有：货币薪酬的高低，在其他条件不变的情况下，货币薪酬与实际薪酬成正比；物价高低，在其他条件不变的情况下，物价水平与实际薪酬成反比。

#### 2. 薪酬的外部竞争性

　　薪酬的外部竞争性实际上是指一家企业的薪酬水平的高低以及由此产生的企业在劳动力市场上的竞争能力的大小。具体可以从以下两点来理解：

（1）薪酬外部竞争性的比较基础要落实到不同企业之中的类似职位或者类似职位族之间；

（2）薪酬的外部竞争性是与外部劳动力市场相联系的，它和薪酬的内部一致性之间有时候会产生矛盾。

### 3. 薪酬水平及其外部竞争性的作用

具体来说，薪酬水平及其外部竞争性的重要性主要体现在以下几个方面：

（1）吸引、保留和激励员工；

（2）控制劳动力成本；

（3）塑造企业形象。

## 二 薪酬水平策略

一般来讲，企业的薪酬策略有三个层次的薪酬水平：能够吸引并保留适当员工所必须支付的薪酬水平；企业有能力支付的薪酬水平；实现企业战略目标所要求的薪酬水平。

薪酬水平的制定，可以参照当地上一年行业薪酬水平，结合物价因素制定。薪酬水平策略主要有四种类型：领先型、跟随型、滞后型及混合型。

### 1. 领先型薪酬策略

领先型薪酬策略是指采用高于竞争对手或领先于市场平均水平的薪酬水平的策略。这种薪酬策略以高薪为代价，在吸引和留住员工方面都具有明显优势，并且将员工对薪酬的不满降到一个相当低的程度。

采用这种策略的企业通常具有以下特征：（1）规模较大；（2）投资回报率较高；（3）薪酬成本在企业经营总成本中所占比率较低；（4）产品市场上的竞争者少。

优点：（1）吸引大批可供选择的求职者，从而提高企业所招募和雇佣员工的质量；（2）减少公司在员工甄选方面所支付的费用；（3）增加了员工的离职成本，有助于提高员工的绩效；（4）节省薪酬管理成本；（5）有利于减少因薪酬问题所引起的劳动纠纷，提高公司的形象和知名度。

局限：薪酬成本较高，如果高投入不能转化为高产出，那么高薪会给企业带来负担。

### 2. 跟随型薪酬策略

跟随型薪酬策略也称为市场匹配战略，是指企业始终根据市场平均水平确定本企业的薪酬定位，使本企业吸纳员工的能力接近竞争对手吸纳员工的能力。跟随型薪酬策略是企业最常用的策略，也是目前大多数企业所采用的策略。

采用这种薪酬政策的企业通常具有以下特征：（1）需要以多花时间、广泛搜寻、精挑细选的方式来招募和雇佣优质的员工；（2）要注意随时根据外部市场的变化调整薪酬水平，使之与市场薪酬水平保持一致。

优点：确保自己的薪酬与竞争对手的成本保持基本一致，从而不至于在产品市场上陷入不利地位，因此采用这种薪酬政策的企业的风险往往较少，又能够吸引到足够数量的员工为其工作。

局限：难以吸引和留住优秀的员工。

### 3. 滞后型薪酬策略

滞后型薪酬策略是指本组织的薪酬水平低于竞争对手或市场薪酬水平。采用滞后型薪酬策略的企业，大多处于竞争性的产品市场，边际利润较低，成本承受能力较弱。受到产品市场上较低的利润率所限，没有能力为员工提供高水平的薪酬，是企业实施滞后型薪酬策略的一个主要原因。

采用这种薪酬政策的企业通常具有以下特征：（1）企业规模往往比较小；（2）大多处于竞争性的产品市场上；（3）边际利润比较低；（4）成本承受能力很弱；（5）多数为中小企业。

优点：薪酬成本比竞争对手低。

局限：难以吸引到足够数量的员工为其工作，在实施这种政策的企业中，员工的流失率往往比较高。

### 4. 混合型薪酬策略

混合型薪酬策略也称权变策略，是指企业根据不同的职务类别或员工类别分别制订不同的薪酬策略，或者根据不同的薪酬形式而制订不同的薪酬策略，把上述三种薪酬水平策略有效结合、混合使用，从而进行企业薪酬水平的定位，构建和管理本企业薪酬制度的政策和做法。

（1）企业根据不同的职务类别或员工类别分别制订不同的薪酬策略。

（2）企业根据不同的薪酬形式而制订不同的薪酬策略。

（3）除了上述策略外，还有一种由企业高层领导以企业总的工作报酬为基础，以对员工的综合激励为手段，在一个更广泛的范围内进行薪酬水平定位的策略。

混合型薪酬策略的最大优点就是其灵活性和针对性，既有利于公司保持自己在劳动力市场上的竞争力，同时又有利于合理控制公司的薪酬成本开支。

## 三　市场薪酬调查

薪酬调查是指企业采用科学的方法，通过各种途径采集有关企业各类人员的工资福利待遇以及支付状况的信息，并进行必要的处理分析的过程。

### 1. 薪酬市场调查的流程

（1）确定调查目的

一般而言，调查的结果可以为以下工作提供参考和依据：整体薪酬水平的调整、薪酬

差距的调整、薪酬晋升政策的调整、具体岗位薪酬水平的调整等。

（2）薪酬市场调查的范围（表6-1）

表6-1　薪酬市场调查的范围

| 项目 | 内容 | | |
|---|---|---|---|
| 确定调查的企业 | 一般来说，有以下几类企业可供调查时选择：<br>1. 同行业中同类型的其他企业<br>2. 其他行业中有相似相近工作岗位的企业<br>3. 与本企业雇用同一类的劳动力，可构成人力资源竞争对象的企业<br>4. 在本地区同一劳动力市场上招聘员工的企业<br>5. 经营策略、信誉、报酬水平和工作环境均合乎一般标准的企业 | | |
| 确定调查的岗位 | 应当遵循可比性原则，即选择被调查岗位时，应注重岗位之间在时间和空间多个维度上的可比性，被调查的岗位应在工作性质、难易复杂程度、岗位职责、工作权限、任职资格、能力要求、劳动强度、环境条件等方面与本企业需调查的岗位具有可比性 | | |
| 确定需要调查的薪酬信息 | 与员工基本工资相关的信息 | 1. 应询问被调查对象在某一具体时期内的基本工资收入情况<br>2. 可以考虑要求被调查者填写被调查岗位的工资浮动范围，即工资跨度的最低值、最高值以及中间值 | |
| | 与奖金相关的信息 | 调查者必须要向被调查企业询问他们在过去的一个财务年度内，对某类岗位人员所实际支付的奖金数额。还要询问被调查者所支付的奖金占该岗位基本工资的百分比。应当最大限度地将可能出现的各种年度现金支付形式都涵盖进去 | |
| | 股票期权或影子股票计划等长期激励计划 | 股票期权已经逐渐取得了与基本工资、短期绩效奖励工资形式一样的地位，很多企业实行了员工持股计划，即使是对于一些普通的岗位，可能也需要询问被调查者是否实施了股票所有权计划 | |
| | 与企业各种福利计划相关的信息 | 采集被调查企业在福利开支方面的信息，对于全面掌握企业的薪酬水平具有十分重要的意义 | |
| | 与薪酬政策诸方面有关的信息 | 除了直接薪酬和间接薪酬信息之外，调查者还应当调查询问一些有关企业薪酬政策、策略，以及薪酬管理实践方面的信息 | |
| 确定调查的时间段 | 要明确收集的薪酬数据的起始和截止时间 | | |

（3）选择调查方式

常用的调查方式有以下几种。

①企业之间相互调查

即通过不同企业之间以及其员工之间的联系进行薪酬调查。

②委托中介机构进行调查

委托调查是指委托商业性、专业性的人力资源咨询公司进行调查。委托外部中介机构进行薪酬调查的优势是显而易见的，它可以在快（时间短）、准（质量高）、全（数据全）三个方面满足客户企业的要求。

③采集社会公开的信息

指采集各级政府部门公布的数据资料，有关的行业协会、专业学会或学术团体提供的薪酬调查数据，以及见诸报纸、杂志、互联网等各类媒体上公开发表的统计数据，作为衡量企业员工薪酬水平和确定薪酬制度的重要依据和参考。

④调查问卷

对企业来说，以上三种方式是比较简便易行的调查方法，他们对少数规范性岗位的薪酬调查是切实可行的，但是对于大量的、复杂的岗位就不太适合。

在调查问卷回收上来以后，调查者首先要对每一份调查问卷的项目逐项做出分析，以判断每一个数据是否存在可疑之处。对于发现的疑点，调查者可以通过电话向被调查者查询、核对数据。即使是工作内容基本相同的同种岗位，在不同的企业中所获得的报酬也有可能会出现很大的差距，调查者不能指望通过一次调查就能获取完全令人满意的调查结果。

### 2．薪酬市场调查的主要方法

（1）问卷调查法

问卷调查法是通过向目标企业或个人发送事先根据企业自身需要而设计好的调查问卷，以书面语言的形式与被调查者进行交流，来获取企业所需信息和资料的一种方法。它是使用频率最高的调查方法。

（2）面谈调查法

面谈调查法是调查者通过与调查对象面对面谈话来收集信息资料的方法，是获取信息的主要方法之一，也是常用的薪酬调查方法之一。

（3）文献收集法

文献收集法指通过查阅、收集、分析和综合有关薪酬调查的文献材料，以获取所需要的信息、知识、数据和资料的研究方法。这是一种比较简单易行的薪酬调查方法。

（4）电话调查法

电话调查法是一种高效快速、操作简单的调查方式，通过电话可以与一个特定区域或整个国家范围内相关组织的薪酬管理人员进行快速联系，以获取所需要的数据和信息。电话调查法还可以用于澄清问题，以及快速获得其他方法遗漏的数据和信息。

### 3．薪酬市场调查问卷的设计

在设计调查问卷时，应将为实现目标所需要的所有信息设置在其中，然后请有关人员试填，以发现并解决调查表中存在的问题。一般而言，填写问卷的时间不应超过半小时。附录52是一份《薪酬调查问卷》，可供读者参考。

## 四　薪酬满意度调查

员工薪酬满意度是一个相对的概念，包括超出期望满意、达到期望基本满意、低于期望值不满意。企业薪酬管理的目的在于提高员工满意度，从而提高企业绩效。

### 1. 薪酬满意度的内容

如果在企业层面上界定薪酬满意度，它是指组织成员对薪酬所持有的、共享的积极或消极的情感水平。主要包括：（1）员工对薪酬水平的满意度；（2）员工对薪酬结构、比例的满意度；（3）员工对薪酬差距的满意度；（4）员工对薪酬决定因素的满意度；（5）员工对薪酬调整的满意度；（6）员工对薪酬发放方式的满意度；（7）员工对工作本身（如自主权、成就感、工作机会等）的满意度；（8）员工对工作环境（如管理制度、工作时间、办公设施等）的满意度。

### 2. 薪酬满意度调查的工作程序

薪酬满意度调查的工作程序如下。

（1）确定调查对象。薪酬满意度调查的对象是企业内部所有员工。（2）确定调查方式。由于调查人数较多，比较常用的方式是发放调查表。（3）确定调查内容。调查的内容包括员工对薪酬福利水平、薪酬福利结构比例、薪酬福利差距、薪酬福利的决定因素、薪酬福利的调整、薪酬福利的发放方式等的满意度。

### 3. 薪酬满意度调查表的设计

为了保证薪酬满意度调查的质量，应当精心设计调查表，并根据环境和条件的变化，对调查表进行必要的补充和修改。将薪酬满意度调查表回收之后，可采用数据统计软件进行分析，如使用频率分析、排序分析、相关关系分析等方法进行统计分析，并写出分析报告。《薪酬满意度调查问卷》参见附录53。

 疑难解答

1. 新成立的公司薪酬制度不完善，公司又需要大规模招人，怎么做既能留住面试者又不影响谈薪？

先做市场调查，然后和领导敲定一个大概的区间，拟定一个试用期工资，或者与领导沟通后保证一个大概数值，告诉新人不会比同行业低。

2. 在面试过程中怎么洽谈工资待遇合适？

（1）要注意的是尽量避免摊出所有底牌，这样对公司很不利。

（2）可以询问他们目前或上一份的薪资，而不要直接问应聘者想要的薪资，这样当对方说出理想待遇而公司又达不到时，容易让对方产生负面印象。

（3）不要一开始就直奔薪资的话题，应先对应聘者有足够的了解，如果盲目说出数字会降低谈判成功的可能性。

**薪酬满意度的重要性**

员工的薪酬满意度越高，薪酬的激励功能就越明显，员工就会更努力地工作，更有可能得到企业领导的肯定和赞赏，从而得到更高的薪酬。长此以往，就会形成一个良性循环，企业就能留住更多优秀的员工；反之则会形成恶性循环，造成人才流失。

## 第四节　薪酬结构设计

### 一　薪酬结构设计原理

薪酬结构主要反映职位与员工之间基本薪酬的对比关系，它强调的是一个企业内部职位或技能薪酬等级的数量、不同职位或技能等级之间的薪酬差距以及确定这种差距的标准。

#### 1. 薪酬结构的构成

一般来说，薪酬结构包括薪酬等级、薪酬等级区间和相邻两个薪酬等级级差等构成要素。

（1）薪酬等级

薪酬等级是在岗位价值评价结果基础上建立起来的，它将职位价值相近的职位归入同一个管理等级，并采取一致的管理方法处理该等级内的薪酬管理问题。薪酬等级是一个基本框架，是薪酬结构的基础。通常来讲，薪酬结构有多少等级构成主要取决于企业的企业文化、所属行业、员工人数、发展阶段和组织架构。

（2）薪酬等级区间

薪酬等级区间也称薪酬幅度、薪酬宽度，是指同一薪酬等级中，薪酬最高值与最低值之间形成薪酬变动的范围。

（3）薪酬变动比率

薪酬变动比率也称为区间变动比率，是指同一薪酬等级内部的最高值与最低值之差与最低值的比率，即薪酬变动比率 $= \dfrac{最高薪酬值-最低薪酬值}{最低薪酬值} \times 100\%$。

（4）薪酬区间中值

薪酬区间中值也称薪酬范围中值、薪酬变动范围中值或薪酬等级中值，它通常代表该等级职位在外部劳动力市场上的平均薪酬水平。

（5）薪酬等级的交叉与重叠

薪酬等级之间的薪酬区间交叉与重叠程度取决于两个因素：一是薪酬等级内部的区间变动比率；二是薪酬等级的区间中值之间的级差。

（6）薪酬等级级差

薪酬等级级差是指两个薪酬等级中值之间的差距。

## 2. 薪酬结构的类型

薪酬结构从不同角度来看，可以划分为多种类型。

（1）以绩效为导向的薪酬结构（绩效薪酬制）

员工的薪酬主要根据其近期绩效来决定，员工的薪酬随绩效量的不同而变化。计件薪酬、销售提成制、效益薪酬等都属于这种薪酬结构。

优点：激励效果好。

缺点：使员工只重视眼前效益，不重视长期发展，没有学习新知识、技能的动力；只重视自己的绩效，不重视与人合作、交流。

适用范围：比较适用于工作任务饱满，有超负荷工作的必要的岗位；绩效能够自我控制，员工可以通过主观努力改变绩效等类型的企业或部门。

（2）以工作为导向的薪酬结构（岗位薪酬制）

员工的薪酬主要根据其所担任的岗位（或职位）的重要程度、任职要求的高低以及劳动环境对员工的影响等来决定。薪酬随着岗位（或职位）的变化而变化，岗位薪酬制、职务薪酬制等都属于这种薪酬结构。

优点：有利于激发员工的工作热忱和责任心。

缺点：无法反映在同一岗位（或职位）上工作的员工因技术、能力和责任心不同而引起的贡献差别。

适用范围：比较适用于各工作之间的责、权、利明确的企业。

（3）以技能为导向的薪酬结构（技能薪酬制）

员工的薪酬主要根据员工所具备的工作能力与潜力来确定，职能薪酬、能力资格薪酬及我国过去工人实行的技术等级薪酬制度都属于这种薪酬结构。

优点：有利于激励员工提高技术、能力。

缺点：忽略了工作绩效及能力的实际发挥程度等因素，企业薪酬成本也比较高。

适用范围：适用范围窄，只适用于技术复杂程度高、劳动熟练程度差别大的企业，或者是处在艰难期、急需提高企业核心能力的企业。

（4）组合薪酬结构（组合薪酬制）

将薪酬分解成几个组成部分，分别依据绩效、技术、培训水平、岗位（或职位）、年龄和工龄等因素确定薪酬额。岗位技能薪酬、薪点薪酬制、岗位效益薪酬等都属于这种薪酬结构。

优点：全面考虑了员工对企业的投入。

适用范围：适用于各种类型的企业。

### 3. 薪酬结构的作用

薪酬结构既是薪酬管理的重要组成部分，也是企业薪酬体系的重要构成要素，具体作用如下：

（1）对管理者有显著的激励效果；（2）薪酬支付的客观标准；（3）展现企业结构与具体管理模式；（4）促进企业变革与发展；（5）增值作用。

## 二　薪酬结构设计方法与实施步骤

### 1. 薪酬结构设计的方法

（1）职位评价法

职位评价法包括基准职位定价法和设定薪酬调整法两种。

①基准职位定价法。主要是利用市场薪酬调查来获取基准职位的市场薪酬水平，并利用对基准职位的评价结果建立薪酬政策线，进而确定薪酬结构。该法能够很好地兼顾薪酬的外部竞争性和内部一致性，在比较规范的、与市场相关性强的企业薪酬结构中应用得比较广泛。

②设定薪酬调整法。企业设定薪酬水平的典型做法：首先设定最高与最低两端的薪酬水平，然后以此为标杆，酌情设定其他职位的薪酬水平。这种薪酬结构设计比较重视内部一致性，但忽略了外部竞争性，比较适合于与劳动力市场接轨程度低的企业。

（2）非职位评价法

非职位评价法包括直接定价法和当前薪酬调整法。

### 2. 薪酬结构设计的步骤

（1）薪酬政策线的制定

薪酬政策线是指薪酬中值点所形成的趋势线，它主要用于确定企业薪酬的总体趋势。

（2）薪酬等级的确定

在确定薪酬等级数目时，主要考虑以下因素：企业的规模、性质和组织结构；工作的复杂程度；薪酬级差。

（3）薪酬等级范围的确定

薪酬等级范围的确定是依照每个薪酬中值、最高值、最低值和不同等级的薪酬标准交叉或重叠度来确定薪酬等级范围。

（4）薪酬结构的调整

依据企业管理的其他特殊要求对薪酬结构进行局部和定期的调整。

## 三　宽带薪酬

宽带薪酬实际上是一种新型的薪酬结构设计方式，它是对传统意义上那种带有大量等级层次的垂直型薪酬结构的一种改进或替代。根据美国薪酬管理学会的定义，宽带薪酬就是指对多个薪酬等级以及薪酬变动范围进行重新组合，从而变成只有相对较少的薪酬等级以及相应的较宽的薪酬变动范围。

宽带薪酬最大的特点是压缩级别，将原来的十几甚至二十、三十个级别压缩成几个级别，并将每个级别对应的薪酬范围拉大，从而形成一个新的薪酬管理系统及操作流程，以便适应当前新的竞争环境和业务发展需要。

### 1. 宽带薪酬的特征

（1）支持扁平型组织结构。（2）能引导员工重视个人技能的增长和能力的提高。（3）有利于岗位的轮换。（4）能密切配合劳动力市场上的供求变化。（5）有利于管理人员以及人力资源专业人员的角色转变。（6）有利于推动良好的工作绩效。

### 2. 宽带薪酬体系设计流程

（1）理解企业战略

企业人力资源战略是依据企业总体战略而制定的，同时为企业总体战略的实现提供强有力的支持，而薪酬战略又是企业人力资源战略的一种量化体现。因此在设计宽带薪酬时，首先要考虑企业的自身战略。

（2）整合岗位评价

岗位评价是宽带薪酬的基础，其目的在于确定企业内每个岗位的相对价值，以确保薪酬体系的内部公平。企业应该着手开发符合其实际的岗位评价量表，用于岗位分类和分级。

（3）完善薪酬调查

企业的薪酬水平除了符合内部公平的原则，还应该满足外部公平的要求，以提高企业在人力资源市场上的吸引力与竞争力，因此进行薪酬调查很有必要。薪酬调查的主要内容应该包括：了解同行业其他企业的薪酬水平，调查本地区的薪酬水平，与此同时还应对企业内部薪酬体系进行梳理。

（4）构建薪酬结构

企业根据内部岗位评价和外部薪酬调查的结果可以确定每一级薪酬的"带宽"，并设定每一级的上限和下限，即企业愿意支付的最高薪酬和最低薪酬。这里需要注意两个指标，即每一级薪酬的浮动幅度和中点。同时，还需要注意确定宽带的数量、宽带内的薪酬浮动范围、宽带内横向岗位轮换，以及做好任职资格及薪酬评级工作。

（5）加强控制调整

宽带薪酬的灵活性增强了企业对环境变化的反应能力，但由于灵活性中也潜藏了一些随意性，一旦问题爆发将给企业带来致命的打击。因此，这就需要企业在宽带薪酬的实施过程中重视对细微环节的反馈，收集来自行业、市场、员工与管理等各方面的信息，根据变化及时控制，采取合理措施化解危机。

### 3. 设计宽带薪酬的关键决策

（1）宽带数量的确定

企业应该根据岗位或员工带给企业附加值的贡献等级来设定薪酬宽带数量，宽带之间的分界线往往是岗位工作或技能、能力要求存在较大差异的地方。

（2）薪酬宽带的定价

可以参照市场薪酬水平和薪酬变动区间，在存在外部市场差异的情况下，对同一宽带中的不同职能或职位族的薪酬分别定价。

（3）员工薪酬的定位与调整

①绩效法，即如果企业希望着重强调绩效，可以根据员工个人的绩效来将员工放入薪酬宽带中的某个位置上。

②技能法，即如果企业需要强调新技能的获取，则可以严格按照员工的新技能获取情况来确定他们在薪酬宽带中的位置。

③能力法，即如果企业强调员工能力，可以先确定某一明确的市场薪酬水平，然后在同一薪酬宽带内部，对于低于该市场薪酬水平的部分，采用根据员工的工作知识和绩效定位的方式；而对于高于该市场薪酬水平的部分，则根据员工的关键能力开发情况来确定他们在薪酬宽带中的位置。

【实例6-3】

某大型国有企业原有的工资制度概括如下（同时，该企业存在着迟到，早退，误工，管理、技术人员流失的现象）。

1. 工资水平处于行业工资水平的50%处，但是核心技术/管理岗位员工的工资只达到行业工资水平的20%。

2. 工资等级按行政级别划分为48级，级差为50元。

3．工资的调整采取"一支笔"政策，总裁同意就可以。

请问：

1．该公司的工资体制存在哪些问题？

2．如果该公司计划引入宽带式工资体系，应当按照什么样的程序进行？

### ⚙ 分 析

1．该公司的工资体制存在的问题

（1）核心技术、管理岗位员工的工资偏低，对外缺乏竞争力，容易造成人员流失。

（2）工资等级过多，对员工缺乏激励性。

（3）工资调整过于随意，缺乏公平性。

2．该公司宽带式工资体系的设计程序

（1）明确企业的要求。

（2）工资等级的划分。

（3）工资宽带的定价。

（4）员工工资的定位。

①绩效曲线法，即根据员工个人绩效，将其放入工资宽带中相应的位置。

②严格按照员工新技能获取情况，确定他们在工资宽带中的定位。

③先明确市场工资水平，然后在同一工资宽带内，对低于该市场工资水平的部分，根据知识、技能、能力和绩效进行工资定位；对于高于该市场工资水平的部分，则根据员工的关键能力开发情况进行定位。

④员工工资的调整。

### 四　股权激励

股权激励指通过经营者获得公司股权形式给予企业经营者一定的经济权利，使他们能够以股东的身份参与企业决策、分享利润、承担风险，从而勤勉尽责地为公司的长期发展服务的一种激励方法。股权激励的形式如下。

#### 1．股票期权

股票期权也称购股权计划或购股选择权，即企业赋予某类人员购进本公司一定股份的权利，是指买卖双方按事先约定的价格，在特定的时间内买进或卖出一定数量的某种股票的权利。

#### 2．业绩股票

业绩股票指在年初确定一个较为合理的业绩目标，如果激励对象到年末时达到预定的目标，则公司授予其一定数量的股票或提取一定的奖励基金给其购买公司股票。业绩股票的流通变现通常有时间和数量限制。

### 3. 虚拟股票

虚拟股票指公司授予激励对象一种虚拟的股票，激励对象可以据此享受一定数量的分红权和股价升值收益，但是没有所有权和表决权，不能转让和出售，在离开企业时自动失效。

### 4. 股票增值权

股票增值权指公司授予激励对象的一种权利，如果公司股价上升，激励对象可以通过行权获得相应数量的股价升值收益，激励对象不用为行权付出现金，行权后获得现金或等值的公司股票。

### 5. 限制性股票

限制性股票指事先授予激励对象一定数量的公司股票，但对股票的来源、抛售等有一些特殊限制，一般只有当激励对象完成特定目标后，激励对象才可以抛售限制性股票并从中获得收益。

### 6. 延期支付

延期支付指公司为激励对象设计一揽子薪酬收入计划，其中有一部分属于股权激励收入，股权激励收入不在当年发放，而是按公司股票公平市价折算成股票数量，在一定期限后，以公司股票形式或根据届时股票市值以现金方式支付给激励对象。

### 7. 经营者/员工持股

经营者/员工持股指让激励对象持有一定数量的本公司的股票，这些股票是公司无偿赠予激励对象的，或者是公司补贴激励对象购买的，或者是激励对象自行出资购买的。激励对象在股票升值时可以受益，在股票贬值时受到损失。

### 8. 管理层/员工收购

管理层/员工收购指公司管理层或全体员工利用杠杆融资购买本公司的股份，成为公司股东，与其他股东风险共担、利益共享，从而改变公司的股权结构、控制权结构和资产结构，实现持股经营。

### 9. 账面价值增值权

账面价值增值具体分为购买型和虚拟型两种。购买型指激励对象在期初按每股净资产值实际购买一定数量的公司股份，在期末再按每股净资产期末回售给公司。虚拟型指激励对象在期初不需要支出资金，公司授予激励对象一定数量的名义股份，在期末根据公司每股净资产的增量和名义股份的数量来计算激励对象的收益，并据此向激励对象支付现金。

 疑难解答

1. 一个好的薪酬设计方案应该分哪些最基本的细项，例如工资分为哪些？

设计薪酬方案，可以分为以下几步：（1）薪酬变革前期准备工作；（2）薪酬战略澄清；（3）职位评估或者职层排序；（4）薪酬数据收集与深度分析；（5）薪酬架构设计；（6）福利设计；（7）设计薪酬管理的运作体系。

至于工资分为哪些，从工资结构上来说，有岗位工资（保障员工基本生活）、绩效工资（保障员工干得好）、福利工资（保证员工不想走）、技能工资（人性化管理的需要）。

2. 如果应聘者想了解宽带薪酬设置的段数分配比率是多少，而公司没有实行相应规定，这种情况下的薪酬该怎么谈？

要根据市场薪酬调研结果，结合公司的薪酬政策确定每个职级对应的薪资区间及基本工资和绩效工资标准。公司可以将每个职级对应的薪资区间划分为员工级、主管级、经理级、总监级、高管级，同一职级的员工根据其不同的能力水平和业绩表现，其基本薪资标准处于薪资区间中的不同位置。

**温馨提示**

**合理应用宽带薪酬**

在金字塔型的组织结构中，强调个人的贡献，因而传统的薪酬体制更适合它。而对于扁平性结构，就比较适用宽带薪酬体制。从一个企业的发展史来看，在企业发展的初期，由于人员较少，岗位体系尚未形成，所以比较适用于宽带薪酬；随着企业的发展，等级制薪酬模式的优势较明显；当企业到达稳定期时，宽带薪酬与传统薪酬相结合，所表现出的优势就非常明显。

## 第五节　薪酬形式

### 一　基本工资形式

工资形式是对员工实际劳动付出量和相对劳动报酬所得量进行具体计算和支付的方法。根据《关于工资总额组成的规定》的规定，工资总额由下列六个部分组成：计时工资、计件工资、奖金、津贴和补贴、加班加点工资、特殊情况下支付的工资。目前我国企业中广泛运用的主要工资形式有计时工资、计件工资、定额工资和浮动工资，还有作为补充形式的奖金和津贴。

192

### 1. 计时工资

计时工资是指根据劳动者的实际工作时间和计时工资标准来计算工资并支付给劳动者劳动报酬的形式，员工的工资收入是用员工的工作时间乘以他的工资标准得出来的。其计算公式为：计时工资=工资标准×实际工作时间。

按照计算的时间单位不同，我国常用的计时工资有小时工资、日工资和月工资三种具体形式。目前，我国计时工资一般以月工资率为基准，西方发达国家一般以小时工资率为基准，对高级管理人员实行年薪制。

按照劳动时间计算报酬的计时工资按照一定质量（即达到某种劳动等级标准）劳动的直接持续时间支付工资，容易实行考核和计量，具有适应性和及时性，在提高员工出勤率和关注劳动质量方面具有积极作用，同时又能使员工的收入较为稳定，容易被广大员工所接受。但同时计时工资也有明显的局限性，即其不能直接反映劳动强度和劳动效果的差别。

### 2. 计件工资

计件工资是指按照劳动者生产合格产品的数量和预先规定的计件单价计量支付劳动报酬的一种形式。其计算公式为：工资数额=计件单价×合格产品的数量。

计件工资是由计时工资转化而来的，是变相的计时工资。例如：在实行计时工资时，工人的日工资额为5元，每日的产量为10件；而在实行计件工资时，计件单价是按照日工资额除以日产量来确定的，即5元/10=0.5元。

工资形式的差别，并不改变工资的本质。计件工资和计时工资的本质是相同的，它们都是劳动力价值或价格的转化形式。

计件工资具体有以下几种形式。

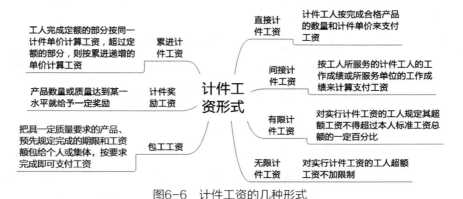

图6-6　计件工资的几种形式

### 3. 定额工资

定额工资是指按照劳动定额完成的情况支付劳动报酬的一种工资形式。

对于定额工资制的理解，主要有以下三种。

（1）定额工资制是一个广义的概念，它既涉及国家与企业在工资分配方面的关系，又

涉及企业对员工个人的分配关系。

（2）定额工资制是专指国家对企业的工资基金实行按某种定额提取的制度。

（3）定额工资制是指企业在劳动者进行多种形式的定额劳动的基础上，按照劳动者完成定额的多少支付相应劳动报酬的企业内部工资分配形式。

相比较而言，最后一种认识更符合中国当前企业工资分配的实际情况。

根据这一概念，定额工资制应包括三个组成要素。第一，能反应员工劳动量的各种定额，即员工无论从事何种具体形式的劳动，都必须明确具体地规定生产、工作和应完成的数量及质量。第二，各种定额都应该有科学准确的计量标准，并能进行严格的考核。第三，员工工资的多少取决于其完成定额的多少：完成定额多，其工资就多；完成定额少，其工资就少。任何一种工资形式，只要具备上述三个要素，即可称之为定额工资制；反之，若缺少任何一个要素，都不能称为定额工资制。

通过以上对定额工资制内容的分析可以看出，定额工资制并不是特指某一种具体的工资形式，它是对具备上述三个组成要素的多种工资形式的科学概括。从某种意义上讲，它对各种工资形式提出了明确的要求，这个要求就是：企业的工资分配应以定额劳动制度为基础，员工的工资收入应与其完成的定额紧密联系，并随着完成定额的多少而上下浮动。

### 4. 浮动工资

浮动工资是劳动者劳动报酬随着企业经营好坏及劳动者劳动贡献大小而上下浮动的一种工资形式。

员工工资随着员工劳动成果的大小而上下浮动。浮动工资总额通常不包括固定性的津贴和补贴，以及特殊情况下支付的工资。企业可以根据需要，选择工资总额中浮动部分的构成。

### 5. 奖金

奖金是对超额劳动的补贴，是以现金方式给予的物质鼓励。奖金作为一种工资形式，其作用是对与生产或工作直接相关的超额劳动给予报酬。奖金是对劳动者在创造超过正常劳动定额以外的社会所需要的劳动成果时，所给予的物质补偿。

### 6. 津贴

津贴是对劳动者在特殊条件下的额外劳动消耗或额外费用支出给予补偿的一种工资形式，主要有以下几种形式：地区津贴；野外作业津贴；井下津贴；夜班津贴；流动施工津贴；冬季取暖津贴；粮、煤、副食品补贴；高温津贴；职务津贴；放射性或有毒气体津贴。

## 二　奖金

### 1. 奖金的概念和内容结构

奖金是为了奖励那些已经超额或超标准完成某些绩效标准的员工，或者为了激励员工去完成某些预定的绩效目标，而在基本工资基础上支付的可变的、具有激励性的报酬。简单来讲，奖金是企业对员工超额劳动部分或劳动绩效突出部分所支付的奖励性报酬，其支付依据是绩效标准。

从总体奖励报酬的角度来说，奖金可以分为货币化的奖金和非货币化奖励两种类型，而非货币化奖励又可以分为社会强化激励、实物奖励、旅行奖励、象征性奖励、休假奖励五种基本形式。

### 2. 奖酬方式和奖酬计划

奖酬方式通常可以分为绩效奖金和激励计划两大类。

（1）绩效奖金

绩效奖金包括绩效加薪、一次性奖金、个人特别绩效奖，它是对员工已经完成的绩效进行奖励的方式。

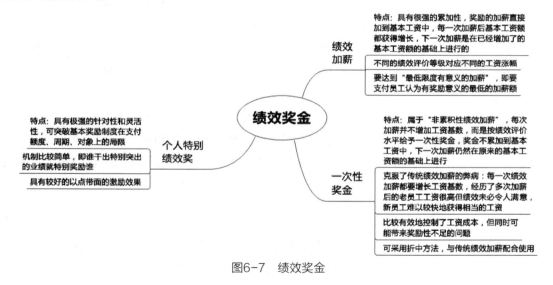

图6-7　绩效奖金

（2）激励计划

激励计划则包括个人激励计划、团队激励计划、组织激励计划，它是激励员工实现绩效目标的奖励方式，还可分为长期激励计划和短期激励计划。

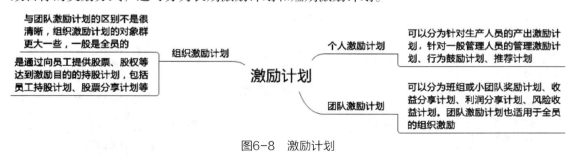

图6-8　激励计划

**【实例6-4】**

某IT高新技术企业与员工签订劳动合同，第一次签订合同期是3年，试用期一般为3个月。周宇被公司录用，工资由基本工资4000元、岗位工资2500元和提成（与销售业绩）三部分构成。其中，基本工资、岗位工资为固定工资，按月发放；提成为浮动工资，按季度核算发放。周宇试用期期间提前完成下达任务。三个月后，人力资源部通知周宇按期转正。让周宇感到纳闷的是，每个月发放工资5200元，没有发放销售任务完成的提成。他咨询人力资源部后，人力资源部告知周宇，销售人员试用期没有提成奖金。公司这样做合适吗？

**分析**

本案例中，公司的做法是不合适的。试用期应包含在劳动合同的期限内，由劳资双方依法协商确定。项目提成属于绩效奖金性质，用人单位有权自主决定奖金发放的方式及数额，但不应以周宇在试用期间为由拒绝发放其项目提成。因为周宇的工资组成已经约定了提成的部分，所以即使在试用期，也应该有提成奖金。

根据《劳动合同法》第二十条，劳动者在试用期的工资不得低于本单位相同岗位最低档工资或者劳动合同约定工资的百分之八十，并不得低于用人单位所在地的最低工资标准。

## 三　福利

福利是指企业为了留住和激励员工，采用的非现金形式的报酬，包括保险、实物、股票期权、培训、带薪假等。福利与津贴的最大区别在于，福利是非现金形式的报酬，而津贴是以现金形式固定发放的。

### 1. 福利的类型

福利自身包含的项目比较多，从不同的角度可以对福利进行多种分类。通常依据福利项目的提供是否具有法律强制力，可以分为法定福利和企业补充福利。

（1）法定福利

法定福利是指国家法律规定的一些福利项目，主要有员工的社会保障体系、社会保险项目以及各类休假制度。

如图6-9所示是我国现行的社会保障体系。

图6-9　社会保障体系

社会保险是社会保障制度的核心，目的是使劳动者在因为年老、患病、生育、伤残、死亡等原因暂时或永久丧失劳动能力时，或因为失去工作岗位而中断劳动时，能够从社会获得物质帮助和福利保护。社会保险包括养老保险、医疗保险、工伤保险、失业保险、生育保险、住房公积金，简称五险一金。

法定假期是指企业职工依法享有的休息时间。在法定休息时间内，职工仍然可以获得与工作时间相同的工资报酬。我国《劳动法》规定的职工享受的休息休假待遇包括：劳动者每日休息时间；每个工作日内的劳动者的工间用膳时间、休息时间；每周休息时间；法定节假日放假时间；带薪年休假休息；特殊情况下的休息，如探亲假、病假休息等。

（2）企业补充福利

企业补充福利是指企业自行规定和提供的福利和服务，包括带薪休假、人寿保险、教育计划、医疗保险和服务、儿童福利以及员工的一些生活娱乐服务等。目前主要包括企业年金和补充医疗保险项目。

①企业年金，又称企业补充养老保险、私人养老金、职业年金计划等，是企业及其职工在依法参加国家基本养老保险的基础上，在国家的相关法律法规框架内，根据本企业特点自愿建立的补充养老保险计划，是员工福利制度的重要组成部分。

②团体人寿保险，是由企业为员工提供的集体保险福利项目，是市场经济国家比较常见的一种企业福利形式。

③补充医疗保险计划

我国补充医疗保险的模式：社会保险机构经办的职工补充医疗保险；商业保险公司经办的职工补充医疗保险；工会组织开展的职工补充医疗保险。

## 2. 福利管理

（1）企业员工福利模式的选择

①确定员工福利计划的水平。按照企业所提供的员工福利的水平不同，可以将员工福利计划划分为市场领先型、市场匹配型和市场落后型三种模式。

②确定员工福利项目的内容。按照企业提供项目的内容可以将企业的福利划分为经济型福利模式和非经济型福利模式。

③确定员工福利计划的灵活性。依据福利提供的灵活性，可以将企业福利划分为固定福利模式和弹性福利模式。

（2）员工福利计划的制订

①福利总量的选择。福利总量的选择涉及它与整体薪酬其他部分的比例，即它和基本薪酬、奖励薪酬的比例。

②福利构成的确定。当要确定整套福利方案中应包括哪些项目时，应该至少考虑如下三个问题：总体的薪酬战略、企业的发展目标和员工队伍的特点。

资深 HR 教你人力资源管理
实操从入门到精通

（3）弹性福利计划的制订与实施

表6-2　弹性福利计划的制订与实施

| 项目 | | 内容 |
|---|---|---|
| 弹性福利计划的制订 | 制订方法 | 了解员工的需求；对所有的福利项目进行明码标价；除了政府规定的必须设立的福利项目是人人都有的之外，其他福利项目应依员工的职等制订每个人福利费用的预算，职等越高福利越高 |
| | 基本思想 | 让员工对自己的福利组合计划进行选择 |
| | 制约因素 | 企业必须制订总成本约束线；每一种福利组合中都必须包括一些非选择项目 |
| | 分析内容 | 提供什么样的福利；为谁提供福利 |
| 弹性福利计划的实施 | 福利沟通 | 定期向员工公布有关福利的信息，包括福利计划的适用范围、福利水平和这些福利计划对每个员工的价值是什么，以及组织提供这些福利的成本 |
| | 福利监控 | 监控有关福利的法律；监控员工的需要和偏好；监控其他企业的福利实践；监控由外部组织提供的福利的成本所发生的变化 |

### 3. 各类保险金的计算

（1）基本养老保险费

依据《国务院关于建立统一的企业职工基本养老保险制度的决定》，企业缴纳基本养老保险费（以下简称企业缴费）的比例，一般不得超过企业工资总额的20%（包括划入个人账户的部分），具体比例由省、自治区、直辖市人民政府确定。个人缴纳基本养老保险费（以下简称个人缴费）的比例，从1997年的不得低于本人缴费工资的4%，提高到本人缴费工资的8%。

（2）基本医疗保险费

依据《国务院关于建立城镇职工基本医疗保险制度的决定》，基本医疗保险费由用人单位和职工共同缴纳。用人单位缴费率应控制在职工工资总额的6%左右，职工缴费率一般为本人工资收入的2%。

（3）失业保险费

依据《失业保险条例》，城镇企业事业单位按照本单位工资总额的2%缴纳失业保险费。城镇企业事业单位职工按照本人工资的1%缴纳失业保险费。城镇企业事业单位招用的农民合同制工人本人不缴纳失业保险费。

（4）工伤保险费

依据《工伤保险条例》，用人单位应当按时缴纳工伤保险费，职工个人不缴纳工伤保险费。国家根据不同行业的工伤风险程度确定行业的差别费率，并根据工伤保险费使用、工伤发生率等情况在每个行业内确定若干费率档次。

（5）生育保险费

依据《企业职工生育保险试行办法》，生育保险费的提取比例由当地人民政府根据计划内生育人数和生育津贴、生育医疗费等项费用确定，并可根据费用支出情况适时调整，但最高不得超过工资总额的百分之一。企业缴纳的生育保险费作为期间费用处理，列入企业管理费用。职工个人不缴纳生育保险费。

### 4. 住房公积金的计算

（1）住房公积金的有关制度规定

①按照中国人民银行的有关规定，应当在指定的银行办理住房公积金贷款、结算等金融业务和住房公积金账户的设立、缴存、归还等手续。

②应当与受委托银行签订委托合同，在受委托银行设立住房公积金专户，单位应当到住房公积金管理中心办理住房公积金缴存登记，经住房公积金管理中心审核后，到受委托银行为本单位员工办理住房公积金账户设立手续，每个员工只能有一个住房公积金账户。

③住房公积金管理中心应当建立员工住房公积金明细账，记录员工个人住房公积金的缴存、提取等情况。新成立的单位应当自成立之日起30日内到住房公积金管理中心办理住房公积金缴存登记，并自登记之日起20日内持住房公积金管理中心的审核文件，到受委托银行为本单位员工办理住房公积金账户设立手续。

④单位合并、分立、撤销、解散或者破产的，应当自发生上述情况之日起30日内由原单位或者清算组织到住房公积金管理中心办理变更登记或者注销登记，并自办妥变更登记或者注销登记之日起20日内持住房公积金管理中心的审核文件，到受委托银行为本单位员工办理住房公积金账户转移或者封存手续。

⑤单位录用员工的，应当自录用之日起30日内到住房公积金管理中心办理缴存登记，并持住房公积金管理中心的审核文件，到受委托银行办理员工住房公积金账户的设立或者转移手续。

⑥单位与员工终止劳动关系的，单位应当自劳动关系终止之日起30日内到住房公积金管理中心办理登记，并持住房公积金管理中心的审核文件，到受委托银行办理员工住房公积金账户转移或者封存手续。

（2）员工住房公积金的缴费

①员工住房公积金的月缴存额为员工本人上一年度月平均工资乘以员工住房公积金缴存比例。

②单位为员工缴存的住房公积金的月缴存额为员工本人上一年度月平均工资乘以单位住房公积金缴存比例。

③新参加工作的员工从参加工作的第二个月开始缴存住房公积金，月缴存额为员工本人当月工资乘以员工住房公积金缴存比例。

④单位新调入的员工从调入单位发放工资之日起缴存住房公积金，月缴存额为员工本

人当月工资乘以员工住房公积金缴存比例。

⑤员工和单位住房公积金的缴存比例均不得低于员工上一年度月平均工资的5%；有条件的城市，可以适当提高缴存比例。具体缴存比例由住房委员会拟定，经本级人民政府审核后，报省、自治区、直辖市人民政府批准。

⑥员工个人缴存的住房公积金，由所在单位每月从其工资中代扣代缴。

⑦单位应当于每月发放员工工资之日起5日内将单位缴存的和为员工代缴的住房公积金汇缴到登记公积金专户内，由受委托银行计入员工住房公积金账户。

⑧单位应当按时、足额缴存住房公积金，不得逾期缴存或者少缴。

⑨对缴存住房公积金确有困难的单位，经本单位员工代表大会或者工会讨论通过，并经住房公积金管理中心审核，报住房委员会批准后，可以降低缴存比例或者缓缴；待单位经济效益好转后，再提高缴存比例或者补缴、缓缴。

⑩住房公积金自存入员工住房公积金账户之日起按照国家规定的利率计息。

⑪住房公积金管理中心应当为缴存住房公积金的员工发放缴存住房公积金的有效凭证。

（3）单位为员工缴存的住房公积金

①机关在预算中列支。

②事业单位由财政部门核定收支后，在预算或者费用中列支。

③企业在成本中列支。

（4）可以提取员工住房公积金账户内的存储余额的情形

①购买、建造、翻建、大修自住房的。

②离休、退休的。

③完全丧失劳动能力，并与单位终止劳动关系的。

④户口迁出所在的市、县或者出境定居的。

⑤偿还购房贷款本息的。

⑥房租超出家庭工资收入的规定比例的。

## 四　常用表单记录

常用表单有《员工薪金单》《员工工资记录表》《员工工薪福利申请单》等，见附录54、附录55和附录56。

 **疑难解答**

1. 求职者应聘的岗位和他的工作经验不匹配，薪资还应该参考他以前的工资吗？

不必参考，因为他在这个岗位是新岗位，没有经验，建议遵循公司的岗位工资标准。

2. 如何看待员工相互看工资单、相互询问工资的现象？

这种现象会给公司带来不利影响，会加大员工对薪资政策的不满意感，从而影响到员工的工作积极性。所以，在日常管理中，要在薪资制度上说明工资的保密性，从新员工入职即开始宣导。特别需要提醒的是，很多情况下传言的工资信息并不准确，个别发泄怨气的员工还会恶作剧地假做工资单。

### 秘密薪酬

员工的公平感是通过比较获得的，反之，员工对薪酬的内部不公平感也是通过比较获得的。实行秘密薪酬制度，也就没有了比较，从而成为实现薪酬内部公平的一个方法。但是，管理者必须充分认识到，秘密薪酬只是建立了一道抵挡薪酬内部不公的遮挡手段，没有比较、无从比较仅仅是在一定程度上避免了不公平感的产生，并不直接导向员工的内部公平感和薪酬满意感。秘密薪酬不能作为企业实现薪酬内部公平的核心方法。只有建立在公正的薪酬制度基础上的秘密薪酬，才能比较持久地发挥防御作用。

## 第六节　特殊员工薪酬管理

在企业中，由于工作岗位、性质的不同，形成了不同的工作群体。每一个工作群体有不同的特点，对企业有不同的贡献，而他们的收入不能完全按照同一个薪酬模型计算，因此，需要针对这些特殊人员制订适合他们的薪酬政策，对他们采取特殊的薪酬管理。

### 一　销售人员薪酬管理

销售人员是指直接进行销售的人员，包括总经理、业务经理、市场经理、区域经理、业务代表等。

#### 1. 销售人员的分类及工作特点

销售人员依据销售职责进行分类，可以分为简单送货型销售人员、简单接单型销售人员、客户关系型销售人员、技术型销售人员、创造型销售人员；按照在商品流通链中所处的位置进行分类，可以将销售人员分为厂家销售人员和商家销售人员。

销售人员的工作特点比较突出。例如：销售人员工作时间自由，单独行动的情况多；工作绩效可由具体成果显示出来；工作业绩不稳定；工作受季节性、地域性等外在因素的影响较大。鉴于销售人员工作的特点，企业在为这类人员进行薪酬设计时要考虑其工作的特殊性，科学合理地给予相应的回报。

#### 2. 销售人员的薪酬管理

在企业内部，不同销售业绩的销售人员之间的薪酬水平应该区分开来，从而不断地激

励员工提高工作绩效。对于销售人员来讲，影响薪酬的主要因素是其业绩评价结果，主要包括销售计划完成率、新客户开发完成率、市场情报收集情况、工作态度、利润、客户满意度等。与业绩挂钩时，可以采用以下薪酬制度。

（1）基本薪酬+佣金制

这是指销售人员每月有固定的基本薪酬，在此基础上再根据每个月的销售业绩领取销售佣金。其中，佣金部分通常根据销售额的大小制订不同的比例，以此刺激销售人员采取方法扩大销售。

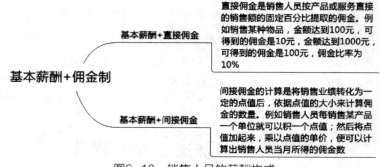

图6-10　销售人员的薪酬构成

（2）基本薪酬+奖金制

奖金制中的奖金和销售业绩之间的关系是间接的，与销售人员绩效目标的达成情况有关。一般情况下，销售人员的业绩只有超过了某一销售额才能获得一定数量的奖金。绩效目标包括销售额、客户满意度、市场份额等。

（3）基本薪酬+佣金+奖金制

综合了佣金制和奖金制，企业一般会给销售部门一个一定时期内的整体的销售定额。销售部门将这个整体的销售定额按照一定比例分解给每个销售人员，作为单个销售人员的销售定额。销售人员不论是否完成定额，都会获得基本薪酬，销售人员如果超额完成基本定额，超额完成的部分按比例提取佣金。销售部门超额完成整体销售定额，可以提取部门奖金总额，再将奖金总额按个人完成销售额占整体完成销售额的比例分发给每一个销售人员。该方式最大的优点在于它兼顾了基本薪酬、佣金、奖金三种报酬的特点，考虑到销售人员工作的独特性，充分发挥了薪酬在调动销售人员积极性方面的激励作用，因此被大多数企业所接受并使用。

## 二　专业技术人员薪酬管理

专业技术工作一般是指利用既有知识和经验来解决企业经营中所遇到的各种技术或管理问题，帮助企业实现经营目标的工作。专业技术工作大多以脑力工作为主，需要特定员工在工作过程中充分发挥自己的积极性和主动性，利用已经掌握的知识和工作经验做出决策或者进行创新。专业技术人员包括工程师、会计师、律师、科学家等。

专业技术人员的工作特点：智力含量高、技术更新快、工作专业化强、业绩不容易衡量、工作时间不容易估算、工作压力大、市场价格高。对于专业技术人员，要采取适合他们的薪酬结构，才能留住他们，激发他们的创新精神。

### 1. 专业技术人员的薪酬模式

概括起来，专业技术人员主要的薪酬模式有以下几种。

（1）单一的高工资模式

该模式一般不给予奖金，而是给予高工资。特别适用于从事基础性研究，即在短期内无法确定准确的工作目标，进而无法把工作成果作为工资决定基础的专业技术研发工作。

（2）较高的工资加奖金

该模式以科研职位等级和能力资格为基础，首先确定较高水平的工资，之后仍以较高的职位等级为基础，按照企业奖金占工资的一般比例水平确定奖金水平。该模式一般与专业技术人员的具体业绩联系不大，收入也较为稳定，基本保证了专业技术人员在员工收入排序中的地位，但是激励作用一般。

（3）较高的工资加科技成果转化提成制

该模式多适用于担负新产品开发的专业技术人员。为了鼓励专业技术人员瞄准市场，多出成果、快出成果，采取了产品销售收入提成、销售净收入提成或利润提成的办法。该方式的激励作用非常明显。

### 2. 科研项目工资制

该模式是指将专业技术人员的工资列入科研项目费，往往按项目实行费用包干制，采取按任务定工资的办法，其目的是鼓励专业技术人员快出成果。采用该模式往往还有后续的其他激励措施，如销售提成奖励等。

### 3. 股权激励

股权激励有不同的形式，包括：专业技术人员股份优先购买权，并鼓励专业技术人员持有公司较多的股份；向专业技术人员赠送干股；科研成果折股；重在具有长期激励机制的股票期权；兼有激励与约束机制的期股等。

**【实例6-5】**

D公司是处于初创期的高新技术企业，由于公司主营业务为技术方案提供，老板要求公司的工资向技术人员倾斜。按照公司《薪酬管理办法》，每年公司对工作满一年的技术人员调薪，每年度调薪人员比例占全部人员的15%。由于公司的薪酬调整没有具体的依据，通常领导都是拍脑袋决定或者直接给老员工调薪。不少技术人员发现，在公司要想调薪、升职是很困难的。每年都有一部分技术骨干员工在没有获得调薪后主动离职。请结合案例

分析，技术型员工薪酬调整的主要依据有哪些？

**分析**

本案例中，技术骨干员工由于公司薪酬调整的不透明，无法调薪和升职，最后选择离职。由于公司是技术导向型的企业，应加大调薪人数比例和薪酬调整的幅度，让更多员工有调薪的机会和可能性。

基于以上情况分析，公司薪资调整的主要依据有以下几点：1. 个人年度绩效等级。绩效考核成绩领先者，应提高薪酬。2. 个人的业绩贡献。员工在部门承担重要项目，并做出重大贡献的，应提高薪酬。3. 技术能力提升。专业技术资格升级者，应提高薪酬。4. 岗位变更。员工晋升管理岗位，或担当的岗位职责责任更高，应提高薪酬。

此外，对于技术人员薪酬调整，还应针对性地设立研发技术类的项目奖金、产品奖金、创新奖和专利奖等专项奖金。

## 三　高层管理人员薪酬管理

高层管理人员是指对整个组织的管理负有全面责任的人，他们的主要职责是制定组织的总目标、总战略，掌握组织的大政方针，并评价整个组织的绩效。

高层管理人员的工作特点有人力资本的投入多、经营成果的无形性、效益的滞后性和效益的间接性等，必须采取特殊的薪酬管理才能够激励他们给企业带来更多的效益。

高层管理人员薪酬计划是指公司对高层管理人员的薪金、奖酬及其相关事宜做出的制度安排，是高层管理人员激励机制在物质上的具体体现，包括薪酬构成、计量依据、支付标准、支付方式等。作为企业组织结构的最高层管理者，高层管理人员的比例往往很低，甚至不到员工总数的1%。他们密切关注企业面临的外部环境，为达到企业的战略经营目标努力获取各种外部资源。经营者往往掌控着组织的整体经营状况，并担负着企业发展的责任。

国外有调查报告显示，高级经理人的薪酬结构有两个明显的趋势：一是本薪的比重逐渐降低，改用变动的红利奖金及其他长短期激励薪酬取代；二是长期激励薪酬的比重持续增加。导致这些现象发生的原因在于近些年来公司股东发现，高管人员、高级经理人的决策行为可能无法为公司创造最佳利益，组织希望通过长期激励来解决这个问题，长期激励可以鼓励他们以公司长期经营的利益为重，行使其决策、管理以及领导权。

短期激励采用现金形式给付，主要以奖金为主，而长期激励性质的薪酬多以股票形式给付。例如，分发给他们一些公司股票的认购权，或是允许他们以较低的价格认购公司的股票，还可以采取按绩效配股等多种形式。现代企业高层管理人员薪酬的基本特点是大多采用年薪制，收入的组成多样化。

**【实例6-6】**

B公司新设立产品总监一职，属于高级管理岗位，公司要求招聘一名资深的产品总监。

204

经人力资源部努力，在同行中找到一名合适的候选人冯女士。冯女士毕业于国内名牌大学，在同行H公司工作八年。无论从行业背景、工作技能，还是岗位要求、综合素质方面来评估，她均符合公司的要求，人力资源部和产品管理部、公司高管都认为冯女士非常优秀。公司产品管理部希望尽快引进她到公司，然而冯女士的工资要求高于公司的同等岗位的最高工资。按照公司的惯例，新员工的入职工资不得高于同等岗位的最高值。人力资源部应怎样进行薪资谈判，才能以合理工资引进冯女士呢？请结合本案例分析。

## 分析

由于高级管理岗位人员的工作能力和业绩需要较长的时间来考核，所以管理人员的工资一般采取年薪制，并且年终奖占了较大比重。人力资源部应结合用人部门、公司高管意见，综合评估冯女士的能力程度，确定其在总监岗位上的相对的能力等级。其次，人力资源部应评估其岗位对公司可预期的价值贡献。在上述基础上，人力资源部应与求职者沟通，明确公司能给的工资范围，并和求职者沟通其可接受的最低工资。按照工资总额要求，从"年薪制"的角度进行分解，即：冯女士的年度工资由基本工资、年终奖、福利三部分组成，其中年终奖占30%～40%。年终奖工资与公司效益和个人绩效挂钩。另外，在试用期中，冯女士的工资可以按转正后的80%核发。

## 四　外派员工薪酬管理

当企业开始跨国经营的时候，为了开拓国外市场，他们一般都会派遣一些员工负责产品的销售、服务的提供、市场的开拓、日常的管理以及与其他国家的企业之间的合作。外派人员通常是指那些为完成组织交付的任务而被派至国外工作的员工，他们的任期可能为一到五年，典型的情况是二至三年。针对这一特殊群体，他们的薪酬管理也不相同。

从外派员工的来源来看，外派员工可由两部分人构成：一是母国外派员工，二是第三国外派员工。我们这里主要讨论的是由本国直接派往目标国家工作的员工，阐述的也是这类员工的薪酬管理情况。

### 1．外派员工薪酬的定价方式

在确定外派员工的薪酬时，管理者会考察各种薪酬方式，最终确定适合该组织或该组织内部不同外派员工的薪酬定价方式。一般来说，对外派员工的薪酬定价方式有五种类型，其特点与优缺点如表6-3所示。

表6-3　外派员工薪酬的定价方法

| 定价方法 | 特点 | 优点 | 缺点 |
| --- | --- | --- | --- |
| 谈判法 | 用谈判的方式与每一位员工谈判，最终结果取决于谈判技巧与员工执行特定任务的愿望 | 操作简单，管理成本较低，适用范围较广 | 外派员工数量多时，谈判的工作量会很大 |

（续上表）

| 定价方法 | 特点 | 优点 | 缺点 |
|---|---|---|---|
| 当地定价法 | 只需支付与东道国处于类似职位的员工相同数量的薪酬即可。适用于长期外派的员工 | 有利于保证内部公平感，维持员工的稳定性 | 世界各国的生活水平的差异导致员工心理的不平衡 |
| 一次性支付法 | 基本薪酬和各种奖金之外附加一笔补贴，通常是一次性付清，员工可以自由支配 | 更有利于保持与国内同事间的平衡，不会侵蚀外派员工的收入 | 一次性支付的金额计算起来比较棘手，汇率变动会有影响 |
| 平衡定价法 | 薪酬在东道国能与母国基本持平，有一定的可比性 | 以较低成本进行有效激励，确保员工在组织内部的充分流动性 | 操作起来比较复杂，导致较高的组织管理成本 |
| 自助餐法 | 组织向员工提供各种不同的薪酬组合来供员工选择 | 比其他做法的成本性更高 | 很难适应需求各异的传统外派员工的需要 |

### 2. 外派员工薪酬的构成

在对外派员工薪酬进行管理时，要考虑到两方面的公平性，一是外派员工与国内同职位或同岗位同事之间的薪酬公平；另一方面要考虑到他们与东道国可比人员的薪酬公平。一般来说，外派员工的薪酬主要由基本薪酬、奖金、补贴和福利构成。

（1）基本薪酬

外派员工的基本薪酬大致上应该与在国内与其处于相似位置的同事处于同一个薪酬等级上，这样可以通过工作评价和薪酬等级评定来确定基本薪酬。但是，由于本国和东道国的工作环境不同，工作内容往往也缺乏可比性，加上对外派员工的工作进行有效监管的难度很大，因此就会对以这种方式确定的基本薪酬加以调整。

（2）奖金

许多跨国公司会给外派员工发放激励性奖金，这种奖金又称外派奖金，一般按照基薪的百分比与工资同时每月发放。也有一些公司将该薪酬确定为一个奖金总额，称为工作变动资金，在员工外派工作的开始和结束时分两次发放。

（3）补贴

跟国内相比，外派员工在国外工作的工作环境和生活环境可能存在很大差异，例如国外物价的上涨，外派员工子女的教育问题，被派到困难地区工作的问题等。因此，公司就要根据这些问题给予员工一定的补贴。一般来说，企业为外派员工提供的基本补贴通常与税收、住房、教育成本、生活费用、利率差异等有一定关系。

（4）福利

企业在制订福利制度时一般会对外派员工的福利做出单独的考虑。例如，东道国的医疗保险、房屋费用、交通成本可能都与国内存在不小的差距，这些必须在福利费用中体现出来。另外，外派员工的假期通常也要长一些，以保证他们有机会回国与家人团聚，于艰苦地区工作的驻外人员经常能获得额外的休假费用和疗养假期。

 **疑难解答**

招聘管理岗位人才，老板没给薪资范围该如何谈薪资？

管理类岗位的招聘，建议还是应先与公司负责人沟通，给出大致的薪资区间。但在很多民营企业里也会存在由老总或领导直接决定薪资水平的情况，针对此类情况，应先了解应聘者的薪资要求及原薪资情况，将意见反馈给相关人员。

### 销售总经理的困惑

1. 销售经理"吃老本"

各个行业经理、区域经理在公司从事销售工作多年，客户资源很多，有些已经形成了多年的关系户。有可能经理们不需要付出多大努力，就能获得不错的收入，导致动力不足。

2. "蛋糕"切得大小不一

为了专业化管理和避免内部竞争的需要，公司以行业和区域为依据对市场进行了切分。然而在切分时，没有充分考虑各个行业和区域的市场潜力、市场成熟度和开发难度的差异，导致有些经理感到不公平，认为自己如果换到另外一个行业或者区域，可以获得更高的收入。

3. 片面追求销售额，牺牲利润

以利润为基数进行提成计算虽然好，但是采购价格、利润等数字是公司的商业机密，知道的人越少越好，所以也不适宜用来作为计算提成的直接依据。

4. 面临出现梯队断层的危机

经理们带新人的积极性不高，担心带出来以后可能会分走自己的客户，给自己带来损失，这样容易形成人才断层，不利于公司长远发展。

由上述的几点我们可以看出部分企业可能存在缺乏目标激励机制、缺乏科学的业绩评估机制、缺乏有效的团队激励机制等问题。面对上述这些问题，除了可以参考销售人员薪酬管理中的内容，我们给出以下几点建议：第一，考虑老客户提成率递减，强调不断开发新客户，避免坐享其成；第二，注意不同地区、不同产品的基本销售额的差异与提成率的变化；第三，适当将销售额分段，段位越高的提成率越高。

# 第七章　劳动关系管理

　　劳动关系管理是对人的管理，对人的管理是一个思想交流的过程，在这一过程中的基础环节是信息传递与交流。通过规范化、制度化的管理，使劳动关系双方（企业与员工）的行为得到规范，权益得到保障，维护稳定和谐的劳动关系，促使企业经营稳定运行。

## 本章思维导图

## 第一节 劳动关系概述

### 一 认识劳动关系

一般而言，劳动关系通常是指用人单位（雇主）与劳动者（雇员）之间在运用劳动者的劳动能力、实现劳动过程中所发生的关系。劳动关系是社会生产过程中生产的客观条件——生产资料（资本），与生产的主观条件——劳动力相互结合的具体表现形式，两者的结合在使劳动过程得以开始的同时，也形成了现实的劳动关系。劳动关系所反映的是一种特定的经济关系——劳动给付与工资的交换关系。

#### 1. 劳动关系的特征

雇佣中的劳动关系与一般经济学中所概括的劳动关系，以及其他各种社会关系相比，具有如下特征：

（1）劳动关系的内容是劳动；

（2）劳动关系具有人身关系属性和财产关系属性相结合的特点；

（3）劳动关系具有平等性和隶属性的特点。

劳动关系的上述特征的客观存在，决定了劳动关系是诸种社会关系中最为基本的关系，人们在劳动关系中的地位与作用直接决定了人们在社会关系中的地位和相互关系。

#### 2. 劳动关系的主体

劳动关系的主体是指劳动关系的参与者。一般包括两方：一方是员工或劳动者以及工会组织，另一方是雇主或管理者以及雇主。从广义上来说，政府也是劳动关系的主体。

（1）雇员

雇员是指在就业组织中，本身不具有基本经营决策权力并从属于这种权力的工作者。通过提供体力和脑力劳动换取雇主所提供报酬的人就是雇员。但是公务人员不是雇员，如各级政府官员，此类人员是通过公法行为而建立起来的公法上的聘用关系。

（2）工会

工会是职工自愿结合的群众组织。其宗旨是代表职工的利益，依法维护职工的合法权益。工会组织在劳动关系调整控制中发挥着极其重要的作用，也是保障劳动力市场有序竞争的最重要的制度结构安排之一。

工会维护职工合法权益的职能通过下列途径来实现：

①工会帮助、指导职工与企业以及实行企业化管理的事业单位签订劳动合同。

②企业、事业单位处分职工，工会认为不适当的，有权提出意见。

资深 HR 教你人力资源管理
实操从入门到精通

③企业、事业单位违反劳动法律、法规规定，有侵犯职工劳动权益情形（克扣职工工资、不提供劳动安全卫生条件、随意延长劳动时间、侵犯女职工和未成年工特殊权益以及其他严重侵犯职工劳动权益），工会应当代表职工与企业、事业单位交涉，要求企业、事业单位采取措施予以改正；企业、事业单位应当予以研究处理，并向工会做出答复；企业、事业单位拒不改正的，工会可以请求当地人民政府依法做出处理。

④工会依照国家规定对新建、扩建企业和技术改造工程中的劳动条件和安全卫生设施与主体工程同时设计、同时施工、同时投产使用进行监督。对工会提出的意见，企业或者主管部门应当认真处理，并将处理结果书面通知工会。

⑤工会有权对企业、事业单位侵犯职工合法权益的问题进行调查，有关单位应当予以协助。

⑥职工因工伤亡事故和其他严重危害职工健康问题的调查处理，必须有工会参加。

⑦企业、事业单位发生停工、怠工事件，工会应当代表职工同企业、事业单位或者有关方面协商，反映职工的意见和要求并提出解决意见。

⑧工会参加企业的劳动争议调解工作。

（3）雇主

雇主是指在企业组织中使用劳动者进行有组织、有目的的活动，并向雇员支付工资报酬的法人或自然人。我国现行的劳动立法中没有使用"雇主"这一概念，普遍使用"用人单位"。

（4）政府

在现代社会中，政府的行为已经渗透到社会经济、政治生活的各个方面，政府作为劳动关系主体的一方，在劳动关系的运作过程中扮演着重要的角色。具体表现在作为雇主的政府、作为调解者和立法者的政府、三方机制中的政府三个方面。

### 3. 劳动关系的表现形式

（1）合作

合作是指在就业组织中，双方共同生产和服务，并在很大程度上遵守一套既定制度和规则的行为。

（2）冲突

劳动关系双方的利益、目标和期望不可能完全一致，经常会出现分歧：对员工和工会来说，形式有罢工、矿工、怠工、抵制等形式，辞职有时也被当作一种冲突形式；对用人方来说，有关闭工厂、惩处或解雇不服从领导的员工等形式。

（3）力量

力量是影响劳动关系结果的能力，是互相冲突的利益、目标和期望以何种形式表现出来的决定力量，分为劳动力市场的力量和双方对比关系的力量。

（4）权力

权力是指代表他人做决策的权力，管理方的权力有：对员工指挥和安排的权力，影响员工的行为和表现的各种方式，其他相当广泛的决策内容。

### 4. 劳动关系与劳务关系的区别

（1）产生的原因不同

劳动关系是基于用人单位与劳动者之间因生产要素的结合而产生的关系，它是社会劳动得以进行的前提条件，是劳动的社会形式。劳务关系产生的原因在于社会分工。

（2）适用的法律不同

劳动关系由《劳动法》调整规范。劳务关系主要由《中华人民共和国民法通则》（以下简称《民法通则》）、《中华人民共和国合同法》（以下简称《合同法》）等调整规范。

（3）主体资格不同

劳动关系的主体具有特定性：一方是法人或非法人经济组织，即用人单位，另一方则必须是劳动者个人。劳动关系的主体不能同时都是自然人，也不能同时都是法人或组织。劳动关系只能在自然人与用人单位之间产生。劳务关系的主体双方不具有特定性：当事人可以同时都是法人、非法人组织、自然人，也可以是公民与法人、非法人组织。

（4）主体性质及其关系不同

劳动关系的主体双方之间不仅存在着财产关系，即劳动给付与工资的交换关系，还存在着人身关系，即行政隶属关系。劳务关系的主体双方之间只存在财产关系，即经济关系，彼此之间无从属性，不存在行政隶属关系，没有管理与被管理、支配与被支配的权利和义务。

（5）当事人之间在权利义务方面有着系统性的区别

劳动关系中的劳动者享有《劳动法》规定的全部权利，如劳动报酬权、劳动安全卫生保护权、民主管理权、职业培训权、物质帮助权等，并承担相应义务。劳务关系中的劳动服务供给者不享有前述权利。

（6）劳动条件的提供方式不同

在劳动关系的运行中，实现劳动过程的物质条件由用人单位提供，用人单位同时要为劳动者提供符合国家劳动安全卫生标准的劳动条件、必要的安全卫生保障和防护设备。在劳务关系中，工具、设备等物质条件的提供，如果合同中未作约定的，一般情况下应由劳动服务供给者提供。

（7）违反合同产生的法律责任不同

劳动关系的当事人不履行、不适当履行劳动合同所产生的责任不仅有民事责任，而且还有行政责任，甚或刑事责任。劳务关系的当事人不履行、不适当履行劳务合同所产生的责任通常只有民事责任——违约责任和侵权责任，不存在行政责任。

（8）纠纷的处理方式不同

劳动关系的当事人之间发生劳动争议，适用《中华人民共和国劳动争议调解仲裁法》（以下简称《劳动争议调解仲裁法》）。劳动争议仲裁是解决劳动争议的必经程序，是诉讼的前置程序。劳务合同履行过程中当事人出现纠纷，仲裁或诉讼各自终局，权利救济方式由当事人自行选择。

（9）履行合同中的伤亡事故处理不同

根据《工伤保险条例》的规定，劳动关系中的劳动者发生工伤适用的是无过错原则：即使用人单位没有过错，仍然应当对遭受工伤的劳动者承担法律规定的责任，受到人身伤害的劳动者依法享有工伤保险待遇。劳务关系不适用工伤事故处理的有关规定，劳动服务供给者在提供劳动服务过程中遭受人身损害的，按照《民法通则》的规定由过错方来承担赔偿责任，即过错原则。

【实例7-1】

小方在2008年4月1日进入某公司，约定工资3000元/月，试用期2个月。4月份，小方参加了公司组织的为期1个月的脱产入职培训，但公司一直没有发这个月的工资，且双方一直未签订劳动合同。2008年7月30日，单位将她无故辞退，4月份工资没发，且没有进行补偿。小方不服，要求公司支付4月份工资、违法解除劳动关系的经济补偿金及未签订劳动合同期间的双倍工资。但公司认为小方在入职培训1个月时间内不存在劳动关系，因此没有工资，且未能签订劳动合同是因为小方一直没有提交体检表所致，这个责任应由自己承担，公司如此解约并没有错。小方无奈，提起劳动仲裁。

⚙ 分析

依据《劳动合同法》第七条、第十条、第八十二条的规定，用人单位自用工之日起即与劳动者建立劳动关系。某公司对小方提供培训是该公司保障劳动者接受职业技能培训的权利、提高用人单位业务水平的行为，虽双方此间未依法签订劳动合同，但根据某公司以其名义对小方进行培训，且小方接受该公司管理的事实，双方已形成事实劳动关系。故某公司主张培训期间双方不存在劳动关系，不应支付小方工资的主张缺乏法律依据。

此外，用人单位与劳动者建立劳动关系，未同时订立书面劳动合同的，应当自用工之日起一个月内订立。就某公司提出双方"未能签订劳动合同是因为小方一直没有提交体检表所致"，该理由不符合上述法律规定。由于某公司未在用工之日起一个月内与小方签订劳动合同，应向小方每月支付两倍的工资。因此，仲裁委员会应支持小方的诉讼请求。

## 二 认识劳动关系管理

劳动关系管理是指通过规范化、制度化的管理，使劳动关系双方（企业与员工）的行为得到规范，权益得到保障，维护稳定和谐的劳动关系，促使企业经营稳定运行的一系列措施和手段。

劳动关系管理的主要内容包括：劳动合同的文本的签订与解除、集体合同的协商与履行、劳动争议处理、员工沟通系统、职业安全卫生管理、拟定劳动关系管理制度等。劳动关系管理的依据主要是《劳动合同法》以及配套的相关法律法规。

劳动关系管理的原则如下：

1．兼顾各方利益原则；

2．协商解决争议原则；

3．以法律为准绳的原则；

4．劳动争议以预防为主的原则。

 【实例7-2】

白芹为上海某日资公司部门经理，考虑到公司的发展和白芹一贯的工作表现，公司于2000年6月24日送白芹赴日参加业务培训，为期10个月，公司为其支付培训费等相关费用9万元人民币。

在白芹赴日参加培训前，公司与白芹经友好协商，双方签订了培训协议书，并经公证部门公证。根据双方的约定，白芹参加培训后必须为公司服务满3年。

然而，白芹在回单位工作4个月后，未经原单位同意，便跳槽去了另一家公司继续从事与原公司工作内容完全相同的工作。

问题：如果你作为这家日资企业的人力资源部经理，你会如何处理此事？

⚙ 分 析

1．作为公司的人力资源部经理，你可以先和白芹进行沟通，根据有关的法律法规对其进行解释。白芹未履行劳动合同擅自跳槽，属于劳动者违反劳动合同的行为。对此，《劳动法》第三十一条规定："劳动者解除劳动合同，应当提前三十日以书面形式通知用人单位。"第一百零二条规定："劳动者违反本法规定的条件解除劳动合同或者违反劳动合同中约定的保密事项，对用人单位造成经济损失的，应当依法承担赔偿责任。"此外，《劳动法》第九十九条规定："用人单位招用尚未解除劳动合同的劳动者，对原用人单位造成经济损失的，该用人单位应当依法承担连带赔偿责任。"

2．你可以表达希望白芹主动合作的意愿：要么继续履行劳动合同，要么按照与公司的约定支付违约金。违约金=[90000÷（12×3）]×（12×3-3）=82500（元）。

3．如果白芹一意孤行，那么你应该代表所在公司尽快在劳动仲裁的有效仲裁期限60天内，向劳动争议仲裁部门提出仲裁申请，可以要求白芹继续履行劳动合同，如白芹不履行劳动合同，要承担赔偿责任。

 疑难解答

1．三方就业协议的订立是否意味着劳动关系建立？

《劳动合同法》规定，劳动关系自用工之日起建立。入职报到通常被认为是开始提供

劳动的起点，也因而被认为是建立劳动关系的时间，即用工之日。由于三方协议签订的对象一般是尚未毕业的在校大学生，在校大学生并不具备上述主体资格，所以三方协议签订并不意味着用工开始。

2. 公司是否有权辞退依凭虚假材料入职的员工？

按照《劳动合同法》第八条规定，用人单位有权了解劳动者与劳动合同直接相关的基本情况，劳动者应当如实说明。第二十六条规定，以欺诈、胁迫的手段或者乘人之危，使对方在违背真实意思的情况下订立或者变更劳动合同的，劳动合同无效或者部分无效。第三十九条规定，存在第二十六条规定的情形，用人单位可以解除劳动合同。因此，如果企业要求劳动者提供年龄、学历、外语水平、工作经历等与劳动合同直接相关的基本情况，劳动者应当如实说明。如果应聘者因提供虚假信息或者隐瞒真实情况而导致企业违背真实意思招用其入职，此种劳动合同应当被认定为无效，公司有权辞退依凭虚假材料入职的员工。

3. 劳动者违反"竞业限制"约定要支付违约金吗？

劳动者一旦违反"竞业限制"约定，应当按照约定向用人单位支付违约金。《劳动合同法》第二十三条第二款规定，用人单位可以在劳动合同或者保密协议中与劳动者约定竞业限制条款，并约定在解除或者终止劳动合同后，在竞业限制期限内按月给予劳动者经济补偿。劳动者违反竞业限制约定的，应当按照约定向用人单位支付违约金。

### 区分劳动关系与雇佣关系

1. 主体范围的不同

劳动关系主体之间仅具有法律意义上的平等性和客观存在的隶属性，且一方主体只能是劳动者，另一方只能是用人单位。

而雇佣关系主体之间具有平等性但不存在隶属性，主体之间可以是自然人，没有服从与被服从的关系。

2. 适用的法律范围不同

劳动关系主要由劳动法调整，包括《劳动合同法》《劳动争议仲裁调解法》及其实施条例。

而雇佣关系主要由民法调整，包括《民法通则》《合同法》《中华人民共和国民事诉讼法》（以下简称《民事诉讼法》）及《最高人民法院关于审理人身损害赔偿案件适用法律若干问题的解释》。

3. 福利报酬待遇不同

劳动关系中，劳动者依据我国相关规定可享有休息休假，获得劳动报酬、社会保险和福利等法定权利，且劳动报酬不得低于当地的最低工资标准。

而雇佣关系中，由于雇主与雇员之间是平等的民事主体，雇主不必为雇员购买社会保险且没有固定的发放薪酬标准，雇员也不享有法定权利。

4. 工作时长不同

劳动关系中，劳动者与用人单位之间存续的关系具有稳定性、长期性，而雇佣关系以完成一项或几项的工作任务为目的，不具有长期稳定性。

## 第二节　劳动合同概述

### 一　劳动法律关系

#### 1. 劳动法律关系的定义

劳动法律关系是指劳动法律规范在调整劳动关系过程中所形成的雇员与雇主之间的权利义务关系，即雇员与雇主在实现现实的劳动过程中所发生的权利义务关系。劳动关系经劳动法律规范、调整和保护后，即转变为劳动法律关系，雇主和雇员双方有明确的权利义务。这种受到国家法律规范、调整和保护的雇主和雇员之间以权利义务为内容的劳动关系即为劳动法律关系，它与劳动关系的最主要区别在于劳动法律关系体现了国家意志。

#### 2. 劳动法律关系的特征

（1）劳动法律关系是劳动关系的现实形态。

（2）劳动法律关系的内容是权利和义务。

（3）劳动法律关系是双务关系。

（4）劳动法律关系具有国家强制性。

注意：由于法律的国家性、普遍性，以及劳动关系在现实生活中通常表现为劳动法律关系，是劳动关系的现实状态，所以人们在运用劳动关系的概念时，一般对劳动关系与劳动法律关系并不加以严格的区分，如"建立或解除劳动关系、劳动关系的运行、劳动关系的调整"等，其中的劳动关系既是指劳动关系，又是指劳动法律关系。

#### 3. 事实劳动关系

事实劳动关系是指用人单位除了非全日制用工形式外无书面劳动合同或无有效书面劳动合同形成的劳动法律关系。事实劳动关系是劳动者为用人单位提供劳动、接受用人单位的管理、遵守用人单位的内部劳动规则、获得用人单位支付的劳动报酬等，这些都是构成事实劳动关系的基本要素。

（1）事实劳动关系形成的原因

①不订立书面劳动合同而形成事实劳动关系。②无效劳动合同而形成事实劳动关系。③双重劳动关系而形成事实劳动关系。④以其他合同形式替代劳动合同而形成事实劳动关系。

（2）关于事实劳动关系的法律规定

事实劳动关系的提出与劳动关系运行的特点有着直接的联系，劳动者的劳动力一旦被消费，劳动付出即转化为产品或服务，就不能收回。即使劳动合同无效，也不可能像其他民事合同无效那样以双方返还、恢复到合同订立前的状态来处理，否则对于劳动者来说是不公平的。因此，只能适用事实劳动关系的理论与政策来处理大量存在的事实劳动关系问题。

**【实例7-3】**

李立凡是一名在校大学生，课余时间到某公司从事兼职工作，工作超时没有加班工资，在上岗前一周的培训也没有工资，跟其他正式员工很不一样。李立凡觉得很不公平，找到老板理论这事，老板说："你是在校大学生兼职，跟他们正式员工能一样吗？"那么，请问在校大学生兼职，能跟正式员工一样受《劳动法》保护且享受同等的待遇吗？

**分 析**

目前我国法律没有对在校大学生从事兼职劳动方面有直接和具体的规定。按照目前国家劳动主管部门的有关规定，在校生利用业余时间勤工俭学，即从事兼职的在校生与用人单位的关系并不是全部意义上的劳动关系。用人单位不必与其签订《劳动法》意义上的劳动合同，也不必为其购买社保。但是，这并不意味着从事兼职的在校生与用人单位的劳动关系不受《劳动法》的保护。

用人单位应当按照《劳动法》的规定，对从事兼职的在校生实行同工同酬，工资不得低于最低标准，按规定支付加班费，并不得有收取押金等违法行为。即除了用人单位可以不为从事兼职的在校生缴纳社会保险之外，用人单位和在校生双方都要受到《劳动法》的保护和约束。比如出现工伤事故，要比照《工伤保险条例》处理；劳动者要保守商业秘密等。此外，在上岗前的培训期间应当发给在校生工资或发给一定的生活费才是合理合法的。

## 二 劳动合同

劳动合同是劳动者与用人单位之间确立、变更和终止劳动权利和义务的协议。劳动合同是市场经济条件下确认和形成劳动关系的基本制度，是企业人力资源管理的重要手段和工具，为处理劳动争议提供了法律依据。

### 1. 劳动合同的法律特征

劳动合同具有以下法律特征：（1）劳动合同的形式是一种协议，即用人单位和劳动者关于劳动权利和义务的协议；（2）劳动合同内容具有劳动权利和义务的统一性和对应性；（3）劳动合同履行中的隶属性；（4）劳动合同属于法定要式合同；（5）劳动合同往往涉及第三人的物质利益关系；（6）劳动合同具有诺成、有偿、双务的特征。

### 2. 劳动合同的订立

依据我国《劳动合同法》规定，用人单位自用工之日起即与劳动者建立劳动关系。用人单位应当建立职工名册备查。建立劳动关系，应当订立书面劳动合同。

（1）劳动合同的订立原则

平等自愿原则、协商一致原则、互利互惠原则、符合法律原则。

（2）劳动合同的种类

按照劳动合同期限的长短，劳动合同可以分为固定期限劳动合同、无固定期限劳动合同和以完成一定工作任务为期限的劳动合同三种。

（3）劳动合同的内容

劳动合同应当以书面形式订立，并包括必备条款和协商条款。必备条款又称法定条款，协商条款又称约定条款。劳动合同的内容包括：

法定条款主要有用人单位名称、地址以及法人或负责人的姓名，劳动者的姓名、地址及身份证号码或其他有效证件，劳动合同期限、工作内容和工作地点、工作时间和休息休假、劳动报酬、社会保险、职业危害防护和就业条件，法律、法规固定的其他应纳入劳动合同的事项。

约定条款主要有试用期、培训、保守商业秘密和竞业限制条款、补充保险和福利待遇、其他事项。

### 3. 劳动合同的变更

劳动合同变更是指劳动合同在履行过程中，经双方协商一致，对合同条款进行修改或补充，包括工作内容、工作地点、工资福利等内容。《劳动合同法》第三十五条规定，用人单位与劳动者协商一致，可以变更劳动合同约定的内容。变更劳动合同，应当采用书面形式。变更后的劳动合同文本由用人单位和劳动者各执一份。

协商变更的具体实施步骤：一方将劳动合同变更内容以书面形式提交另一方；另一方对对方提交的变更内容进行审查；经审查如果没有异议，则以书面形式告知对方对其变更内容表示同意，备案或签证；如果有异议，则以书面形式将异议返回给对方，双方就异议再次进行另一轮的协商。

《劳动合同变更协议》模板参见附录57。

### 4. 劳动合同的解除和终止

劳动合同解除是劳动合同在期限届满之前，双方或单方提前终止劳动合同效力的法律行为。劳动合同的解除分为三种情况：（1）双方协商一致解除。（2）劳动者单方解除劳动合同，一般情形下提前30天通知用人单位；试用期内提前3天通知用人单位；如果用人单位违法，劳动者可以随时解除劳动合同，无须提前通知。（3）用人单位单方解除劳动合同，如果劳动者有过失，用人单位即时通知解除合同；劳动者无过失，用人单位可以预告通知解除合同，提前30天通知并支付经济补偿金给劳动者；满足裁员解除的条件；另外规定了用人单位不得解除劳动合同的情形。

用人单位单方解除劳动合同，应当事先将理由通知工会。用人单位违反法律、行政法规规定或者劳动合同约定的，工会有权要求用人单位纠正。用人单位应当研究工会的意见，并将处理结果书面通知工会。

劳动合同终止是指劳动合同期限届满或双方当事人主体资格消失，合同规定的权利、义务即行消灭的制度。《劳动合同法》第四十四条规定，有下列情形之一的，劳动合同终止：（1）劳动合同期满的；（2）劳动者开始依法享受基本养老保险待遇的；（3）劳动者死亡或者被人民法院宣告死亡或者宣告失踪的；（4）用人单位被依法宣告破产的；（5）用人单位被吊销营业执照、责令关闭、撤销或者用人单位决定提前解散的；（6）法律、行政法规规定的其他情形。

《解除劳动合同通知书》（试用期）模板参见附录58。

《终止劳动合同通知书》（到期终止）模板参见附录59。

《终止劳动合同通知书》（用人单位单方面解除）模板参见附录60。

《解除劳动关系协议书》（协商解除）模板参见附录61。

【实例7-4】

欧阳峰是某公司的销售经理，其与公司签订的劳动合同有规定：欧阳峰可以从产品销售利润中提取60%的提成，本人的病、伤、残、亡等企业均不负责。在一次业务出差中，由于交通事故，欧阳峰负伤致残。欧阳峰和该公司发生了争议并起诉到劳动行政部门，要求解决其伤残保险待遇问题。对此，你怎么看？

分析

《劳动合同法》第三条规定，订立劳动合同要遵循合法原则，是指劳动合同的订立不得违反法律、法规的规定。法律、法规既包括现行的法律，也包括以后颁布实施的法律、行政法规，既包括劳动法律、法规，也包括民事、刑事、行政和经济方面的法律、法规。合法原则包括：劳动合同的主体必须合法，劳动合同的内容必须合法和劳动合同订立的程序和形式合法。

《劳动合同法》第二十六条规定，用人单位免除自己的法定责任，排除劳动者权利的，属于劳动合同的无效或部分无效。欧阳峰与公司订立的劳动合同中规定的公司不负担

218

欧阳峰任何伤残待遇费的条款属于用人单位免除自己的法定责任，内容明显违法。因此，这一条款是无效的。

## 三　劳动争议

劳动争议又称劳动纠纷，是指劳动关系双方当事人之间因劳动权利和劳动义务的认定与实现所发生的纠纷。

### 1．劳动争议概述

（1）劳动争议的特征

劳动争议与其他社会关系纠纷相比，具有下述特征。

①劳动争议的当事人是特定的。

②劳动争议的内容是特定的。

③劳动争议有特定的表现形式。

（2）劳动争议的分类

劳动争议的分类如表7-1所示。

表7-1　劳动争议的分类

| 划分标准 | 类型 | 内容 |
| --- | --- | --- |
| 按劳动争议的主体划分 | 个别争议 | 职工一方当事人人数为10人以下，有共同争议理由的 |
| | 集体争议 | 职工一方当事人人数为10人以上，有共同争议理由的 |
| | 团体争议 | 工会与用人单位因签订或履行集体合同发生的争议 |
| 按劳动争议的性质划分 | 权利争议 | 又称既定权利争议。劳动关系当事人基于劳动法律、法规的规定，或集体合同、劳动合同约定的权利与义务所发生的争议 |
| | 利益争议 | 当事人因主张有待确定的权利和义务所发生的争议 |
| 按劳动争议的标的划分 | | 1．劳动合同争议。关于解除、终止劳动合同而发生的争议。因开除、除名、辞职等对适用条件的不同理解与实施而发生的争议<br>2．关于劳动安全卫生、工作时间、休息休假、保险福利而发生的争议<br>3．关于劳动报酬、培训、奖惩等因适用条件的不同理解与实施而发生的争议等 |

（3）劳动争议处理制度

劳动争议处理制度是一种劳动关系处于非正常状态，经劳动关系当事人的请求，由依法建立的处理机构：调解机构、仲裁机构和国家审判机关对劳动争议的事实和当事人的责任依法进行调查、协调和处理，为保证法定或约定劳动标准的实现而制定的有关处理劳动争议的调解程序、仲裁程序和诉讼程序的规范，即劳动争议处理的程序性规定的总和。

一般来说，劳动争议的解决机制包括如图7-1所示的四种形式。

图7-1　劳动争议的解决机制

（4）劳动争议的处理机构

按照《劳动法》的规定，劳动争议处理机构有企业劳动争议调解委员会、地方劳动争议仲裁委员会和各级人民法院。

①企业劳动争议调解委员会

企业劳动争议调解委员会，是在职工代表大会领导下，负责调解本企业内劳动争议，协调劳动关系的群众性组织。调解委员会由职工代表、企业行政代表和企业工会代表组成。职工代表由职代会选举产生，行政方由企业方指定，工会代表由企业工会指定。调解委员会的办事机构一般设在企业工会。这种机构是自治性的，由企业自行决定是否设立。

②劳动争议仲裁委员会

劳动争议仲裁委员会是指县、市、市辖区设立的裁处企业与职工之间发生的劳动争议的组织机构。劳动争议仲裁委员会不按行政区划层层设立。劳动争议仲裁委员会由劳动行政部门代表、工会代表和企业方面代表组成。劳动争议仲裁委员会组成人员应当是单数。劳动争议仲裁委员会依法履行的职责有：聘任、解聘专职或者兼职仲裁员，受理劳动争议案件，讨论重大或者疑难的劳动争议案件，对仲裁活动进行监督。

③人民法院

人民法院负责处理当事人对劳动争议仲裁委员会作出的仲裁裁决、不予受理的仲裁决定或通知不服，向法院起诉的案件。当事人对仲裁委员会作出的仲裁裁决等不服的，可向人民法院起诉。

## 2. 企业劳动争议调解委员会对劳动争议的调解

调解委员会调解的程序如表7-2所示。

表7-2　调解委员会调解的程序

| 程序 | 内容 |
| --- | --- |
| 申请和受理 | 1. 发生劳动争议后，当事人可以口头或者书面形式向调解委员会提出调解申请。申请内容应当包括申请人基本情况、调解请求、事实与理由。口头申请的，调解委员会应当当场记录<br>2. 调解委员会接到调解申请后，对属于劳动争议受理范围且双方当事人同意调解的，应当在3个工作日内受理。对不属于劳动争议受理范围或者一方当事人不同意调解的，应当做好记录，并书面通知申请人<br>3. 发生劳动争议，当事人没有提出调解申请，调解委员会可以在征得双方当事人同意后主动调解 |

（续上表）

| 程序 | 内容 |
|---|---|
| 调查和调解 | 调解委员会调解劳动争议一般不公开进行，但是双方当事人要求公开调解的除外 |
| 调解协议书 | 1. 经调解达成调解协议的，由调解委员会制作调解协议书<br>2. 调解协议书一式三份，双方当事人和调解委员会各执一份<br>3. 双方当事人可以自调解协议生效之日起15日内共同向仲裁委员会提出仲裁审查申请<br>4. 双方当事人未提出仲裁审查申请，一方当事人在约定的期限内不履行调解协议的，另一方当事人可以依法申请仲裁<br>5. 调解委员会调解劳动争议，应当自受理调解申请之日起15日内结束<br>6. 当事人不愿调解、调解不成或者达成调解协议后，一方当事人在约定的期限内不履行调解协议的，调解委员会应当做好记录，由双方当事人签名或者盖章，并书面告知当事人可以向仲裁委员会申请仲裁 |
| 与协商、调解相关的时效规定 | 劳动争议当事人协商解决劳动争议或者请求劳动争议调解委员会调解劳动争议，出现下列情形之一的属于仲裁时效中断，从中断时起，仲裁时效期间重新计算：<br>1. 一方当事人提出协商要求后，另一方当事人不同意协商或者在5日内不做出回应的<br>2. 在约定的协商期限内，一方或者双方当事人不同意继续协商的<br>3. 在约定的协商期限内未达成一致的<br>4. 达成和解协议后，一方或者双方当事人在约定的期限内不履行和解协议的<br>5. 一方当事人提出调解申请后，另一方当事人不同意调解的<br>6. 调解委员会受理调解申请后，在受理调解申请之日起15日内一方或者双方当事人不同意调解的<br>7. 在受理调解申请之日起15日内以及双方当事人同意延长的期限内未达成调解协议的<br>8. 达成调解协议后，一方当事人在约定期限内不履行调解协议的 |
| 人民法院的支付令 | 1. 债权人对拒不履行义务的债务人，可以直接向有管辖权的基层人民法院申请发布支付令，通知债务人履行债务。债务人在收到支付令之日起15日内不提出异议又不履行支付令的，债权人可直接申请人民法院强制执行。债权人提出申请后，法院应当在5日内通知其是否受理。法院受理申请后，经审查债权人提供的事实、证据，对债权债务关系明确、合法的，应当在受理之日起15日内向债务人发出支付令；申请不成立的，裁定驳回申请，该裁定不得上诉。申请支付令不必经过法院的审理程序，所以有快速便捷的特点<br>2. 支付令具有强制性特征。发生法律效力的支付令与人民法院生效判决、裁定具有同等强制力。但是只能在债务人接到支付令之日起15日内，不向法院提出书面异议方可生效<br>3. 拖欠劳动报酬的用人单位在收到法院的支付令后，必须予以充分重视，可以按照以下方法处理：<br>（1）拖欠属实的，可以在支付期限内（15日内）支付，避免进入强制执行程序<br>（2）依照《民事诉讼法》的规定，债务人在法定期间提出书面异议的，人民法院无须审查异议是否有理由，可以直接裁定终结督促程序，支付令自行无效<br>（3）如果用人单位在15日之内没有提出书面异议，15日以后支付令就发生法律效力，必须履行清偿债务的义务 |

### 3. 劳动争议仲裁委员会对劳动争议的仲裁

（1）劳动争议当事人的权利义务

劳动争议中的当事人是指因劳动权利义务发生争议，以自己的名义提请仲裁，请求劳

动争议仲裁委员会行使仲裁权的人，有广义和狭义之分。狭义上的当事人，仅指申请人和被申请人。广义上的当事人，除申请人和被申请人以外，还包括共同当事人和第三人。

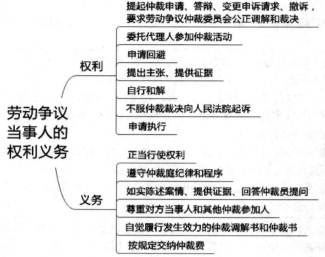

图7-2　劳动争议当事人的权利和义务

（2）劳动争议仲裁的程序

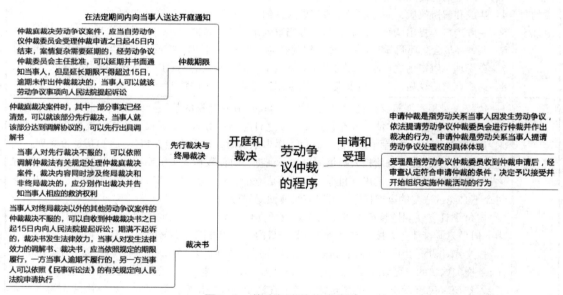

图7-3　劳动争议仲裁的程序

《劳动争议仲裁裁决书》格式参见附录62。

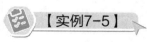【实例7-5】

程诺于2011年1月3日入职A公司，入职后的第三天，程诺在专柜工作时因为不慎碰裂专柜玻璃，造成中指与无名指割伤。因程诺刚入职不久，A公司未能及时为其购买社保。事后，A公司为程诺先垫付了2000元的医疗费，并分别于2011年3月31日和2011年4月1日收到

了劳动局发出的程诺工伤认定书和市劳动能力鉴定委员会认定程诺伤残等级为10级、停工留薪期为2个月的劳动能力鉴定书。之后，双方多次协商工伤赔偿金未果，后程诺向劳动仲裁委员会申请劳动仲裁，要求解除劳动合同并要求A公司赔付相关费用。

### 分析

有关新入职员工就遇工伤事故的案例很多，尤其在生产行业和雇用高危作业工种行业当中。有好多企业为贪图一时的管理方便，并没有重视有关刚入职员工的社保购买问题，从而导致需背负沉重的经济负担。

本案中，由于程诺受工伤时A公司并未为其购买任何社保，根据新《工伤保险条例》（2010年12月20日修订）第六十二条规定："……依照本条例规定应当参加工伤保险而未参加工伤保险的用人单位职工发生工伤的，由该用人单位按照本条例规定的工伤保险待遇项目和标准支付费用。"因此，A公司应当按照新《工伤保险条例》有关工伤保险待遇项目和标准的规定向程诺支付费用。

那么依照新《工伤保险条例》，A公司应承担什么责任呢？

新《工伤保险条例》第三十条规定："……治疗工伤所需费用符合工伤保险诊疗项目目录、工伤保险药品目录、工伤保险住院服务标准的，从工伤保险基金支付。……职工住院治疗工伤的伙食补助费……从工伤保险基金支付。……工伤职工到签订服务协议的医疗机构进行工伤康复的费用，符合规定的，从工伤保险基金支付。"

第三十二条规定："工伤职工因日常生活或者就业需要，经劳动能力鉴定委员会确认，可以安装假肢、矫形器、假眼、假牙和配置轮椅等辅助器具，所需费用按照国家规定的标准从工伤保险基金支付。"

第三十三条规定："职工因工作遭受事故伤害或者患职业病需要暂停工作接受工伤医疗的，在停工留薪期内，原工资福利待遇不变，由所在单位按月支付。"

第三十四条规定："工伤职工已经评定伤残等级并经劳动能力鉴定委员会确认需要生活护理的，从工伤保险基金按月支付生活护理费。"

第三十七条规定；"职工因工致残被鉴定为七级至十级伤残的，享受以下待遇：（一）从工伤保险基金按伤残等级支付一次性伤残补助金，标准为：……十级伤残为7个月的本人工资；（二）劳动、聘用合同期满终止，或者职工本人提出解除劳动、聘用合同的，由工伤保险基金支付一次性工伤医疗补助金，由用人单位支付一次性伤残就业补助金。"

因此，A公司除了支付程诺2个月的停工留薪期工资、一次性支付伤残就业补助金外，还需支付因没为程诺购买社保而额外承担的费用：工伤治疗费、住院伙食补助费、辅助器具费（确需配备器材时）、工伤康复费、生活护理费及一次性支付伤残补助金（程诺本人7个月的工资）和工伤医疗补助金。

在此，建议广大企业应重视刚入职员工的社保购买问题，做到人到职、社保到位，消除一切隐患。

 **疑难解答**

1. 用人单位自用工之日起超过一年仍未与劳动者签劳动合同怎么办？

针对不少用工单位不与劳动者订立劳动合同的问题，《劳动合同法》第八十二条规定：用人单位自用工之日起超过一个月不满一年未与劳动者订立书面劳动合同的，应当向劳动者每月支付二倍的工资。

2. 试用期是否包含在劳动合同期限内？

试用期包含在劳动合同期限内。劳动合同仅约定试用期的，试用期不成立，该期限为劳动合同期限。现实生活中，有些用人单位往往对于试用期内的劳动者不签订正式的劳动合同，而经常会等到劳动者"转正"以后，再签订劳动合同。首先，用人单位的这种做法是错误的；其次，即使在试用期内不签订劳动合同，试用期的期限仍然是计入劳动合同期限内的。

3. 在单位连续工作满十年可签无固定期合同吗？

《劳动合同法》规定，劳动者在同一用人单位连续工作满十年，劳动者提出或者同意续订、订立劳动合同的，除劳动者提出订立固定期限劳动合同外，应当订立无固定期限劳动合同。同一单位连续工作十年以上具体是指劳动者与同一用人单位签订的劳动合同的期限不间断达到十年。如有的劳动者在用人单位工作五年后，离职到别的单位去工作了两年，然后又回到这个单位工作五年。虽然累计时间达到了十年，但是期限有所间断，不符合在"该用人单位连续工作满十年"的条件。此外《劳动合同法》还规定，用人单位初次实行劳动合同制度或者国有企业改制重新订立劳动合同时，劳动者在该用人单位连续工作满十年且距法定退休年龄不足十年的，可以签订无固定期限劳动合同。

**温馨提示**

**劳动争议产生的原因**

1. 劳动争议的内容只能以劳动权利义务为标的。权利义务的基础在于劳动法律、集体合同、劳动合同、企业内部劳动管理规则的规定或约定，是否遵循法律规范和合同规范是劳动争议产生的直接原因。

2. 市场经济的物质利益原则的作用，使得劳动关系当事人之间既有共同的利益和合作的基础，又有利益的差别和冲突。劳动争议的实质是劳动关系主体的利益差别而导致的利益冲突。只要是市场经济体制，只要劳动关系当事人有相对独立的物质利益，劳动争议的产生就具有必然性。

## 第三节　劳动关系的协调与管理

### 一　集体合同制度

集体合同是指用人单位与本单位职工根据法律、法规、规章的规定，就劳动报酬、工作时间、休息休假、劳动安全卫生、职业培训、保险福利等事项，通过集体协商签订的书面协议。

#### 1. 集体合同的特征

集体合同除具有一般协议的主体平等性、意思表示一致性、合法性和法律约束性外，还具有以下特点。

（1）集体合同是整体性规定劳动条件的协议。集体合同反映的是以劳动条件为实质内容的关系，整体性地规定劳动者与企业之间的劳动权利与义务，现存劳动关系的存在是集体合同存在的基础。

（2）工会或劳动者代表职工一方与企业签订。集体合同的当事人一方是企业，另一方当事人不能是劳动者个人或劳动者中的其他团体或组织，而只能是工会组织代表劳动者，没有建立工会组织的，则由劳动者按照一定的程序推举的代表为其代表。

（3）集体合同是定期的书面合同，其生效需经特定程序。根据《劳动法》的有关规定，集体合同文本须提交政府劳动行政部门审核，经审核通过的集体合同才具有法律效力。

#### 2. 集体合同与劳动合同的区别

集体合同与劳动合同的区别如表7-3所示。

表7-3　集体合同与劳动合同的区别

| 项目 | 集体合同 | 劳动合同 |
|---|---|---|
| 主体 | 企业和工会组织或劳动者按照合法程序推举的代表 | 企业和劳动者个人 |
| 内容 | 关于企业的一般劳动条件标准的约定，以全体劳动者共同的权利和义务为内容 | 只涉及单个劳动者的权利义务 |
| 功能 | 规定企业的一般劳动条件，为劳动关系的各个方面设定具体标准，并作为单个劳动合同的基础和指导原则 | 确立劳动者和企业的劳动关系 |
| 法律效力 | 法律效力高于劳动合同 | —— |

#### 3. 订立集体合同应遵循的原则

（1）遵守法律、法规、规章及国家有关规定。（2）相互尊重，平等协商。（3）诚实守信，公平合作。（4）兼顾双方合法权益。（5）不得采取过激行为。

### 4. 集体合同的形式和期限

（1）集体合同的形式

根据《集体合同规定》的规定，集体合同为法定要式合同，应当以书面形式订立，口头形式的集体合同不具有法律效力。

集体合同的形式可以分为主件和附件。主件是综合性集体合同，其内容涵盖劳动关系的各个方面；附件是专项集体合同，是就劳动关系的某一特定方面的事项签订的专项协议。现阶段，我国法定集体合同的附件主要是工资协议（专门就工资事项签订的集体合同）。

（2）集体合同的期限

集体合同均为定期集体合同，我国劳动立法规定集体合同的期限为1～3年。企业订立集体合同可以在1～3年内确定适应本企业的集体合同期限。期限过短，不利于劳动关系的稳定，而且加大集体协商的成本；期限过长，不利于适应变化了的实际情况和不利于劳动权益的保障。在集体合同的期限内双方可以根据集体合同的履行情况，对集体合同进行修订。

### 5. 集体合同的内容

（1）劳动条件标准部分

劳动条件标准部分包括劳动报酬、工作时间和休息休假、保险福利、劳动安全卫生、女职工和未成年工特殊保护、职业技能培训、劳动合同管理、奖惩、裁员等条款。上述条款同时也可以作为劳动合同内容的基础，指导劳动合同的协商与订立，或直接作为劳动合同的内容。劳动条件标准条款在集体合同内容的构成中处于核心地位，在集体合同的有效期间具有法律效力。上述标准不得低于法律法规规定的最低标准。

（2）一般性规定

一般性规定是规定劳动合同和集体合同履行的有关规则。包括集体合同的有效期限，集体合同条款的解释、变更、解除和终止等内容。

（3）过渡性规定

过渡性规定是规定集体合同的监督、检查、争议处理、违约责任等内容。

（4）其他规定

此项条款通常作为劳动条件标准的补充条款，规定在集体合同的有效期间应当达到的具体目标和实现目标的主要措施。此类规定一般不能作为劳动合同的内容，只是作为签约方的义务而存在。在集体合同的有效期内，随着设定目标的实现而终止。

### 6. 签订集体合同的程序

（1）确定集体合同的主体

劳动者一方的签约人，法定为基层工会委员会以集体合同签约人的资格；没有建立工会组织的企业，由企业职工民主推荐，并须得到半数职工的同意的代表为集体合同的签约人。用人单位一方的签约人，法定为用人单位行政机关，即法定代表人。

（2）协商集体合同

①协商准备。双方签约人为集体协商进行各项准备工作，包括确定协商代表，拟订协商方案，预约协商内容、日期、地点。

②协商会议。集体协商会议由双方首席代表轮流主持，并按下列程序进行：宣布议程和会议纪律；一方首席代表提出协商的具体内容和要求，另一方首席代表就对方的要求做出回应；协商双方就商谈事项发表各自意见，开展充分讨论；双方首席代表归纳意见。

③协商后续。集体合同草案或专项集体合同草案经职工代表大会或者职工大会通过后，由集体协商双方首席代表签字。

（3）政府劳动行政部门审核

由企业一方将签字的集体合同文本及说明材料一式三份，在集体合同签订后的10日内报送县级以上政府劳动行政部门审查。

（4）审核期限和生效

劳动行政部门在收到集体合同后的15日内将审核意见书送达，集体合同的生效日期以《审核意见书》确认的日期为生效日期。

（5）集体合同的公布

经审核确认生效的集体合同或自行生效的集体合同，签约双方应及时以适当的方式向各自代表的成员公布。

### 【实例7-6】

2008年3月1日，O公司与工会经过协商签订了集体合同，规定职工的月工资不低于1500元。2008年3月12日，O公司将集体合同文本送劳动行政部门审查，但劳动行政部门一直未予答复。2009年1月，O公司招聘宫本新为销售经理，双方签订了为期2年的合同，月工资5000元。几个月过去了，宫本新业绩不佳，公司逐渐对他失去信心。2009年7月，公司降低了宫本新的工资，只发给宫本新1000元工资。宫本新就此事与公司协商未果，2009年8月，宫本新解除了与公司的合同。

请问：

1. 集体合同是否生效，为什么？

2. 宫本新业绩不佳，公司可否只发其1000元工资，为什么？

### 分析

根据《劳动合同法》第五十四条规定，集体合同订立后，应当报送劳动行政部门；劳动行政部门自收到集体合同文本之日起十五日内未提出异议的，集体合同即行生效。依法

订立的集体合同对用人单位和劳动者具有约束力。因此，可以认定为0公司与工会签订的集体合同有效。根据《劳动合同法》第五十五条的规定，用人单位与劳动者订立的劳动合同中劳动报酬和劳动条件等标准不得低于集体合同规定的标准。在案例中，公司因官本新的业绩不佳，而把工资降低，并低于集体合同的最低工资约定。同时，按照《劳动合同法》第三十五条的规定，用人单位与劳动者协商一致，可以变更劳动合同约定的内容。因此，公司降低官本新的工资，实属单方变更劳动合同中劳动报酬的行为，且其支付的劳动报酬低于集体合同规定，故有违法律规定。

## 二 职工代表大会制度

### 1. 职工代表大会制度的性质

职工代表大会（职工大会）是由企业职工经过民主选举产生的职工代表组成的，代表全体职工实行民主管理权利的机构。

职工代表大会（职工大会）制度与民主协商是职工参与民主管理的两种主要的、并行不悖的制度，在协调劳动关系中发挥着重要的功能。

职工代表大会制度是企业职工行使民主管理的基本形式，是职工民主管理的组织参与的具体表现。

职工代表大会依法享有审议企业重大决策，监督行政领导和维护职工合法权益的权力。

### 2. 职工代表大会制度的特点

职工参与企业民主管理有多种形式，包括组织参与、岗位参与及个人参与。

企业的民主管理制度与合同规范协调劳动关系运行的制度相比，具有以下特点。

（1）职工民主管理是由劳动关系当事人双方各自的单方行为所构成，表现为职工意志对企业意志的影响、制约与渗透，企业意志对职工意志的吸收和体现；合同则是劳动关系当事人的双方行为，他们的意志协调表现为经平等协商一致所达成的、各自均应遵守的合同规范。

（2）职工民主管理是一种管理关系中的纵向协调，而合同规范对劳动关系的调整则属于当事人之间的横向协调。

企业的民主管理制度与劳动争议处理制度在协调劳动关系运行中的功能相比，具有以下特点。

（1）职工民主管理是一种自我协调或内部协调方式，而劳动争议仲裁则是一种外部协调方式；企业劳动争议调解委员会对劳动争议的调解是一种群众自治的活动。

（2）职工民主管理是在劳动关系运行中的自行协调和事前协调，预防劳动争议；而劳动争议处理则是事后协调，其目的是解决劳动争议。

### 3. 职工代表大会的职权

具体表现为以下几个方面：（1）审议建议权；（2）审议通过权；（3）审议决定权；

（4）评议监督权；（5）推荐选举权。

职工代表大会（职工大会）行使上述职权必须注意权利行使的"度"，包括职权的广度与深度两个方面。

### 4. 职工代表

（1）根据法律法规的规定，无论是职工代表大会的职工代表还是平等协商制度的职工代表，都应由企业基层单位的职工按照法定的程序民主选举或推举产生。

（2）职工代表包括工人、技术人员和各级管理人员，在职工代表大会的代表中各级管理人员一般为代表总数的20%，代表实行常任制，每两年改选一次，可连选连任。

## 三　用人单位内部劳动规则

用人单位内部劳动规则是用人单位依据国家劳动法律、法规的规定，结合用人单位的实际，在本单位实施的，为协调劳动关系并使之稳定运行，合理组织劳动，进行劳动管理而制定的办法、规定的总称。

用人单位制定并实施内部劳动规则是用人单位对职工的权利，是其行使经营管理权和用工权的主要方式，发挥着用人单位内部强制性规范的功能。

### 1. 用人单位内部劳动规则的特点

用人单位内部劳动规则是企业劳动关系调节的重要形式。

劳动关系主体受到的规范约束主要有两种：一是以主体双方同意为条件的合同规范；二是不以主体是否同意为条件，但是主体必须遵循的、具有强制性的法律规范。

用人单位内部劳动规则具有合同规范和法律规范兼有的属性。

用人单位内部劳动规则是企业规章制度的组成部分，具有以下特点：

（1）制定主体的特定性；

（2）企业和劳动者共同的行为规范；

（3）企业经营权与职工民主管理权相结合的产物。

### 2. 用人单位内部劳动规则的内容

根据《劳动法》的规定，用人单位内部劳动规则的主要内容如下。

（1）劳动合同管理制度

主要内容有：①劳动合同履行的原则。②员工招收录用条件、招工简章、劳动合同草案、有关专项协议草案审批权限的确定。③员工招收录用计划的审批、执行权限的划分。④劳动合同续订、变更、解除事项的审批办法。⑤试用期考察办法。⑥员工档案管理办法。⑦应聘人员相关材料保存办法。⑧集体合同草案的拟订、协商程序。⑨解除、终止劳动合同人员的档案移交办法、程序。⑩劳动合同管理制度修改、废止的程序等。

（2）劳动纪律

主要内容有：①时间规则。作息时间、考勤办法、请假程序等。②组织规则。企业各直线部门、职能部门或各组成部分及各类层级权责结构之间的指挥、服从、接受监督、保守商业秘密等的规定。③岗位规则。劳动任务、岗位职责、操作规程、职业道德等。④协作规则。工种、工序、岗位之间的关系，上下层次之间的连接、配合等的规则。⑤品行规则。语言、着装、用餐、行走、礼节等规则。⑥其他规则等。

（3）劳动定员定额规则

主要内容有编制定员规则和劳动定额规则。

（4）劳动岗位规范制定规则

包括岗位名称、岗位职责、生产技术规定、上岗标准等。

（5）劳动安全卫生制度

（6）其他制度

包括工资制度、福利制度、考核制度、奖惩制度、培训制度等。

### 3. 用人单位内部劳动规则制定的程序

（1）制定主体合法

内部劳动规则制定主体必须具备制定内部劳动规则的法律资格。有权制定内部劳动规则的，应当是单位行政系统中处于决策层次，对用人单位的各个组成部分和全体职工有权实行全面和统一管理的机构。

（2）内容合法

内部劳动规则的内容不得违反法律、法规的规定。内部劳动规则的内容与集体合同有相互重叠的部分应使之保持协调而不能相互冲突。内部劳动规则与集体合同在内容上虽然有交叉，但各有侧重。

①内部劳动规则侧重于规定在劳动过程的组织、管理中劳动者和单位行政双方的职责，即劳动行为规则和用工行为规则。

②集体合同侧重于规定本单位范围内的最低劳动标准。

（3）职工参与

制定用人单位内部劳动规则，用人单位有义务保证职工参与，听取、征求工会和职工意见。

（4）正式公布

用人单位内部劳动规则以全体职工和企业行政各个部门或组成部分为约束对象，应当为全体职工和企业各个部门所了解，因此应当以合法有效的形式公布。其公布形式通常以企业法定代表人签署和加盖公章的正式文件的形式公布。

## 四　劳动监督检查制度

劳动监督检查是指法律规定的合格监督检查主体为保护劳动者的合法权益，依法对用人单位遵守劳动法律、法规的情况所进行的监督检查。我国的劳动监督检查体系由行政监督检查和社会监督两部分构成。其中，行政监督检查包括劳动行政部门监督检查和相关行政部门监督；社会监督包括工会监督和群众监督。

劳动监督检查的特点包括：

1. 劳动监督检查以劳动行政管理部门的监督检查为中心；

2. 劳动监督检查的目的是实现劳动法律、法规的内容，重点是保护劳动者的合法权益；

3. 劳动监督检查的对象为用人单位；

4. 劳动监督检查的内容是用人单位执行劳动法律、法规的情况。

我国《劳动法》第八十五条规定："县级以上各级人民政府劳动行政部门依法对用人单位遵守劳动法律、法规的情况进行监督检查，对违反劳动法律、法规的行为有权制止，并责令改正。"第八十七条规定："县级以上各级人民政府有关部门在各自职责范围内，对用人单位遵守劳动法律、法规的情况进行监督。"第八十八条规定："各级工会依法维护劳动者的合法权益，对用人单位遵守劳动法律、法规的情况进行监督。"从上述有关规定可以看出，劳动监督检查制度是为了保证《劳动法》的贯彻执行，关于法定监督检查主体的职权、监督检查的范围、监督检查的程序，以及纠偏和处罚的行为规范。劳动监督检查制度具有保障整个劳动法体系全面实施的功能，在劳动法体系中占有特殊的地位。

 疑难解答

1. 用人单位订立哪些规章制度必须要与职工协商？

根据相关规定，用人单位在制订、修改或者决定有关劳动报酬、工作时间、休息休假、劳动安全卫生、保险福利、职工培训、劳动纪律以及劳动定额管理等直接涉及劳动者切身利益的规章制度或者重大事项时，应当经职工代表大会或者全体职工讨论，提出方案和意见，与工会或者职工代表平等协商确定。在规章制度和重大事项决定实施过程中，工会或者职工认为不适当的，有权向用人单位提出，通过协商予以修改完善。

2. 用人单位能扣押劳动者的身份证吗？

用人单位招用劳动者，不得扣押劳动者的居民身份证和其他证件。《劳动合同法》第八十四条规定，用人单位违反本法规定，扣押劳动者居民身份证等证件的，由劳动行政部门责令限期退还劳动者本人，并依照有关法律规定给予处罚。用人单位违反本法规定，以担保或者其他名义向劳动者收取财物的，由劳动行政部门责令限期退还劳动者本人，并以每人五百元以上二千元以下的标准处以罚款；给劳动者造成损害的，应当承担赔偿责任。

劳动者依法解除或者终止劳动合同，用人单位扣押劳动者档案或者其他物品的，依照前款规定处罚。

3. 未经批准自愿加班能索要加班费吗？

根据《劳动法》第四条规定："用人单位应当依法建立和完善规章制度，保障劳动者享有劳动权利和履行劳动义务。"该条规定表明企业可以制订与国家法律不相抵触的加班制度，对符合加班制度的加班情况支付不低于法定标准的加班工资。可见，用人单位支付加班工资的前提是"用人单位根据实际需要安排劳动者在法定标准工作时间以外工作"，劳动者自愿加班的，用人单位依据以上规定可以不支付加班工资。

4. 协商解除劳动合同，由谁先提出？

《劳动合同法》第三十六条规定，用人单位与劳动者协商一致，可以解除劳动合同。协商解除劳动合同的条件同变更劳动合同的条件一样，只要双方协商一致就可以提前解除劳动合同。但是，哪一方首先提出解除请求的后果完全不一样：劳动者首先提出解除请求的，用人单位可以不支付经济补偿金；用人单位首先提出解除劳动合同的，要向劳动者支付经济补偿金。

温馨提示

**末位淘汰制与竞争上岗**

1. 末位淘汰制

末位淘汰制是指工作单位根据本单位的总体目标和具体目标，结合各个岗位的实际情况，设定一定的考核指标体系，以此指标体系为标准对员工进行考核，根据考核的结果对得分靠后的员工进行淘汰的绩效管理制度。

2. 竞争上岗

《党政机关竞争上岗工作暂行条例》规定，竞争上岗主要适用于选拔任用中央、国家机关内设的司局级、处级机构领导成员，县级以上地方各级党委、人大常委会、政府、政协、纪委、人民法院、人民检察院机关或者工作部门的内设机构领导成员。从职务层次看，竞争上岗适用于司局级正职以下领导职务。竞争上岗在本单位或者本系统进行。涉及重要机密和国家安全的职位，按照法律、法规不宜公开竞争的职位，不列入竞争上岗的范围。

## 第四节　劳务派遣用工管理

### 一　劳务派遣的概念

#### 1．劳务派遣的含义

劳务派遣是指劳务派遣单位与接受单位签订劳务派遣协议，由劳务派遣单位招用雇员并派遣该劳动者到接受单位工作，劳动者和劳务派遣机构从中获得收入的经济活动。

#### 2．劳务派遣的性质

相对于正规就业而言，劳务派遣是一种典型的非正规就业方式，在我国是一种新型用工方式，与传统的计划经济体制时期曾经存在的企业之间的职工借调有某些相似之处，但其性质截然不同，具体表现为以下三个方面。

（1）在劳务派遣中，存在着三种主体和三重关系。三种主体是劳务派遣机构、用工单位和被派遣劳动者；三重关系是劳务派遣机构与被派遣劳动者的关系、劳务派遣机构与用工单位的关系和用工单位与被派遣劳动者的关系。

（2）在劳务派遣中，劳务派遣机构与被派遣劳动者依法订立劳动合同，建立劳动关系，即雇主是劳务派遣机构，雇员是将被派遣的劳动者。订立劳动合同之后，劳务派遣机构将被派遣劳动者派遣到用工单位，被派遣劳动者在用工单位的组织管理下从事劳动。

（3）劳务派遣的本质特征是雇用和使用相分离。

### 二　劳务派遣的特点

劳务派遣主要有三个特点。

#### 1．形式劳动关系的运行

劳务派遣机构是形式劳动关系的主体之一，是以劳务派遣形式用工的用人单位，其职责如下：

（1）被派遣劳动者的招聘、甄选、考核、录用，将被派遣劳动者派遣到用工单位，支付工资、提供福利待遇、为被派遣劳动者缴纳社会保险、督促被派遣劳动者的用工单位执行国家劳动标准和劳动条件。

（2）收取被派遣劳动者的用工单位支付的派遣服务费。

（3）行使和履行与劳动者订立的以劳务派遣形式用工的劳动合同，以及与用工单位订立的劳务派遣协议约定的应由本方享有和承担的其他权利义务。

### 2. 实际劳动关系的运行

被派遣劳动者的用工单位是实际劳动关系的主体之一，是获得被派遣劳动者实际劳动给付的用工单位。其职责如下：

（1）为被派遣劳动者提供工作岗位和其他劳动安全卫生条件，实施劳动安全卫生管理，制定和实施与被派遣劳动者相关的内部劳动规则，实施其他的劳动管理事务。

（2）向劳务派遣机构支付派遣服务费，行使和履行与劳务派遣机构订立的劳务派遣协议约定的应由本方享有和承担的其他权利义务。

### 3. 劳动争议处理

在形式劳动关系与实际劳动关系的运行中发生的劳动争议，应当依照一般劳动争议的处理原则与程序进行处理；在形式用人主体和实际用人主体合谋共同侵害劳动者的合法权益时，形式用人单位和实际用人单位都应当作为被诉人。在组合劳动关系的任一用人单位单独承担法律责任的争议中，如果争议处理结果与另一用人单位有直接的利害关系，前者作为被诉人，后者作为第三人。

异地劳务派遣中的劳动争议，由于劳务派遣机构和用工单位不在同一地区，就涉及案件的地域管辖问题。处理异地劳动争议可以参照以下原则：被派遣劳动者与劳务派遣机构的劳动争议由劳务派遣机构所在地管辖；被派遣劳动者与用工单位的劳动争议由用工单位所在地管辖；被派遣劳动者与劳务派遣机构和用工单位的劳动争议，可由劳动合同或劳务派遣协议约定，由当事人选择劳务派遣机构所在地或用工单位所在地管辖。

## 三　劳务派遣机构的管理

2008年实施的《劳动合同法》对劳务派遣作了全面的规范。针对劳务派遣最近几年发展中存在的问题，2012年12月28日全国人大常委会通过了对《劳动合同法》的相关内容的修订，并从2013年7月1日起生效。其内容主要有如下几点。

### 1. 资格条件

经营劳务派遣业务的劳务派遣单位应当依照《公司法》的有关规定设立，并应当具备下列条件：

（1）注册资本不得少于人民币两百万元。

（2）有与开展业务相适应的固定的经营场所和设施。

（3）有符合法律、行政法规规定的劳务派遣管理制度。

（4）法律、行政法规规定的其他条件。

### 2. 设立程序

（1）经营劳务派遣业务，应当向劳动行政部门依法申请行政许可。经许可的，依法办理相应的公司登记；未经许可，任何单位和个人不得经营劳务派遣业务。

（2）《劳动合同法》修改决定施行前经营劳务派遣业务的单位，应当在该决定施行之日起（即2013年7月1日起）一年内依法取得行政许可并办理公司变更登记，方可经营新的劳务派遣业务。

### 3. 合同体系

在组合劳动关系的运行中，存在两种合同，其一为形式用人主体与被派遣劳动者的劳动合同，其二为劳务派遣机构与用工单位的劳务派遣协议。劳动合同的内容不仅应当具备《劳动合同法》规定劳动合同的一般法定条款，为适应劳务派遣的特殊需要，还应当载明被派遣劳动者的用工单位以及派遣期限、工作岗位等情况。

劳务派遣单位应当与被派遣劳动者订立两年以上的固定期限劳动合同，按月支付劳动报酬；被派遣劳动者在无工作期间，劳务派遣单位应当按照所在地人民政府规定的最低工资标准，向其按月支付报酬。

劳务派遣单位派遣劳动者应当与接受以劳务派遣形式用工的单位（以下简称用工单位）订立劳务派遣协议。劳务派遣协议应当约定派遣岗位和人员数量、派遣期限、劳动报酬和社会保险费的数额与支付方式以及违反协议的责任。

用工单位应当根据工作岗位的实际需要与劳务派遣单位确定派遣期限，不得将连续用工期限分割订立数个短期劳务派遣协议。劳务派遣单位应当将劳务派遣协议的内容告知被派遣劳动者。

劳务派遣单位不得克扣用工单位按照劳务派遣协议支付给被派遣劳动者的劳动报酬。

劳务派遣单位和用工单位不得向被派遣劳动者收取费用。

劳务派遣单位跨地区派遣劳动者的，被派遣劳动者享有的劳动报酬和劳动条件，按照用工单位所在地的标准执行。

政府劳动行政管理部门制定并应推荐使用以派遣形式用工的劳动合同和劳务派遣协议的格式文本。

被派遣劳动者的接受单位（即用工单位）从自身利益出发，应和符合上述条件的劳务派遣机构建立用人方面的分工协作关系。

【实例7-7】

赵胜是一家劳务派遣公司的保洁工，在公司工作多年，一直任劳任怨，工作得到雇主的认可。2013年4月合同期满，劳务派遣公司准备和赵胜续签劳动合同。赵胜为保护自己的合法权益，学习了《劳动合同法》。他认为，自己在劳务派遣公司工作了10年，已经签了两次合同，他希望和派遣公司签订无固定期限合同，可是公司称《劳动合同法》有特殊规定，派遣工不能签订无固定期限的劳动合同。请问，派遣工是否有权签订无固定期限劳动合同？

**分析**

我们先来了解一下什么是无固定期限劳动合同。无固定期限劳动合同是指用人单位与劳动者约定无确定终止时间的劳动合同。这里所说的无确定终止时间，是指劳动合同没有一个确切的终止时间，劳动合同的期限长短不能确定，但是并不是没有终止时间。只要没有出现法律规定的条件或者双方约定的条件，双方当事人就要继续履行劳动合同规定的义务。一旦出现了法律规定的情形，无固定期限劳动合同也同样能够解除。

派遣工有权签订无固定期劳动合同。虽然《劳动合同法》规定"劳务派遣单位应当与被派遣劳动者订立二年以上的固定期限劳动合同"，但是该法并没有对派遣工与派遣单位签订无固定期限劳动合同作出限制。根据《劳动合同法》"连续订立二次固定期限劳动合同，且劳动者没有依据本法第三十九条和第四十条第一项、第二项规定情形续订劳动合同的"的规定，派遣工可以与派遣单位签订无固定期限的劳动合同。

## 四 被派遣劳动者的管理

被派遣劳动者的接受单位是实际用人主体，作为组合劳动关系的有机组成部分，享有获得劳动给付的权利，对被派遣劳动者行使生产性劳动组织、指挥、管理等权利，严格履行劳务派遣协议规定的义务。其管理的特殊性主要在于避免可能出现的劳动歧视问题，即单位的正式雇员与被派遣劳动者在地位、待遇等方面的差别对待。

### 1. 被派遣劳动者享有相应的合法权利

（1）被派遣劳动者与正式雇员享有平等的法定劳动权利，如参加工会的权利、民主参与的权利、提请劳动争议处理的权利等。实际用人单位的集体合同规定的工作时间、休息休假、劳动安全卫生等劳动条件标准同样适用于被派遣劳动者。

（2）被派遣劳动者享有与用工单位的劳动者同工同酬的权利。用工单位应当按照同工同酬原则，对被派遣劳动者与本单位同类岗位的劳动者实行相同的劳动报酬分配办法。用工单位若无同类岗位劳动者，可参照用工单位所在地相同或者相近岗位劳动者的劳动报酬确定。

（3）劳务派遣单位与被派遣劳动者订立的劳动合同和与用工单位订立的劳务派遣协议，载明或者约定的向被派遣劳动者支付的劳动报酬应当符合前述规定。

### 2. 劳务派遣用工是企业用工的补充形式

劳动合同用工是我国的企业基本用工形式，劳务派遣用工是补充形式，只能在临时性、辅助性或者替代性的工作岗位上实施。具体来说包括以下几点内容。

（1）临时性工作岗位是指存续时间不超过六个月的岗位。

（2）辅助性工作岗位是指为主营业务岗位提供服务的非主营业务岗位。

（3）替代性工作岗位是指用工单位的劳动者因脱产学习、休假等原因无法工作的一定期间内，可以由其他劳动者替代工作的岗位。

### 3. 用工单位应当履行的义务

（1）执行国家劳动标准，提供相应的劳动条件和劳动保护。

（2）告知被派遣劳动者其工作要求和劳动报酬。

（3）支付加班费、绩效奖金，提供与工作岗位相关的福利待遇。

（4）对在岗被派遣劳动者进行工作岗位所必需的培训。

（5）连续用工的，实行正常的工资调整机制。

用工单位不得将被派遣劳动者再派遣到其他用人单位。

### 4. 被派遣劳动者的管理

被派遣劳动者的派遣期限到期时，应提前告知，并应协同劳务派遣单位办理劳动合同的终止手续和工作交接。被派遣劳动者劳动合同的解除、终止的法定条件按照《劳动合同法》的相关规定执行。

【实例7-8】

某软件开发公司因业务发展需要，需要招聘10名软件工程师。因项目时间紧，公司决定和外包公司合作。外包公司对其保证，10名软件工程师会在2周内到位。10名工程师在本项目中承担了不同的工作任务，其中包括架构师2人、Java工程师3人、项目经理2人和安卓工程师3人。在近1年的工作中，1名架构师和1名项目经理表现极其优秀，用人部门经与2人沟通协商达成一致，建议转为正式员工。人力资源部应该怎么做？

### 分析

本案例关键是要厘清三方之间的关系。首先，派遣人员的劳资关系是与派遣公司签订的，因此首先派遣人员需要与派遣公司解除劳动合同。在此前提上，人力资源部要按照公司人员录职管理的要求，要求劳务派遣人员提供学历证明、离职证明、体检证、社保卡、公积金卡等，经检查合格后办理入职手续，签订公司与员工的劳动合同。另外，从系统性的角度考虑，建议公司制定相应的考核标准，这样可以保证派遣人员转为正式人员的规范性。

## 五 劳务派遣的法律责任

劳务派遣单位违反前述规定，未经许可擅自经营劳务派遣业务的，由劳动行政部门责令停止违法行为，没收违法所得，并处违法所得1倍以上5倍以下的罚款；没有违法所得的，可以处5万元以下的罚款。

劳务派遣单位、用工单位违反有关劳务派遣规定的，由劳动行政部门责令限期改正：逾期不改正的，以每人5000元以上1万元以下的标准处以罚款，对劳务派遣单位，吊销其劳务派遣业务经营许可证。用工单位给被派遣劳动者造成损害的，劳务派遣单位与用工单位承担连带赔偿责任。

## 六 外国企业常驻代表机构聘用中国雇员的管理

### 1. 外国企业常驻代表机构

外国企业是指依照外国法律在中国境外设立的营利性组织，而外国企业常驻代表机构是指外国企业依照我国法律法规的规定，在中国境内设立的从事与该外国企业业务有关的非营利性活动的办事机构。代表机构应当遵守中国法律，不得损害中国国家安全和社会公共利益。

代表机构可以从事与外国企业业务有关的下列活动：

（1）与外国企业产品或者服务有关的市场调查、展示、宣传活动；

（2）与外国企业产品销售、服务提供、境内采购、境内投资有关的联络活动。

### 2. 外国企业常驻代表机构聘用中国雇员管理规定的适用范围

外国企业常驻代表机构聘用中国雇员，是指外国企业常驻代表机构通过政府批准设立的为外国企业提供就业服务的单位（简称涉外就业服务单位）雇用中华人民共和国公民并直接或间接支付劳动报酬的行为。外国企业常驻代表机构就业服务，是指涉外就业服务单位经批准依照有关规定向外国企业常驻代表机构提供中国雇员的服务活动。规定适用于省一级行政区域内的下列单位和个人：

（1）外国企业常驻代表机构；

（2）涉外就业服务单位；

（3）外国企业常驻代表机构聘用的中国雇员。

### 3. 外国企业常驻代表机构聘用中国雇员的程序

（1）外国企业常驻代表机构聘用中国雇员，应委托经政府批准的有资质的外企服务单位办理。

（2）涉外就业服务单位必须遵守国家的劳动法律、法规和有关的政策，接受劳动行政部门的监督检查，保护中国雇员的合法权益。

（3）中国雇员必须通过涉外就业服务单位向外国企业常驻代表机构求职应聘。中国雇员可自主选择涉外就业服务单位，无正当理由涉外就业服务单位不得扣押人事档案或以其他方法阻止中国雇员的合理流动。

（4）涉外就业服务单位派中国雇员到外国企业常驻代表机构工作，应按规定办理有关审查手续。不符合规定的中国雇员，涉外就业服务单位不得派往外国企业常驻代表机构工作。

（5）涉外就业服务单位与中国雇员建立关系应当依照国家的有关法律法规的规定签订劳动合同，并依法为中国雇员缴纳社会保险费用。

（6）涉外就业服务单位向外国企业常驻代表机构提供中国雇员服务应依法与其签订劳务派遣协议，明确双方的权利义务。

（7）中国雇员与外国企业常驻代表机构或涉外就业服务单位发生劳动争议，按照国家的劳动法律法规的规定处理。

（8）外国企业常驻代表机构违反国家的有关规定直接聘用中国雇员的，不具有资质的中介组织擅自向外国企业常驻代表机构提供中国雇员的，中国雇员无《雇员就业证》到外国企业常驻代表机构工作的，涉外就业服务单位不同中国雇员签订劳动合同或非法向外国企业常驻代表机构派遣中国雇员的，依照有关法律、法规、规章的规定承担法律责任。

（9）香港、澳门、台湾地区的企业和其他经济组织虽非外国企业，但是在我国大陆设立的常驻代表机构聘用内地雇员，应参照上述规定执行。

 **疑难解答**

1. 派遣员工工资如何发放？

根据《劳务派遣合同》约定，企业按月管理和考核派遣员工情况，确定派遣员工应发工资总额、社保经费、加班费、个人所得税、住房公积金等，每月底划拨到派遣机构财务账上，派遣机构代发全部派遣员工的工资，代扣个人所得税，代扣社会保险金。

2. 用人单位需要承担哪些费用？

用人单位的开支项目有派遣员工工资、各项社会保险费、员工加班费、员工福利费、工会会费、劳务派遣业务服务费和相关税金。

3. 派遣员工是否可以随意辞退？

采取劳务派遣用工方式，对发生的劳资纠纷，可以采取一些合理合法的手段以减少用工单位的经济损失，减轻用工单位承担的责任和风险，但不等于用工单位因此可以随意、无故辞退所用的派遣员工。

## 第五节　劳动安全卫生与工伤管理

### 一　劳动安全卫生管理

#### 1. 劳动安全卫生标准的内容和分类

劳动安全卫生标准是劳动标准的重要组成部分，是为消除、限制或预防生产劳动过程中的危险和有害因素，保护劳动者在劳动过程中的安全与健康，避免事故、伤亡和设备财产损坏，防止作业场所的职业危害，保证经济社会发展而制定的技术标准。

我国劳动安全卫生标准分为国家标准、行业标准、地方标准和企业标准四级。

根据法律规定，国家标准、行业标准分为强制性标准和推荐性标准。保障人体健康，保障人身、财产安全的标准为强制性标准，其他标准是推荐性标准。劳动安全卫生标准具有下列特点。

（1）劳动安全卫生标准具有刚性的法律强制性。《劳动法》明确规定：用人单位必须建立健全劳动安全卫生制度，严格执行国家劳动安全卫生规程和标准，对劳动者进行劳动安全卫生教育，防止劳动过程中的事故，减少职业危害；劳动安全卫生设施必须符合国家规定的标准。新建、改建、扩建工程的劳动安全卫生设施必须与主体工程同时设计、同时施工、同时投入生产和使用。用人单位必须为劳动者提供符合国家规定的劳动安全卫生条件和必要的劳动防护用品，对从事有职业危害作业的劳动者应当定期进行健康检查。从事特种作业的劳动者必须经过专门培训并取得特种作业资格。

劳动者在劳动过程中必须严格遵守安全操作规程。劳动者对用人单位管理人员违章指挥、强令冒险作业的行为，有权拒绝执行；对危害生命安全和身体健康的行为，有权提出批评、检举和控告。

国家建立伤亡事故和职业病统计报告和处理制度。县级以上各级人民政府劳动行政部门、有关部门和用人单位应当依法对劳动者在劳动过程中发生的伤亡事故和劳动者的职业病状况进行统计、报告和处理。

（2）劳动安全卫生标准具有较强的综合性。劳动安全卫生标准是在技术、科学、经济和管理等实践活动的基础上，按照严格的程序制订、发布的。标准的内容涉及多种学科和专业领域，与所有生产过程有密切的内在联系，涉及劳动过程中的生产工艺、生产工具、生产设备，专用装置、用具，工作场所环境条件，劳动防护用品等的安全卫生要求，具有较强的综合性。

按照具体功能划分，劳动安全卫生标准可分为以下类别。

（1）劳动安全卫生基础标准。包括劳动安全卫生标准术语、符号、代码、图形、标志等。

（2）劳动安全卫生管理标准。包括劳动安全卫生管理制度、危险和有毒有害因素分类标准、事故统计分析标准、职业病统计分析标准、检测检验技术导则、安全系统工程标准等。

（3）劳动安全工程标准。包括安全装置与防护用具标准、机械安全标准、电器安全标准、防爆安全标准、储运安全标准、爆破安全标准、燃气安全标准、建筑安全标准、焊接与切割安全标准、涂装作业安全标准等。

（4）职业卫生标准。包括防尘标准、防毒标准、噪声与振动控制标准、作业场所气温异常防护标准、作业场所气压异常防护标准、电磁辐射防护标准等。

（5）劳动防护用品标准。包括劳动防护用品种类、检验、安全认证制度等。

### 2. 编制劳动安全卫生预算

企业执行各项劳动安全卫生制度，要以一定的组织措施和技术措施的保证为基础。劳动安全卫生技术措施计划必须与企业的生产计划、技术计划、人力资源计划和财务计划同时编制，劳动安全卫生保护预算涉及生产系统控制、技术创新、财务预算各项工作。这里仅从财务管理的角度进行讨论。

（1）劳动安全卫生保护费用分类

进行劳动安全卫生保护费用管理，首先要对劳动安全卫生保护费用进行分类。劳动保护费用根据企业会计规则的规定，部分属于制造费用范畴，部分属于管理费用范畴等。劳动保护费用分为以下几类：①劳动安全卫生保护设施建设费用；②劳动安全卫生保护设施更新改造费用；③个人劳动安全卫生防护用品费用；④劳动安全卫生教育培训经费；⑤健康检查和职业病防治费用；⑥有毒有害作业场所定期检测费用；⑦工伤保险费；⑧工伤认定、评残费用等。

（2）劳动安全卫生预算编制程序

①企业最高决策部门决定企业劳动安全卫生管理的总体目标和任务，并应提前下达到中层和基层单位。②劳动安全卫生管理职能部门根据企业总体目标的要求制定具体目标，提出本单位的自编预算。③自编预算在部门内部协调平衡，上报企业预算委员会。④企业预算委员会经过审核、协调平衡，汇总成为企业全面预算，并应在预算期前下达相关部门执行。⑤编制费用预算。⑥编制直接人工预算。⑦根据企业管理费用预算表、制造费用预算表及产品制造成本预算表的相关预算项目要求和分类，编制劳动保护预算、劳动安全卫生教育预算、个人防护用品预算等。⑧编制费用预算按照企业选择确定的财务预算方法进行，即可以选用固定预算法、滚动预算法或弹性预算法进行编制。

### 3. 建立劳动安全卫生防护用品管理台账

（1）一般防护用品发放台账。工作服、工作帽、工作鞋、防暑降温用品等的发放记录。

（2）特殊防护用品发放台账。防尘、防毒、耐酸碱、耐油、绝缘、防水、防高温、防噪声、防冲击、真空作业用品等的发放记录。

（3）防护用品购置台账。

（4）防护用品修理、检验、检测台账。

### 4. 组织岗位安全教育

（1）新员工实行三级安全卫生教育

组织入厂教育、组织车间教育和组织班组教育。

（2）特种作业人员和其他人员培训

特种作业的范围有十类：①电工作业；②锅炉司炉；③压力容器操作；④起重机械作业；⑤爆破作业；⑥金属焊接（气割）作业；⑦煤矿井下瓦斯检验；⑧机动车辆驾驶；⑨机动船舶驾驶、轮机操作；⑩建筑登高架设作业。

对特种作业人员进行生产技术和特定的安全卫生技术理论教育和操作培训，经考核合格并获得《特种作业人员操作证》方准上岗。实际工作中，还应定期组织生产管理人员，特种设备、设施检测、检验人员，救护人员的专门培训。

（3）生产技术条件发生变化，员工调整工作岗位的重新培训

凡采用新技术、新工艺、新材料、新设备，员工调整工作岗位都必须结合新情况进行相关教育和培训。

## 二　工伤管理

### 1. 工伤的概念

工伤又称职业伤害、工作伤害，是指劳动者在从事职业活动或者与职业责任有关的活动时所遭受的事故伤害和职业病伤害。

职业病是指企业、事业单位和个体经济组织的劳动者在职业活动中，因接触粉尘、放射性物质和其他有毒有害物质等因素而引起的被列入《职业病分类和目录》中的疾病。

### 2. 工伤事故分类

根据不同的事故性质和划分标准，分为如图7-4所示的几类：

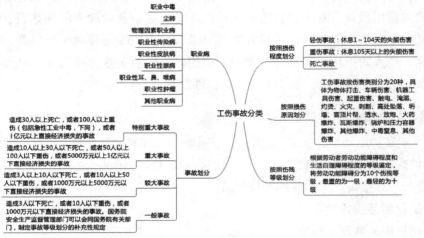

图7-4　工伤事故分类

### 3. 工伤认定

关于工伤认定，有如图7-5所示的几种形式：

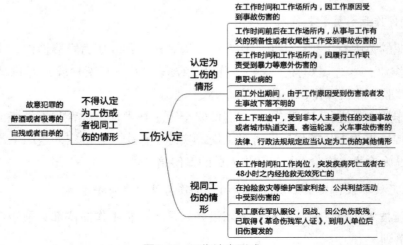

图7-5　工伤认定形式

#### 4．工伤认定申请

（1）工伤认定申请主体与申请时限

①职工发生事故伤害或者按照《中华人民共和国职业病防治法》（以下简称《职业病防治法》）规定被诊断、鉴定为职业病，所在单位应当自事故伤害发生之日或者被诊断、鉴定为职业病之日起三十日内，向统筹地区社会保险行政部门提出工伤认定申请。

②遇有特殊情况，经报社会保险行政部门同意，申请时限可以适当延长。应当由省级社会保险行政部门进行工伤认定的事项，根据属地原则由用人单位所在地的设区的市级社会保险行政部门办理。

③用人单位未按前述规定提出工伤认定申请的，工伤职工或者其近亲属、工会组织在事故伤害发生之日或者被诊断、鉴定为职业病之日起1年内，可以直接向用人单位所在地统筹地区社会保险行政部门提出工伤认定申请。

④用人单位未在规定的时限内提交工伤认定申请，在此期间发生符合《工伤保险条例》规定的工伤待遇等有关费用由该用人单位负担。

（2）工伤认定材料

①工伤认定申请表。

②与用人单位存在劳动关系（包括事实劳动关系）的证明材料。

③医疗诊断证明或者职业病诊断证明书（或者职业病诊断鉴定书）。

（3）工伤认定的决定

①社会保险行政部门受理工伤认定申请后，根据审核需要可以对事故伤害进行调查核实，用人单位、职工、工会组织、医疗机构以及有关部门应当予以协助。职业病诊断和诊断争议的鉴定，依照《职业病防治法》的有关规定执行。对依法取得职业病诊断证明书或者职业病诊断鉴定书的，社会保险行政部门不再进行调查核实。

②职工或者其近亲属认为是工伤，用人单位不认为是工伤的，由用人单位承担举证责任。

③社会保险行政部门应当自受理工伤认定申请之日起60日内作出工伤认定的决定，并书面通知申请工伤认定的职工或者其近亲属和该职工所在单位。

④社会保险行政部门对受理的事实清楚、权利义务明确的工伤认定申请，应当在15日内作出工伤认定的决定。

⑤作出工伤认定决定需要以司法机关或者有关行政主管部门的结论为依据，在司法机关或者有关行政主管部门尚未作出结论期间，作出工伤认定决定的时限中止。

⑥社会保险行政部门工作人员与工伤认定申请人有利害关系的，应当回避。

#### 5．劳动能力鉴定

职工发生工伤，经治疗伤情相对稳定后存在残疾、影响劳动能力的，应当进行劳动能

力鉴定。劳动能力鉴定是指劳动功能障碍程度和生活自理障碍程度的等级鉴定。

劳动功能障碍分为十个伤残等级，最重的为一级，最轻的为十级。生活自理障碍分为三个等级：生活完全不能自理、生活大部分不能自理和生活部分不能自理。劳动能力鉴定标准由国务院社会保险行政部门会同国务院卫生行政等部门制定。

劳动能力鉴定由用人单位、工伤职工或者其近亲属向设区的市级劳动能力鉴定委员会提出申请，并提供工伤认定决定和职工工伤医疗的有关资料。劳动能力鉴定委员会由社会保险行政部门、卫生行政部门、工会组织、经办机构代表以及用人单位代表组成。劳动能力鉴定委员会建立医疗卫生专家库。

设区的市级劳动能力鉴定委员会收到劳动能力鉴定申请后，应当从其建立的医疗卫生专家库中随机抽取3名或5名相关专家组成专家组，由专家组提出鉴定意见。设区的市级劳动能力鉴定委员会根据专家组的鉴定意见作出工伤职工劳动能力鉴定结论；必要时，可以委托具备资格的医疗机构协助进行有关诊断。

设区的市级劳动能力鉴定委员会应当自收到劳动能力鉴定申请之日起60日内作出劳动能力鉴定结论，必要时，作出劳动能力鉴定结论的期限可以延长30日。劳动能力鉴定结论应当及时送达申请鉴定的单位和个人。

申请鉴定的单位或者个人对设区的市级劳动能力鉴定委员会作出的鉴定结论不服的，可以在收到该鉴定结论之日起15日内向省、自治区、直辖市劳动能力鉴定委员会提出再次鉴定申请。省、自治区、直辖市劳动能力鉴定委员会作出的劳动能力鉴定结论为最终结论。劳动能力鉴定工作应当客观、公正。劳动能力鉴定委员会组成人员或者参加鉴定的专家与当事人有利害关系的，应当回避。

自劳动能力鉴定结论作出之日起1年后，工伤职工或者其近亲属、所在单位或者经办机构认为伤残情况发生变化的，可以申请劳动能力复查鉴定。

### 6. 工伤保险待遇

根据工伤保险制度的规定，我国工伤保险待遇分为工伤医疗期待遇和工伤致残待遇。

（1）工伤医疗期待遇

职工因工作遭受事故伤害或者患职业病需要暂停工作接受工伤医疗的期间为停工留薪期，停工留薪期一般不超过12个月。伤情严重或者情况特殊，经设区的市级劳动能力鉴定委员会确认，可以适当延长，但延长不得超过12个月。

工伤职工评定伤残等级后，停发原待遇，按照有关规定享受伤残待遇。工伤职工在停工留薪期满后仍需治疗的，继续享受工伤医疗期待遇。

生活不能自理的工伤职工在停工留薪期需要护理的，由所在单位负责。其具体内容如表7-4所示。

表7-4 工伤医疗期待遇

| 分类 | 内容 |
|---|---|
| 医疗待遇 | 1．治疗工伤所需费用符合工伤保险诊疗项目目录、工伤保险药品目录、工伤保险住院服务标准的，从工伤保险基金支付<br>2．工伤职工治疗非工伤引发的疾病，不享受工伤医疗待遇，按照基本医疗保险办法处理<br>3．工伤职工到签订服务协议的医疗机构进行康复性治疗的费用，从工伤保险基金支付<br>4．工伤职工因日常生活或者就业需要，经劳动能力鉴定委员会确认，可以安装假肢、矫形器、假眼、假牙和配置轮椅等辅助器具，所需费用按照国家规定的标准从工伤保险基金支付 |
| 工伤津贴 | 1．在停工留薪期内，原工资福利待遇不变，由所在单位按月支付。职工住院治疗工伤的，由所在单位按照本单位因公出差伙食补助标准的70%发给住院伙食补助费<br>2．经医疗机构出具证明，报经办机构同意，工伤职工到统筹地区以外就医的，所需交通、食宿费用由所在单位按照本单位职工因公出差标准报销。生活不能自理的工伤职工在停工留薪期需要护理的，由所在单位负责<br>3．工伤职工已经评定伤残等级并经劳动能力鉴定委员会确认需要生活护理的，从工伤保险基金按月支付生活护理费。生活护理费按照生活完全不能自理、生活大部分不能自理或者生活部分不能自理三个不同等级支付，其标准分别为统筹地区上年度职工月平均工资的50%、40%或者30% |

（2）工伤致残待遇（表7-5）

表7-5 工伤致残待遇的具体内容

| 分类 | 内容 |
|---|---|
| 鉴定为一级至四级伤残 | 职工因工致残被鉴定为一级至四级伤残的，保留劳动关系，退出工作岗位，享受以下待遇：<br>1．从工伤保险基金按伤残等级支付一次性伤残补助金<br>2．从工伤保险基金按月支付伤残津贴<br>3．工伤职工达到退休年龄并办理退休手续后，停发伤残津贴，按照国家有关规定享受基本养老保险待遇。职工因工致残被鉴定为一级至四级伤残的，由用人单位和职工个人以伤残津贴为基数，缴纳基本医疗保险费 |
| 鉴定为五级、六级伤残 | 1．从工伤保险基金按伤残等级支付一次性伤残补助金<br>2．保留与用人单位的劳动关系，由用人单位安排适当工作。难以安排工作的，由用人单位按月发给伤残津贴<br>经工伤职工本人提出，该职工可以与用人单位解除或者终止劳动关系，由用人单位支付一次性工伤医疗补助金和伤残就业补助金 |
| 鉴定为七级至十级伤残 | 1．从工伤保险基金按伤残等级支付一次性伤残补助金<br>2．劳动、聘用合同期满终止，或者职工本人提出解除劳动、聘用合同的，由工伤保险基金支付一次性工伤医疗补助金，由用人单位支付一次性伤残就业补助金 |
| 因工死亡 | 职工因工死亡，其近亲属按照下列规定从工伤保险基金领取丧葬补助金、供养亲属抚恤金和一次性工亡补助金：<br>1．丧葬补助金为6个月的统筹地区上年度职工月平均工资<br>2．供养亲属抚恤金按照职工本人工资的一定比例发给由因工死亡职工生前提供主要生活来源、无劳动能力的亲属<br>3．一次性工亡补助金标准为上一年度全国城镇居民人均可支配收入的20倍。伤残职工在停工留薪期内因工伤导致死亡的，其近亲属享受上述待遇。一级至四级伤残职工在停工留薪期满后死亡的，其近亲属可以享受上述1、2项规定的待遇。伤残津贴、供养亲属抚恤金、生活护理费由统筹地区社会保险行政部门根据职工平均工资和生活费用变化等情况适时调整 |

（续上表）

| 分类 | 内容 |
|---|---|
| 发生事故或抢险救灾下落不明 | 职工因工外出期间发生事故或者在抢险救灾中下落不明的，从事故发生当月起3个月内照发工资，从第4个月起停发工资，由工伤保险基金向其供养亲属按月支付供养亲属抚恤金。生活有困难的，可以预支一次性工亡补助金的50%。职工被人民法院宣告死亡的，按照职工因工死亡的规定处理 |
| 停止享受的情形 | 丧失享受待遇条件的；拒不接受劳动能力鉴定的；拒绝治疗的 |

### 7. 工伤保险责任

（1）用人单位分立、合并、转让的，承继单位应当承担原用人单位的工伤保险责任；原用人单位已经参加工伤保险的，承继单位应当到当地经办机构办理工伤保险变更登记。用人单位实行承包经营的，工伤保险责任由职工劳动关系所在单位承担。

职工被借调期间受到工伤事故伤害的，由原用人单位承担工伤保险责任，但原用人单位与借调单位可以约定补偿办法。

企业破产的，在破产清算时依法拨付应当由单位支付的工伤保险待遇费用。

（2）职工被派遣出境工作，依据前往国家或者地区的法律应当参加当地工伤保险的，参加当地工伤保险，其国内工伤保险关系中止；不能参加当地工伤保险的，其国内工伤保险关系不中止。

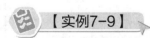【实例7-9】

钟楚义已经失业一段时间，不久前去报社应聘，与报社达成口头协议，担任投递员，负责报纸的征订、投递工作。报社提出不签订书面劳动合同，钟楚义了解到不少员工也是这种情况，担心自己如果提出签订书面劳动合同会失去工作，便同意了。钟楚义在一次投递过程中发生了交通事故，遂要求报社承担工伤保险责任，报社以双方没有订立书面劳动合同为由，拒绝承认与钟楚义形成的劳动关系，不承担工伤保险责任。

那么，在这种情况下，报社应当承担员工的工伤保险吗？

### 分析

本案的焦点问题是：事实劳动关系是否应该享受工伤保险待遇的问题。

根据我国《劳动合同法》第七条的规定："用人单位自用工之日起即与劳动者建立劳动关系。"《劳动合同法》第十条规定："建立劳动关系，应当订立书面劳动合同。"在本案中，报社虽未与钟楚义签订书面劳动合同，但是双方属于事实劳动关系。事实劳动关系中的劳动者同样享受劳动法律法规规定的各项法定权利。

《工伤保险条例》第二条规定，中华人民共和国境内的各类企业应当按照本条例规定参加工伤保险，为本单位的全部职工缴纳工伤保险费。

《工伤保险条例》第六十二条规定，应当参加工伤保险而未参加工伤保险的用人单位职工发生工伤的，由该用人单位按照本条例规定的工伤保险待遇项目和标准支付费用。本案中，报社并未为钟楚义参加工伤保险，因此钟楚义因受伤后的所有工伤待遇，均要由报社给付。

用人单位的员工如果出现本案例类似的问题，可以采取以下措施来维护自己的合法权益：

《工伤保险条例》第十七条规定，职工发生事故伤害，所在单位应当自事故伤害发生之日起30日内，向统筹地区的劳动保障行政部门提出工伤认定申请。用人单位未按规定提出工伤认定申请的，工伤职工或直系亲属、工会组织在事故伤害发生之日起1年内，可以直接向用人单位所在地统筹地区的劳动保障行政部门提出工伤认定申请。因此，钟楚义可以要求报社自交通事故发生之日起30日内为其申请工伤认定。如果报社未为其申请工伤认定，钟楚义可以在交通事故发生之日起1年内，直接向用人单位所在地区的劳动保障行政部门提出工伤认定申请。

《工伤保险条例》第二十一条规定，职工发生工伤，经治疗伤情相对稳定后存在残疾、影响劳动能力的，应当进行劳动能力鉴定。劳动能力鉴定是指劳动功能障碍程度和生活自理障碍程度的等级鉴定。劳动功能障碍分为十个伤残等级，最重的为一级，最轻的为十级。根据不同的等级，可以享受相应的法定的工伤保险待遇，包括但不限于：医疗费、住院伙食补助、停工医疗期的工资待遇、生活护理费、一次性伤残补助金、劳动合同解除时用人单位支付的一次性工伤医疗补助金和一次性伤残就业补助金等等。

根据《劳动争议调解仲裁法》规定，对单位承担相应的工伤保险待遇发生争议的，钟楚义可以向用工所在地或用人单位所在地的劳动争议仲裁委员会申请仲裁，如对仲裁裁决不服的，可以自收到仲裁裁决书之日起15日内向人民法院提起诉讼以维护自己的合法权益。

这里，提醒企业的HR注意：事实劳动关系中的劳动者同样享受劳动法律法规规定的各项法定权利。

 疑难解答

1. 员工在工伤医疗期内劳动合同到期怎么办？

根据《劳动部关于逾期终止劳动合同等问题的复函》规定，劳动合同制因工负伤，劳动合同期限届满，而医疗尚未终结的，劳动合同期限应予以延长，直至医疗终结。企业在评残的基础上依据有关规定妥善处理。

2. 职工终止、解除劳动关系或退休后患职业病的，其工伤待遇如何支付？

根据有关规定，用人单位对接触粉尘、放射性和有毒有害物质的职工，在终止、解除劳动关系或者办理退休手续前，应进行职业健康检查，并将检查结果告知职工。被确诊有职业病的应办理工伤认定、劳动能力鉴定、工伤保险待遇核定手续，按照《工伤保险条例》有关规定享受工伤保险待遇；被诊断为疑似职业病的职工，在医学观察期间不得终

止、解除劳动关系，其退休后确诊为职业病的，可以办理工伤认定，享受除一次性外的其他工伤保险待遇。用人单位在与职工终止、解除劳动关系或办理退休手续前未进行职业健康检查的，职工终止、解除劳动关系或者退休后被确诊患有职业病的，由原用人单位按照《职业病防治法》的有关规定承担工伤保险责任。

3. 职工上下班途中发生交通事故如何处理？

根据《劳动部办公厅对<关于职工在上下班途中发生非本人主要责任交通事故后待遇享受问题的请示>的复函》规定，凡是职工在上下班必经路线途中遭受非本人主要责任的交通事故后负伤、致残或者死亡的，无论该职工及其用人单位是否参加工伤保险，该职工都应认定为工伤，并享受有关的工伤待遇。如该职工及所在用人单位已参加了工伤保险的，有关的工伤待遇按当地规定执行；如该职工及所在用人单位未参加工伤保险的，有关的工伤待遇则由该职工的用人单位支付。

《工伤保险条例》第十四条规定，在上下班途中，受到非本人主要责任的交通事故或者城市轨道交通、客运轮渡、火车事故伤害的，应当认定为工伤。这里"上下班途中"既包括职工正常工作的上下班途中，也包括职工加班的上下班途中。"受到非本人主要责任的交通事故"既可以是职工驾驶或乘坐的机动车发生事故造成的，也可以是职工因其他机动车事故造成的。

# 第八章 社会保险及公积金办理

社会保险是由国家通过立法形式，为依靠劳动收入生活的工作人员及其家庭成员保持基本生活条件、促进社会安定而设立的保险。社会保险是一种特殊的强制性保险，它是在商业性保险的基础上产生的，主要内容包括养老、医疗、工伤、生育等保险。由于社会保险带有部分社会福利性质，所以有的国家称社会保险为社会福利保险。

## 本章思维导图

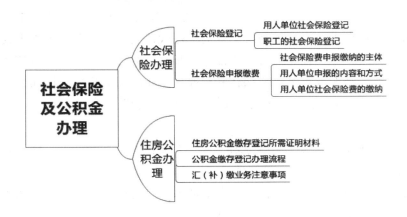

## 第一节 社会保险办理

### 一 社会保险登记

社会保险登记是用人单位履行社会保险义务、缴纳社会保险费的基础，依法办理社会保险登记及其变更和注销手续是所有用人单位的法定义务。

我国境内的国家机关、企业、事业单位，有雇工的个体经济组织以及其他社会组织等用人单位应当依法进行社会保险登记；用人单位的职工或者雇工，由用人单位依法为其办理社会保险登记；无雇工的个体工商户、未在用人单位参加社会保险的非全日制从业人员、其他灵活就业人员和城乡未就业居民，在自愿参加社会保险时也应申请办理社会保险登记。

#### 1. 用人单位社会保险登记

用人单位的社会保险登记包括成立登记、变更登记和注销登记。随着"五证合一、一

照一码"登记制度的全面实施，用人单位社会保险登记的方式也相应发生较大变化。

（1）成立登记

①各类企业的成立登记

《中华人民共和国社会保险法》（以下简称《社会保险法》）规定，用人单位应当自成立之日起三十日内凭营业执照、登记证书或者单位印章，向当地社会保险经办机构申请办理社会保险登记。

为了深化简政放权、放管结合、优化服务改革，《国务院办公厅关于加快推进"五证合一、一照一码"登记制度改革的通知》（国办发[2016]53号）提出，从2016年10月1日起，在全面实施工商营业执照、组织机构代码证、税务登记证"三证合一"登记制度改革的基础上，再整合社会保险登记证和统计登记证，实现"五证合一、一照一码"。

实行"五证合一、一照一码"后，各类企业和农民专业合作社在办理企业注册登记时，工商行政管理部门直接核发加载统一社会信用代码的营业执照，无须再到社会保险经办机构办理社会保险登记，社会保险登记证也无须另行办理。对企业登记信息无法满足社会保险工作需要的，社会保险经办机构在开展业务工作时补充采集。比如，企业银行账号等指标项目，改革后由企业在职工办理社会保险登记时提供。

②机关事业单位成立登记

国家机关、事业单位、人民团体等未纳入"五证合一、一照一码"登记制度管理，仍按《社会保险法》进行社会保险登记管理。

党政机关和人民团体没有营业执照或登记证书，只需持批准成立文件和单位印章办理社会保险登记；事业单位应持批准成立文件和《事业单位法人证书》办理社会保险登记。社会保险经办机构应当自收到用人单位社会保险登记申请之日起十五日内进行审核，符合规定的由社会保险经办机构核发社会保险登记证，并逐步采用统一社会信用代码进行登记证管理。

③有雇工的个体工商户成立登记

有雇工的个体工商户属于用人单位，应当依法办理社会保险登记。

有雇工的个体工商户不实行"五证合一、一照一码"，但由于自2015年10月1日起个体工商户不再核发组织机构代码证，2016年国家工商总局和国家税务总局推行个体工商户营业执照、税务登记证"两证合一"改革，所以有雇工的个体工商户在申请办理社会保险登记时应提供的材料也大幅简化，简化后包括营业执照、业主有效身份证件、银行账户信息等。社会保险经办机构应当自收到申请之日起十五日内进行审核，符合规定的予以登记。

（2）变更登记

实行"五证合一"改革后，企业登记信息需要变更的，申请变更登记或者申请换发营业执照的，应当自变更之日起三十日内到登记机关办理变更登记，由登记机关依法换发加载统一代码的营业执照。企业登记信息变更后，社会保险经办机构依据工商部门的交换数据及时更新企业的社会保险登记信息。

（3）注销登记

企业登记信息注销后，社会保险经办机构依据工商部门的交换数据及时更新企业的社会保险登记信息。需要注意的是，已参加社会保险的企业办理工商注销登记后，仍需到社会保险经办机构办理注销登记。

用人单位在办理注销登记时应提供以下材料：①注销登记表；②工商注销登记证明、人民法院判决书或裁决书等相关法律文书或其他有关注销文件；③由社会保险费征收机构出具的已结清应当缴纳的社会保险费、滞纳金、罚款等证明材料。

### 2. 职工的社会保险登记

职工由用人单位代为办理个人社会保险登记。用人单位应当自用工之日起三十日内为其职工向社会保险经办机构申请办理社会保险登记。用工之日指劳动者实际为用人单位提供劳动之日。已签订劳动合同但未实际用工的，自实际用工之日起建立劳动关系。已实际用工，但未签订劳动合同的，不影响劳动关系的建立。建立劳动关系后，用人单位就有义务为职工办理社会保险登记。用人单位应当在三十日的期限内尽快为职工办理登记。职工个人的社会保险登记不是一次性的，登记事项若发生变化，用人单位应当向社会保险经办机构申请办理变更登记。

用人单位办理职工社会保险登记，应提供以下材料：①社会保险新增人员申报表；②用人单位与职工签订的劳动合同原件（或人事档案、大中专院校毕业生派遣证、就业协议、复员转业军人安置介绍信等有关证明材料）；③当月应发工资的工资表（单位财务部门发放工资的工资表；或单位与职工事先约定工资的工资证明；或上月实际计时计件工资的工资证明），若为复印件需加盖单位公章；④参保人员的身份证复印件；⑤社会保险经办机构规定的其他材料，如电子资料等。

机关事业单位为职工办理社会保险登记时，应提供经机构编制管理机关、财政部门、人力资源社会保障部门及上级主管部门核定的工作人员花名册及基本信息。

用人单位在为职工办理社会保险登记时，应重点了解和掌握职工在本单位工作之前的参保情况。对已参加社会保险的，应要求其先办理社会保险关系转移手续，然后再为其办理社会保险关系接续手续。

## 二 社会保险申报缴费

申报缴费是社会保险业务经办中的重要环节。为规范社会保险费的申报和缴纳管理，国家人力资源社会保障部根据《社会保险法》《社会保险费征缴暂行条例》的规定，对原劳动保障部1999年发布的《社会保险费申报缴纳管理暂行办法》进行了修改，于2013年9月发布《社会保险费申报缴纳管理规定》（人力资源和社会保障部令[2013]20号）。该规定是用人单位和个人申报缴纳社会保险费的重要依据。

### 1. 社会保险费申报缴纳的主体

（1）申报主体

社会保险费申报缴纳的主体是各类用人单位和以个人身份参加社会保险的人员。

各类用人单位的社会保险费申报缴纳，适用于《社会保险费申报缴纳管理规定》；以个人身份参加社会保险的人员，其社会保险费申报和缴纳办法由国家人力资源社会保障部另行规定，规定未出台前按各地现行政策执行。

（2）受理主体

社会保险经办机构负责社会保险缴费申报、核定等工作。

我国的社会保险费征收机构并不统一。省、自治区、直辖市人民政府决定由社会保险经办机构征收社会保险费的，社会保险经办机构应当依法征收社会保险费。社会保险经办机构负责征收的社会保险费，实行统一征收。社会保险费由税务机关征收的，社会保险经办机构应当及时将用人单位和职工应缴社会保险费数额提供给税务机关；税务机关应当及时向社会保险经办机构提供用人单位和职工的缴费情况。

### 2. 用人单位申报的内容和方式

（1）申报的内容

用人单位申报包括单位事项申报和代职工事项申报。

单位事项申报的内容：用人单位名称、营业执照号码、地址及联系方式；用人单位开户银行、户名及账号；用人单位的缴费险种、缴费基数、费率、缴费数额；职工名册及职工缴费情况；社会保险经办机构规定的其他事项。

代职工申报的事项的内容：职工姓名、社会保障号码、用工类型、联系地址、代扣代缴明细等。用人单位代职工申报的缴费明细以及变动情况应当经职工本人签字认可，由用人单位留存备查。

在所有申报事项中，最频繁、最常见的事项是职工的人员增减、缴费工资基数变化和基本信息变更。人员增减主要包括新进人员增加、职工调入调出、解除劳动合同、职工退休或死亡、社会保险关系中断及接续等。

在一个缴费年度内，用人单位初次申报后，其余月份可以只申报规定事项的变动情况；无变动的，可以不申报。

（2）申报方式

用人单位应按月到社会保险经办机构办理社会保险缴费申报。如有困难的，经社会保险经办机构同意可以邮寄申报，邮寄申报以寄出地的邮戳日期为实际申报日期。有条件的地区，用人单位也可以按照社会保险经办机构的规定进行网上申报。

（3）申报受理

社会保险经办机构对用人单位的申报材料应及时受理并进行审核。用人单位申报材料齐全、缴费基数和费率符合规定、填报数量关系一致的，社会保险经办机构核准后出具缴费通知单；用人单位申报材料不符合规定的，退用人单位补正。

用人单位未按照规定申报应缴纳的社会保险费数额的，社会保险经办机构暂按该单位上月缴费数额的110%确定应缴数额；没有上月缴费数额的，社会保险经办机构暂按该单位的经营状况、职工人数、当地上年度职工平均工资等有关情况确定应缴数额。用人单位补办申报手续后，由社会保险经办机构按照规定结算。

用人单位因不可抗力，不能按期办理缴费申报的，可以延期申报；不可抗力情形消除后，应当立即向社会保险经办机构报告。社会保险经办机构应当查明事实，予以核准。

### 3. 用人单位社会保险费的缴纳

（1）缴纳方式

用人单位应当持社会保险经办机构出具的缴费通知单在规定的期限内采取下列方式之一缴纳社会保险费：到其开户银行或者其他金融机构缴纳；与社会保险经办机构约定的其他方式。

用人单位、社会保险经办机构可以与银行或者其他金融机构签订协议，委托银行或者其他金融机构根据社会保险经办机构开出的托收凭证划缴用人单位和为其职工代扣的社会保险费。

对已征收的社会保险费，社会保险经办机构根据用人单位实际缴纳额（包括代扣代缴额）和代扣代缴明细，按照国家有关规定进行记账。

用人单位应当以货币形式按月缴纳社会保险费，不能以物抵费。

（2）代扣代缴

职工应当缴纳的社会保险费由用人单位代扣代缴。用人单位未按时足额代缴的，社会保险经办机构应当责令其限期缴纳，并自欠缴之日起按日加收0.5‰的滞纳金。用人单位不得要求职工承担滞纳金。

（3）社会保险费缴纳情况的告知和公示

用人单位应当按月将缴纳社会保险费的明细情况告知职工本人。

用人单位应当每年向本单位职工代表大会通报或者在本单位住所的显著位置公布本单位全年社会保险费缴纳情况，接受职工监督。

社会保险经办机构应当及时、完整、准确地记录用人单位及其职工的缴费情况，并将缴费情况定期告知用人单位和职工。用人单位和职工有权按照《社会保险个人权益记录管理办法》等规定查询缴费情况。《社会保险个人权益记录管理办法》规定，社会保险经办机构应当向参保人员及其用人单位开放社会保险个人权益记录查询程序，界定可供查询的内容，通过社会保险经办机构网点、自助终端或者电话、网站等方式提供查询服务；社会保险经办机构网点应当设立专门窗口向参保人员及其用人单位提供免费查询服务。

社会保险经办机构应当至少每年一次向社会公布社会保险费征收情况，接受社会监督。

教你人力资源管理
实操从入门到精通

【实例8-1】

　　企业为一名职工代扣代缴社会保险时，是以该名职工的工资额为扣缴基数的，那么企业为该名职工缴纳的那部分社会保险是不是也是以该名职工的工资额为基数？如果是的话，是税前工资还是税后工资？

**分析**

　　个人和企业缴纳的社会保险费都是以税前工资额为基数，企业为员工缴纳的社会保险也是以员工的税前工资额为基数。这两类的缴费比例国家都有一般性的规定，但是部分省市可以适当调整。

【实例8-2】

　　2015年10月20日，已正式辞职的赵芳到郑州一公司办理最后的离职手续，她还有一个多月的工资没发，有1800多元。但她去领工资时，经理却告知赵芳，必须写"本人今后与XX公司无关系，不再有任何追究"之类的书面承诺。原来公司从未给员工缴纳过养老保险、医疗保险等，让她写那个承诺，是担心她辞职后再去找公司补缴这些社会保险。你觉得员工承诺放弃补缴保险是否有效？

**分析**

　　生活中，这种情况并不少见，尤其是许多中小型企业人员流动比较大，企业为节省成本不给员工缴纳社会保险。但需要强调的是，依法缴纳社会保险费关系到个人、单位和社会三方利益，这既是劳动者的权利，也是劳动者的义务，员工承诺放弃保险费的权利没有法律效力。比如上海市有关于这方面的明确规定：应当缴纳社会保险费的，不能调解放弃或者部分放弃社会保险费缴纳请求（申请人撤诉或变更请求除外）；不能调解将应当缴纳的社会保险费支付给劳动者；工资情况明确的，不能调解降低或者提高社会保险费缴费基数。也就是说，员工即使签了"不再追究"的承诺书，也可让原公司补缴社会保险费。

**疑难解答**

　　1. 用人单位应该履行哪些社会保险义务？

　　根据《社会保险法》第四条、第五十七条、第五十八条、第六十条规定，用人单位应该履行的社会保险义务可归纳为四个方面。

　　（1）申请办理社会保险登记的义务。用人单位应当自成立之日起三十日内凭营业执照、登记证书或者单位印章，向当地社会保险经办机构申请办理社会保险登记。用人单位的社会保险登记事项发生变更或者用人单位依法终止的，应当自变更或者终止之日起三十日内，到社会保险经办机构办理变更或者注销社会保险登记。用人单位应当自用工之日起三十日内为其职工向社会保险经办机构申请办理社会保险登记。

（2）申报和缴纳社会保险费的义务。用人单位应当按月在规定期限内到当地社会保险经办机构办理缴费申报；用人单位应当持社会保险经办机构出具的缴费通知单在规定的期限内缴纳社会保险费。用人单位发生职工增减变化、缴费基数变化、社会保险登记信息变化等情形时，应当按照法律、法规和规章规定的时间和手续，自行向社会保险经办机构进行申报；用人单位应当按时足额缴纳社会保险费，无法定事由不得缓缴、减免。

（3）代扣代缴职工社会保险费的义务。职工个人按规定应当缴纳的养老、医疗、失业三项社会保险费，由所在用人单位代扣代缴。用人单位不得以任何理由拒绝履行代扣代缴义务，也不得截留、挪用代扣代缴的职工社会保险费。

（4）向职工告知缴纳社会保险费明细的义务。用人单位应当按月将缴纳社会保险费的明细情况告知职工本人，接受职工的监督。

2. 用人单位享有哪些社会保险权利？

根据《社会保险法》第四条第一款、第七十四条第四款、第八十条第一款、第八十三条第一款和第二款规定，用人单位在办理社会保险登记并依法缴纳社会保险费后，享有以下权利。

（1）有权免费查询、核对其缴费记录。

（2）有权要求社会保险经办机构提供社会保险咨询等相关服务。

（3）用人单位代表可以参加社会保险监督委员会，对社会保险工作提出意见和建议，实施社会监督。

（4）对侵害自身权益和不依法办理社会保险事务的行为，有权依法申请行政复议或者提起行政诉讼。

此外，根据《社会保险法》第八十二条第一款规定，用人单位还有权对违反社会保险法律、法规的行为进行举报、投诉。

3. 用人单位未在规定时限内办理社会保险事项申报，可能会发生什么后果？

用人单位未在规定时限内办理社会保险事项申报，可能导致以下后果。

（1）如果职工减员后未及时申报变更，导致用人单位下月应缴纳社会保险费的数额不准，使用人单位承担不应承担的社会保险费用。

（2）如果新进员工未及时办理申报登记，一旦新进员工发生工伤或者工亡，其工伤（亡）待遇将由用人单位承担。

（3）如果未及时办理职工事项申报，可能损害职工合法的社会保险权益，使用人单位面临劳动仲裁或诉讼的风险。

**疑难解答**

1. 职工在单位工作期间应参保未参保，应该如何办理社保费补缴？

职工在单位工作期间应参保未参保，可以凭劳动保障行政部门出具的劳动关系认定书到社保经办机构申请办理社会保险费补缴。

2. 职工养老保险缴满十五年后还需要继续参保吗？

职工养老保险累计缴费满十五年后，如未达到退休年龄且仍在单位就业的，应继续参保缴费。

3. 外国人从总部外派来我国工作，劳动合同和工资都是在境外签署和发放的。该类人员需要办理参保手续吗？

根据《在中国境内就业的外国人参加社会保险暂行办法》规定："与境外雇主订立雇用合同后，被派遣到在中国境内注册或者登记的分支机构、代表机构工作的外国人，应当依法参加职工基本养老保险，应当依法参加职工基本医疗保险、工伤保险、失业保险和生育保险，由境内工作单位和本人按照规定缴纳社会保险费。"具体参保手续在地税部门办理。

**新公司办理社保需要哪些资料？**

新公司办理社保一般需要以下资料：

1. 企业营业执照原件和副本；

2. 组织机构代码证书原件及复印件；

3. 开户银行证明原件或者印鉴卡；

4. 法人身份证复印件；

5. 经办人身份证原件及复印件；

6. 法人或者经办人非大陆户籍人员，需要提供永久有效证件，和进入境内的有效证件原件及复印件；

7. 《企业参加社会保险登记表》。

## 第二节　住房公积金办理

依据国务院《住房公积金管理条例》第十四条"新设立的单位应当自设立之日起30日内到住房公积金管理中心办理住房公积金缴存登记，并自登记之日起20日内持住房公积金管理中心的审核文件，到受托银行为本单位职工办理住房公积金账户设立手续"的规定，省直、中直新设立单位，应持相关证明材料，按照以下流程，到省直中心办理住房公积金缴存登记。

### 一　住房公积金缴存登记所需证明材料

1. 行政、事业单位、社会团体需提供以下材料原件

（1）机构设立批件（省编委或民政厅）。

（2）事业单位法人证书或社会团体法人登记证书。

（3）基本存款账户开户许可证。

（4）工资手册及当月工资表。

（5）单位法人及授权的公积金经办人身份证。

### 2. 其他性质单位需提供以下材料原件

（1）营业执照副本（三证合一）。

（2）劳动用工备案表及企业缴纳社会保险的回执（人力资源与社会保障厅盖章）。

（3）基本存款账户开户许可证。

（4）工资手册及当月工资表。

（5）单位法人及授权的公积金经办人身份证。

## 二　公积金缴存登记办理流程

1. 持上述材料到省直中心公积金筹集部。

2. 省直中心公积金筹集部负责初审提交资料，指导新单位应填写如下表格一式三份，并加盖单位公章及主管部门章：

（1）《省直住房公积金缴存登记暨单位开户表》；

（2）《省直住房公积金汇缴清册》；

（3）《省直住房公积金汇缴清册汇总表》；

（4）《公积金业务法人授权委托书》（本表一式一份）。

3. 由省直中心筹集部为新单位指定经办银行，新单位持省直中心审核手续，到指定银行公积金专柜，办理单位及缴存人开立账户手续（凭建户档案开立系统账户），经办人注册管理手续，领取业务凭证，经办行专柜人员告知公积金缴款专户信息等。

至此，新单位可以正常办理汇缴、变更、补缴、转移等公积金业务，并按要求为新缴存职工办理公积金联名卡。

## 三　汇（补）缴业务注意事项

按照国务院《住房公积金管理条例》第十九条规定："职工个人缴存的住房公积金，由所在单位每月从其工资中代扣代缴。单位应当于每月发放职工工资之日起5日内将单位缴存的和为职工代缴的住房公积金汇缴到住房公积金专户内，由受托银行计入职工住房公积金账户。"

通常情况下，缴存单位每月办理完汇（补）缴确认手续后（交《汇缴书》、《变更清册》、《补缴明细》等），应不迟于当月25日，将核准的汇（补）缴款项归集成一笔，一次性转入公积金专户。

特别提示：根据核算要求，月末日因汇款问题导致无法入账的，只能作退票处理。

 疑难解答

1. 如何办理职工住房公积金账户转移手续？

（1）职工住房公积金账户的转移手续，由转出单位经办或职工本人办理。转出单位经办或职工本人不能办理，且《住房公积金转移通知书》已填妥并加盖了转出单位公章的，可由接收单位经办办理。

（2）在集中封存户托管的职工，由职工本人或接收单位经办持上述材料到中心经办网点办理，《住房公积金转移通知书》加盖接收单位公章。

职工本人办理的，提供本人身份证原件及复印件；由单位经办人员办理的，提供经办人身份证原件及职工个人身份证复印件一份（需加盖单位公章）。

2. 单位应何时为职工汇缴住房公积金？

根据《住房公积金管理条例》的规定，单位应当于每月发放职工工资之日起5日内将单位缴存的和为职工代缴的住房公积金汇缴到住房公积金专户内。因此，单位应按规定按时足额办理公积金汇缴业务，尽量避免一次性汇缴多个月公积金的情况，以减少网点业务操作错误的概率。汇缴时，单位应选择就近的中心经办网点办理汇缴业务，交换支票和汇缴业务应在同一网点办理。

温馨提示

**缴存公积金的企业享有哪些权利？**

1. 对于企业来说，单位缴存的住房公积金，可以划入管理成本，免交营业税。

2. 企业通过建立公积金，将逐步过渡到变"分房"为"分货币"，这样企业就可以把分房这一需要大量人力物力的管理项目，通过社会化、市场化的方式解决了。

# 第九章 人力资源管理的相关制度

如果没有科学合理的人力资源管理制度进行指导和辅助，很容易造成人力资源的浪费以及人力资源成本的高昂。在这种情况下，企业搭建合理的人力资源管理制度就显得非常有必要了。人力资源管理制度能够给员工们一个工作的规范及标准，让每个员工知道自己的职责所在，这样可以提高员工的效率，进而提升企业的效益。

## 本章思维导图

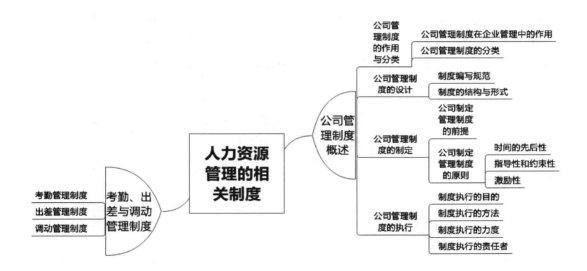

## 第一节 公司管理制度概述

### 一 公司管理制度的作用与分类

公司管理制度是指公司对内部或外部资源进行分配调整，对组织架构、组织功能、组织目的进行明确和界定。它是为实现管理目标所采取的组织、控制、协调、反馈等活动所依据的规范形式的总和，是管理规范的制度化成果。

### 1. 公司管理制度在企业管理中的作用

一般来说，公司管理制度具有以下几方面作用。

（1）可以保障公司规范运作，降低用工风险，减少劳动争议的发生。

（2）可以保障公司的运作有序化，降低企业经营运作成本。

（3）可以防止管理的任意性，使公司的劳动管理行为规范化，从而避免公司任意发号施令、乱施处罚，保障员工的合法权利，能满足员工公平感的需要。

（4）根据制度规定的权利、义务、责任，可以使员工预测到自己的行为和努力的后果，激励员工为企业的目标和使命努力奋斗。

（5）可以为企业节约大量的人力物力，为企业的正常运行提供保障。

总的来说，公司管理制度不仅仅是一种形式上的规定，更重要的是它赋予了员工权利和义务，对于企业的高效运营和生产有很大的影响。

### 2. 公司管理制度的分类

（1）从制度职能层面上分

从公司管理制度的职能上来分，公司管理制度大体上可以分为规章制度和责任制度两类。规章制度侧重于工作内容、范围和工作程序、方式，如管理细则、行政管理制度、生产经营管理制度。责任制度侧重于规范责任、职权和利益的界限及其关系。

（2）从管理对象层面上分

每一类管理制度都可以细化为多个方面。例如人力资源管理制度就包括员工招聘、员工培训、薪酬管理、保险及福利管理、员工休假等内容。

对企业管理制度进行科学划分，意义在于能够在制定企业管理制度时更加具有针对性、实践性、目的性、时效性和管理性。

## 二　公司管理制度的设计

### 1. 制度编写规范

制度设计人员在进行管理制度设计时，应遵循一定的编写规范。主要表现在以下四个方面。

（1）内容完善

①制度的权利、义务、职责条款要服务于制度的目的，明确效力范围。②确保权利、义务、责任一致，有权利必有义务、有义务必有责任。③发挥制度的激励功能，即制度重在激发员工的积极性和责任心。④明确制度执行和解释的部门。⑤要随着企业的发展变化情况对制度进行调整，使其逐步趋于完善。

（2）形式美观

①制度框架要统一，要包括总则、主体内容、附件、相关制度与资料等内容。②制度格式要统一，字体、字号、目录排列方式、纸张大小及边距、页码格式等要统一。③制度编写要简明扼要。

（3）语言简练

①语言简洁、通俗易懂，不产生歧义。②条例清晰、前后一致、不矛盾，符合逻辑。③对难以穷尽的事项用技术性术语概括规定。

（4）其他规范

①制度的可操作性要强。②注意与其他规章制度的衔接。③应规定制度涉及的各种文本的效力，并以书面或电子文件的形式向员工公示，或向员工提供接触标准文本的机会。

### 2. 制度的结构与形式

（1）制度的内容结构

制度的内容结构常采用"一般规定—具体制度—附则"的模式，一个规定完整的制度内容主要涉及制度名称、总则/通则、正文/分则、附则与落款、附件五大部分。管理制度设计人员应注意每个部分，保证制度内容的完备、合规与合法。

（2）制度名称的拟定

拟定制度名称时，做到清晰、简洁、醒目即可。

（3）总则设计

总则是对制度的整体概述，主要包含以下内容：
①制定本制度的原因（或目的）；②本制度所依据的法律法规或内部制度文件等；③适用范围（或对象、原则）；④受约对象或其行为的界定；⑤定义或解释制度中出现的重要术语；⑥制度中受约单位（或个人）及相关单位（或个人）的职责描述；⑦本制度与企业其他制度之间的关系说明。

（4）正文设计

正文是制度的主体部分，主要包括对受约对象或具体事项的详细约束内容，其设计思路主要有两种：
①按对人员的行为要求分章分条，逐项规范；②按具体事项的流程分章，对各具体事项分条予以规范。

（5）附则设计

制度条文在自然结束时，应对制度的制定、审批、实施、修订、生效日期进行说明，以增强其真实性和严肃性。制度附则主要包含以下内容：
①对制度未尽事项的解释；②制度的制定单位、修订单位、审批人及审批权限；③制度生效的条件、适用的起始日期或生效日期；④其他与制度相关的可归入附则的内容。

### 三 公司管理制度的制定

#### 1. 公司制定管理制度的前提

制定前，一定要认清公司发展的阶段，制度本身要适应公司发展的现阶段需求。如果公司还属于起步上升的发展阶段，那么在制定制度时一定要避免照搬所谓大公司制度的条条框框，避免把不切实际的东西引入到公司的发展中来，否则制度制定出来既不实用又浪费了公司的人力物力。例如，在人事制度模块中有员工试用管理模块、员工离职管理模块、档案管理模块等，我们在制定制度过程中可以根据公司现阶段人事录用、离职的实际情况简化这些制度模块中的条条框框，使制度既简约、方便理解、利于执行，又符合公司的实际情况。

#### 2. 公司制定管理制度的原则

（1）时间的先后性。由于公司在起步上升发展阶段需要解决的问题比较多，因此管理制度需要一项项来制定，按照亟待解决问题的重要性来确定制度制定、执行的先后时间顺序，我们现阶段先要逐步完善公司的基础制度，在将基础制度落到实处的基础上完善公司的职能制度。

（2）指导性和约束性。管理制度对公司相关人员具体做些什么工作、如何开展工作提供了指示，明确不同部门不同岗位人员应该承担什么责任，同时也明确相关人员不得做什么，如果违反了会有什么样的惩罚。

（3）激励性。制度在制定的过程中除了对违反规定人员提出相应的惩戒，同时也要适时地提出一些奖励性措施以鞭策和提高员工执行制度的积极性。

**【实例9-1】**

某公司是电器生产类企业，在业内处于领先地位，公司计划通过抓管理上台阶，做好上市的准备工作。公司要求重点构建人力资源管理制度，以能够适应公司未来发展的需要。公司让人力资源部收集相关的准备资料，制订制度建设的工作方案。作为人力资源部经理，应该如何做？

**分析**

人力资源部应该收集公司的组织结构图、部门职能说明书，了解部门岗位配置、岗位说明书，确定现阶段人力资源工作的不足和改善方向。具体而言，在制度建设方面，应该做好以下几点。

1. 应明确需要制定的主要制度，比如人员招聘管理制度、公司薪酬管理办法、劳动合同管理办法、公司绩效管理办法等，明确人力资源部和各部门在管理制度执行的分工和责任。

2. 在具体的实施步骤中，应该和各部门沟通，找到解决现有问题的最佳执行步骤。制度制订好之后，应该组织评审收集意见。意见收集后，进行制度的完善修订。

3. 制度正式发布后应该组织宣贯和学习。

### 四 公司管理制度的执行

#### 1. 制度执行的目的

制度制定的最终目的并不是为了有意地抓某个人的错或惩罚某位员工，而是希望通过制度的执行使每位员工在工作时间里养成良好的工作习惯。当制度长期地执行后，它会慢慢影响我们的个人行为。当好的行为成为习惯，制度就会在我们的意识中慢慢模糊，因为随着习惯的养成，在今后的工作中很大程度上就会是习惯约束行为，而非制度本身约束行为，我们会理所当然地认为我们应该这么做。老员工养成良好的习惯，再教育、带动新员工，员工内部会逐渐树立良好的工作态度和工作习惯。

#### 2. 制度执行的方法

公司起步上升的发展阶段中，管理上还属于传统、粗放的管理状态，包括许多公司的中层管理人员也缺乏危机意识、管理意识和创新意识，现有的很多制度根本没有落实到实际的工作实践中去。所以很多好的制度虽然制定出来了，但是没有好的管理者，缺乏足够的执行力，以至于很多对公司发展有益的制度根本没落到实处。因此，在制度制定的过程中，首先要对管理人员进行思想上的提高，先让他们认清制度制定对公司的好处，强调以公司为本的集体意识，杜绝以个人利益倾向为中心的价值观。在此基础上，与公司的所有员工进行沟通交流，对于他们在制度执行的过程中产生的疑问、面临的困难进行解答和解决，使他们在思想上尽可能地认可新的制度。

#### 3. 制度执行的力度

在制度的执行过程中，可能会引起一部分人思想上的抵触。执行前期应尽量考虑员工的感受，与他们积极沟通，避免他们在思想上产生很大的情绪波动。但是在原则问题上，还是要切实按制度办事，不能只考虑个人意见，因为员工在思想上毕竟还是以个人利益为重，他们很少从公司发展的角度来考虑制度本身的益处。因此，如果制度总是依附于个人的思想去执行，那制度可能现在执行不了，今后也执行不了，一拖再拖，对于公司的发展必然产生许多限制。

#### 4. 制度执行的责任者

在制度制定和执行的过程中，一定要明确分工、界定责任，对于在内容中出现的制约和决策，一定要明确责任者和决策者的权限。

**员工不作为是否跟企业管理制度有关？**

有一个小和尚担任撞钟一职，半年下来，觉得无聊至极，现在的生活只是"做一天和尚撞一天钟"而已。有一天，住持宣布调他到后院劈柴挑水，原因是他不能胜任撞钟一职。

小和尚很不服气地问："我撞的钟难道不准时、不响亮？"老住持耐心地告诉他："你撞的钟虽然很准时，也很响亮，但是钟声空泛、疲软，没有感召力。钟声是要唤醒沉迷的众生的，因此撞出的钟声不仅要洪亮，而且要圆润、浑厚、深沉、悠远。"

上面这个故事中的住持犯了一个常识性的管理错误，"做一天和尚撞一天钟"是由于住持没有提前公布工作标准造成的。如果小和尚进入寺院的当天就明白撞钟的标准和重要性，他也不会因怠工而被撤职。工作标准是员工的行为指南和考核依据。由此可见，制定一套适合公司发展的管理制度和管理体系是非常重要的。

# 第二节  考勤、出差与调动管理制度

## 一  考勤管理制度

考勤管理一般包括考勤方式、出勤时间、迟到与早退的奖惩办法、旷工处理办法、请休假审批流程、加班考勤办法、节假日安排、医疗病假休假、弹性工作时间、综合工时制、考勤统计等内容。

下面列举几个考勤管理方面的表格，仅供参考。

1. 《公司请假单》模板（见附录63）。
2. 《打卡异常备案表》模板（见附录64）。
3. 《员工考勤记录表》模板（见附录17/附录65）。

### 【实例9-2】

某高新技术企业P的销售人员，每次迟到都是以晚上陪客户应酬为理由，甚至有时候不上班，就说是安排了调休，分管领导已经知道。整个公司的考勤管理一直没有得到有效落实。最近，总经理特别强调，一定要做好考勤管理，对迟到、早退、缺勤人员的行为进行处理。3月底，考勤结果出来了，销售人员的考勤依然问题很多。总经理认为，销售人员的纪律涣散，也会影响业绩。销售部副总经理表示，他愿意配合人力资源部的工作。同时，考勤须考虑销售人员工作的特殊性。请结合本案例分析，如何规范销售人员的考勤管理？

### 分析

考勤管理是指企业事业单位对员工出勤进行管理的一种管理制度，包括是否迟到、早退、旷工、请假等。其包括请假管理（带薪年假管理）、加班申请管理、日出勤管理、月出勤汇总等。

本案例中，因为销售人员的考勤管理比较混乱，导致公司考勤管理不能够有效落实。销售人员的考勤管理需要从制度、流程来完善。销售人员的考勤必须遵循公司的考勤管理制度，不应该有特殊和例外。同时，考虑到销售员工的工作的特殊性，销售人员加班前需要经分管领导核准，并提交人力资源部，人力资源部做好加班的统计。销售人员调休前应提前报备，人力资源部做好调休的统计工作。销售人员如果没有调休时间，应按照事假处理。事假、迟到、早退等按考勤管理的要求执行，并做好整体的考勤汇总。

## 二 出差管理制度

员工出差制度内容应包括员工出差的范围界定、出差申请流程办理、出差费用报销范围及标准、出差交通工具的选择、出差手续的办理流程、出差考勤的处理等。

下面列举几个表格模板，供读者参考。

1．《公司员工出差申请表》模板（见附录66）。

2．《公司员工出差费用报销单》模板（见附录67）。

## 三 调动管理制度

1．公司内部人员调动主要包括三种：调岗（晋升、降职）、借调、轮岗。人员调动与调整制度主要涉及员工的升迁、降职、借调或部门岗位轮岗的情况，目的是适应公司的发展，把合适的人放到合适的岗位，或临时性的工作安排需要，同时为提高员工任职能力，做到适才适用。

2．人员调动调整制度的内容应包括员工调动类别、调动原则、调动原因、调动程序与手续办理流程、员工升迁任命程序、借调程序、对应薪资调整规定等。

3．相应的表格及流程有《员工岗位调动申请表》《岗位晋升资格认定表》《岗位调整表》《内部调动通知单》和"员工借调流程图""员工调动流程图"等。

下面列举几个表格供读者参考使用。

附录68所示为《员工岗位调动申请表》。

附录69所示为《岗位晋升资格认定表》。

附录70所示为《岗位调整表》。

附录71所示为《内部调动通知单》。

# 附录　人力资源管理相关表格

## 附录1　员工入职登记表

<table>
<tr><td rowspan="10">员工基本信息</td><td colspan="2">姓　名</td><td></td><td>性　别</td><td></td><td colspan="2">民　族</td><td></td></tr>
<tr><td colspan="2">出生日期</td><td></td><td colspan="2">身份证号码</td><td colspan="3"></td></tr>
<tr><td colspan="2">政治面貌</td><td></td><td colspan="2">婚姻状况</td><td colspan="3"></td></tr>
<tr><td colspan="2">最高学历</td><td></td><td colspan="2">毕业学校</td><td colspan="3"></td></tr>
<tr><td colspan="2">专　业</td><td></td><td colspan="2">户口所在地</td><td colspan="3"></td></tr>
<tr><td colspan="2">籍　贯</td><td></td><td colspan="2">地　址</td><td colspan="3"></td></tr>
<tr><td colspan="2">特长爱好</td><td></td><td colspan="2">联系方式</td><td colspan="3"></td></tr>
<tr><td colspan="2">工作经历</td><td colspan="6"></td></tr>
<tr><td colspan="2">备　注</td><td colspan="6"></td></tr>
<tr><td colspan="8"></td></tr>
<tr><td rowspan="6">雇用情况</td><td colspan="2">所属部门</td><td></td><td colspan="2">担任职务</td><td colspan="3"></td></tr>
<tr><td colspan="2">入公司时间</td><td></td><td colspan="2">转正时间</td><td colspan="3"></td></tr>
<tr><td colspan="2">合同到期时间</td><td></td><td colspan="2">续签时间</td><td colspan="3"></td></tr>
<tr><td colspan="2">是否已调档</td><td></td><td colspan="2">聘用形式</td><td colspan="3"></td></tr>
<tr><td colspan="3">如未调档，档案所在地</td><td colspan="5"></td></tr>
<tr><td colspan="3">备　注</td><td colspan="5"></td></tr>
<tr><td rowspan="10">档案资料</td><td colspan="3">文件名称</td><td colspan="2">存档情况</td><td colspan="2">文件名称</td><td>存档情况</td></tr>
<tr><td colspan="3">个人简历</td><td colspan="2"></td><td colspan="2">人员登记表</td><td></td></tr>
<tr><td colspan="3">面试评价表</td><td colspan="2"></td><td colspan="2">入职考试试卷</td><td></td></tr>
<tr><td colspan="3">学历证书复印件</td><td colspan="2"></td><td colspan="2">身份证复印件</td><td></td></tr>
<tr><td colspan="3">劳动合同书</td><td colspan="2"></td><td colspan="2">员工转正审批表</td><td></td></tr>
<tr><td colspan="3">员工职务调整记录表</td><td colspan="2"></td><td colspan="2">员工薪酬调整表</td><td></td></tr>
<tr><td colspan="3">员工续签合同申报审批表</td><td colspan="2"></td><td colspan="2">员工培训记录表</td><td></td></tr>
<tr><td colspan="3">员工考核记录表</td><td colspan="2"></td><td colspan="2">职位说明书</td><td></td></tr>
<tr><td colspan="3">奖惩记录表</td><td colspan="2"></td><td colspan="2"></td><td></td></tr>
<tr><td colspan="8"></td></tr>
<tr><td>备注</td><td colspan="8"></td></tr>
</table>

# 附录2　劳动合同范本

劳动合同

甲方（用人单位）名称：＿＿＿＿＿＿＿＿＿＿＿＿＿＿

法定代表人：＿＿＿＿＿＿＿＿＿＿＿＿＿＿＿＿

所有制性质：＿＿＿＿＿＿＿＿＿＿＿＿＿＿＿

地址：＿＿＿＿＿＿＿＿＿＿＿＿＿＿＿＿＿

乙方：（劳动者）姓名：＿＿＿＿＿＿＿＿＿＿＿＿

性别：＿＿＿＿＿＿

出生年月：＿＿＿＿＿＿

居民身份证号码：＿＿＿＿＿＿＿＿＿＿＿＿

住址：＿＿＿＿＿＿＿＿＿＿＿＿＿＿＿＿

根据《中华人民共和国劳动法》以及有关法律、法规、规章和政策的规定，经双方平等协商，乙方为甲方城镇（农民）合同制职工，并订立本合同。

一、劳动合同期限

按下列第＿＿＿＿＿＿款确定：

（一）本合同为有固定期限的劳动合同。合同期从＿＿年＿＿月＿＿日起至＿＿年＿＿月＿＿日止。其中熟练期（培训期、见习期）从＿＿年＿＿月＿＿日起至＿＿年＿＿月＿＿日止；试用期从＿＿年＿＿月＿＿日起至＿＿年＿＿月＿＿日止。

（二）本合同为无固定期限的劳动合同。合同期从＿＿年＿＿月＿＿日起至法定或约定的解除（终止）合同的条件出现时止。其中熟练期（培训期、见习期）从＿＿年＿＿月＿＿日起至＿＿年＿＿月＿＿日止；试用期从＿＿年＿＿月＿＿日起至＿＿年＿＿月＿＿日止。

（三）本合同为以完成一定工作为期限的劳动合同。合同期从之＿＿日起至之＿＿日止（起讫时间必须明确具体）。其中熟练期（培训期、见习期）从＿＿年＿＿月＿＿日起至＿＿年＿＿月＿＿日止；试用期从＿＿年＿＿月＿＿日起至＿＿年＿＿月＿＿日止。

二、工作内容

乙方同意按甲方生产（工作）需要，在＿＿＿＿＿＿＿岗位（工种）工作，完成该岗位（工种）所承担的各项工作内容。

三、劳动保护和劳动条件

甲乙双方都必须严格执行国家有关工作时间、生产安全、劳动保护、卫生健康等的规定。甲方应为乙方提供符合规定的劳动保护设施、劳动防护用品及其他劳动保护条件。乙方应严格遵守各项安全操作规程。

四、劳动报酬

乙方熟练期（培训期、见习期、试用期）间的月工资为＿＿元；熟练期（培训期、见习期、试用期）满的定级工资为＿＿＿＿＿元。

乙方月工资为＿＿＿＿＿元。

工资发放日为每月＿＿＿＿＿日，甲方不得无故拖欠。

乙方工资的增减，奖金、津贴、补贴、加班加点工资的发放，以及特殊情况下的工资支付等，均按相关法律、法规、规章、政策以及甲方依法制定的规章制度执行。

五、劳动纪律

甲乙双方应严格遵守法律、法规、规章和政策。甲方应依法制定各项具体的内部管理制度。乙方应服从甲方的管理。

（续上表）

六、劳动合同变更、解除、终止的条件

（一）具有下列情形之一，经甲乙双方协商同意，可以变更本合同的相关内容：

1. 本合同订立时所依据的客观情况发生重大变化，致使本合同无法履行的；

2. 乙方不能从事或者不能胜任原岗位（工种）工作的。

（二）乙方具有下列情形之一的，甲方可以解除劳动合同：

1. 在试用期间被证明不符合录用条件的；

2. 严重违反劳动纪律或者甲方规章制度的；

3. 严重失职，营私舞弊，对甲方利益造成重大损害的；

4. 被依法追究刑事责任的。

（三）具有下列情形之一的，甲方可以解除劳动合同，但是应当提前三十日以书面形式通知乙方本人或额外支付一个月工资：

1. 乙方患病或非因工负伤，医疗期满后，不能从事原工作也不能从事由甲方另行安排的工作的；

2. 乙方不能胜任工作，经过培训或者调整工作岗位，仍不能胜任工作的；

3. 乙方不能从事或者不能胜任原岗位（工种）工作，经甲乙双方协商又不能就变更本合同达成协议的；

4. 本合同订立时所依据的客观情况发生重大变化，致使本合同无法履行，经甲乙双方协商不能就变更本合同达成协议的。

（四）甲方濒临破产进行法定整顿期间或者生产经营状况发生严重困难，达到政府规定的严重困难企业标准，确需裁减人员的，应当提前三十日向工会或者全体职工说明情况；听取工会或者职工的意见，并以书面形式向劳动行政部门报告后，可以解除劳动合同。

（五）乙方具有下列情形之一的，甲方不得依据本条第（三）、（四）款的规定解除劳动合同：

1. 患职业病或者因工负伤并被劳动鉴定委员会确认丧失或者部分丧失劳动能力的；

2. 患病或者负伤，在规定的医疗期内的；

3. 女职工在孕期、产期、哺乳期内的；

4. 在本单位连续工作满十五年，且距法定退休年龄不足五年的。

（六）乙方提前三十日以书面形式通知甲方，可以解除劳动合同。乙方在试用期内提前三日通知甲方，可以解除劳动合同。

甲方有下列情形之一的，乙方可以解除劳动合同：

1. 未按照劳动合同约定提供劳动保护或者劳动条件的；

2. 未及时足额支付劳动报酬的；

3. 未依法为劳动者缴纳社会保险费的；

4. 用人单位的规章制度违反法律、法规的规定，损害劳动者权益的。

甲方以暴力、威胁或者非法限制人身自由的手段强迫劳动者劳动的，或者用人单位违章指挥、强令冒险作业危及劳动者人身安全的，乙方可以立即解除劳动合同，不需事先告知用人单位。

（七）经甲乙双方协商一致，本合同可以解除。

（八）本合同期满或者甲乙双方约定的本合同终止条件出现，应当即行终止。由于生产（工作）需要，经双方协商一致，可以续订劳动合同。

七、社会保险和福利

（一）甲乙双方依法参加社会保险，按期足额缴纳养老保险基金、失业保险基金、工伤保险基金、医疗保险基金和生育保险基金。乙方个人缴纳部分，由甲方在其工资中代为扣缴。

（二）乙方的公休假、午休假、探亲假、婚丧假、女工孕期、产期、哺乳期待遇以及解除和终止劳动合同时乙方生活补助费（经济补偿金）、医疗补助费的发放等，均按有关法律、法规、规章、政策以及甲方依法制定的规定执行。

（续上表）

（三）乙方患职业病或因工负伤的待遇，因工或因病死亡的丧葬费、一次性抚恤费、供养直系亲属生活困难补助费等均按有关法律、法规、规章、政策执行。

（四）乙方患病或负伤的医疗期及其待遇、乙方供养直系亲属的医疗待遇等按法律、法规、规章、政策和甲方依法制定的规定执行。

八、违反劳动合同的责任

（一）由于甲乙任何一方的过错造成本合同不能履行或者不能完全履行的，由有过错的一方承担法律责任；如属双方过错，根据实际情况，由双方分别承担各自的法律责任。

（二）因不可抗力造成本合同不能履行的，可以不承担法律责任。

（三）甲乙任何一方违反本合同，给对方造成经济损失的，应当根据后果和责任大小，向对方支付赔偿金。

九、乙方在职期间（含转岗），由甲方出资进行职业技术培训，当乙方在甲方未满约定服务年限解除本合同时，甲方可以按照实际支付的培训费（包括培训期间的工资）计收赔偿金，其标准为每服务一年递减实际支付的培训费总额的_____%。

十、双方需要约定的其他事项：_____。

十一、本合同条款与法律、法规、规章、政策和甲方依法制定的规章制度相抵触的，以及本合同未尽事宜，均按法律、法规、规章、政策和甲方依法制定的规章制度执行。

十二、本合同依法订立后，双方必须严格履行。

十三、本合同履行中发生劳动争议，甲乙双方应当协商解决，协商不成或不愿协商的，可以向本单位劳动争议调解委员会申请调解，调解不成的，可以向劳动争议仲裁委员会申请仲裁。甲乙任何一方也可以直接向劳动争议仲裁委员会申请仲裁。对仲裁裁决不服的，可以向人民法院起诉。

十四、本合同一式三份，甲乙双方各执一份，鉴证机关存档一份。

甲方（盖章）：　　　　乙方（签名）：
日期：　　　　　　　　日期：

# 附录3　实习协议书

实习协议书

甲方（实习接收单位）：_____

乙方（实习人员）：_____
身份证号码：_____　　　联系电话：_____

根据实习人员（以下简称乙方）个人意愿，本着提高乙方的社会实践技能、促进就业的目的，经乙方个人自愿申请，实习单位（以下简称甲方）同意接受乙方在企业进行实习。为明确甲乙双方的责任与义务，根据国家有关法律法规，本着平等自愿的原则，经甲乙双方协商一致，签订本实习协议，双方约定如下：

一、实习期限

乙方在甲方实习期自____年____月____日起，至____年____月____日止。

（续上表）

二、实习岗位

甲方根据乙方的实际情况和企业工作需要，安排乙方到＿＿＿＿＿，＿＿＿＿＿岗位实习。

三、实习津贴

甲方按照企业现行规章制度以及乙方在实习期间的具体实习情况，予以发放实习津贴＿元/月。

四、甲方权责

1. 甲方安排乙方到指定岗位进行定向实习，甲方需为乙方提供实习场地及实习指导。

2. 甲方需为乙方提供安全卫生的工作环境和必要的劳动保护。

3. 甲方须按时足额发放协议约定的实习津贴给乙方。

4. 实习期满时，甲方对乙方在实习期间的表现作出实习鉴定。如有需要，应将实习情况如实反映给乙方工作接收单位。

五、乙方权责

1. 乙方人身安全责任的主体是乙方本人，实习期间，乙方应积极全面遵守和履行国家法律法规，严格遵守甲方规章制度、安全生产条例、部门及行业的规定以及其他安全生产防范注意事项。乙方在实习期间（含来去单位实习途中）发生意外伤害、人身损害、重大疾病等情况，则按法律规定由乙方自行承担全部责任，甲方不承担任何责任。

2. 乙方要自觉遵守国家的各项法律规定及甲方规章制度，并服从甲方的管理和工作安排，接受实习单位的考核，尊重实习单位的领导和职工，不能做有损实习单位利益和形象的事情。

3. 乙方在实习期间，因个人行为失误造成企业财务损失的，乙方应按损失财物原价金额进行赔偿。

六、协议解除

1. 乙方在本协议履行期间可以在说明原因的情况下向甲方提出终止实习合同，但必须至少提前7天通知甲方，并做好工作交接，否则应承担相应责任。

2. 本实习协议约定实习期满，甲方在为乙方履行实习津贴支付手续后，本协议自动解除。

3. 在实习期间，如发生乙方严重违反甲方规章制度、不服从甲方管理、不能胜任甲方安排的实习岗位工作、未经允许擅自离开实习岗位、因个人原因对企业财物或企业形象造成损失、未与甲方协商一致的情况下擅自停止实习等任意一项情况发生，甲方有权提前终止执行与乙方的实习协议，并根据具体情况追究乙方相应责任。

七、甲乙双方其他约定

1. 本协议一经签订，甲乙双方必须严格遵守，任何一方不得单方修改，否则无效。本协议未尽事宜，双方应本着平等协商的原则解决。

2. 乙方在自愿申请的基础上在企业实习，本协议具体内容甲方已全部告知乙方，乙方对协议具体内容已知晓，如无异议，协议签订为乙方真实意图的体现。

本协议正本一式两份，甲乙双方各执一份。经甲乙双方签字后生效。

甲方签章：　　　　　　　乙方签章：

日期：　年　月　日　　　日期：　年　月　日

# 附录4 新员工试用期考核表

| 基本信息 | | | | | | |
|---|---|---|---|---|---|---|
| 被考核人姓名 | | 部门 | | 岗位 | | |
| 直接上级姓名 | | 部门 | | 岗位 | | |
| 评分标准 | | | | | | |
| 评价指标 | | 描述 | | | 分值 | 评分 |
| 企业文化要求 | 责任心 | 对自身岗位职责与目标负责，勇于承担责任 | | | 10 | |
| | 主动性 | 积极推进工作，努力寻求资源，不回避困难 | | | 10 | |
| | 团队意识 | 积极关注团队整体目标，与团队成员共同完成工作目标 | | | 10 | |
| | 客户意识 | 积极关注客户需求，主动为客户解决问题 | | | 10 | |
| | 学习领悟 | 善于总结、学习，正确理解工作目标，不出现相同错误 | | | 10 | |
| 岗位要求 | 适岗程度 | 相关知识、经验、能力和技能与岗位的符合程度 | | | 20 | |
| | 工作效率 | 在规定时间完成任务，遇到问题迅速反应 | | | 10 | |
| | 工作质量 | 完成的工作是否符合要求、达到预期效果 | | | 10 | |
| 培训状况 | 参加入职培训的表现和成绩 | 培训成绩对应分值：<br>A+（8～10分）、A（6～8分）、B+（4～6分）、<br>B（2～4分）、C（0～2分） | | | 10 | |
| 总分 | | | | | 100 | |
| 对应等级 | A+（90～100分） | A（80～90分） | B+（70～80分） | B（60～70分） | C（60分以下） | |

# 附录5 员工离职申请表

| 个人情况 | 1. 以下由员工本人填写<br>姓名：_____ 身份证号码：_____<br>所在部门：_____ 部门：_____ 岗位：（_____职务）<br>离职后联系电话：_____ 通信地址：_____ 邮编：_____<br>入职日期：_____ 是否已签合同 □已签 □未签<br>是否签订了服务协议：是（□应届生服务协议 □引进人才服务协议 □培训服务协议 □其他）（可向人力资源部咨询）<br><br>辞职原因：_____<br>希望离职日期：_____<br><br>申请人签字：（手写） 日期： 年 月 日 |
|---|---|

（续上表）

| 所在部门意见 | 2. 上级意见<br><br>审批人： 日期： |
|---|---|
| | 3. 部门经理意见<br><br>员工的离职日期（工薪发放截止日）：_____若延期至员工申请日30天之后，请说明延迟原因：<br><br>审批人： 日期： |

| 其他意见 | 4. 人力资源部意见<br><br>签字：<br>日期： | 5. 主管领导意见：<br><br>签字：<br>日期： |
|---|---|---|

# 附录6　员工离职交接单

| 员工离职交接单（存根单） |
|---|
| 姓名_____（部门_____）将于___年___月___日离职，按照公司规定办理以下离职手续，若因离职手续未办理完毕而导致不良后果，由员工自行承担。<br>我保证在离职后，若公司发现我在离职前有任何损害公司利益的行为，我同意向公司支付相应劳动报酬作为违约金，如有公司给予的任何补偿金全额退回。<br><br>　　　　　　　　　　　　　　　　　　　　员工签字： 日期： |
| **工作交接单（手续办理单）** |
| 姓名_____（部门_____）将于___年___月___日离开公司，员工所在部门已同意其离职。现员工办理离职工作、物品交接手续，各部门请将与该部门有关的业务交接清楚，在其归还相关物品后签字确认，谢谢！<br><br>　　　　　　　　　　　　　　　　　人力资源部签字： 年 月 日 |
| 请各部门协助办理如下手续，如有问题请及时反馈： |

| 所在部门 | 工作接收人 | （工作已交接/档案资料已经归档/借阅的档案归还——必要时需附交接清单）<br><br>　　　　　　　　　　　　　签字： 月 日 |
|---|---|---|
| | 相关人员 | （办公位、门、档案柜钥匙/办公用品/借用设备、仪器及工具归还/其他）<br><br>　　　　　　　　　　　　　签字： 月 日 |

（续上表）

| 所在部门 | 部门领导 | （确认离职员工工作全部交接完毕）<br><br>签字：　　月　　日 | | |
|---|---|---|---|---|
| 行政部门 | 网络管理 | （电脑收回/邮件系统注销）<br><br>签字：　月　日 | 资产管理 | （车证/其他资产）<br><br>签字：　月　日 |
| 联签部门 | | | | |
| | | | | |
| 财务部 | | （借款/账款/押金/其他财务问题）<br><br>签字：　　月　　日 | | |
| 人力资源部 | 考勤 | 胸卡是/否交回：<br>考勤核算时间：<br>社保/公积金截止月份：<br><br>签字：　　月　　日 | | |
| | 经理 | <br>签字：　　月　　日 | | |
| 说明 | | 请凭此单在5个工作日内办理完毕，若员工按公司规定办理完离职手续的，工资将在社保停缴后按公司规定结算工资；若员工未按上述规定办理离职手续而引起的一切后果由员工自行承担 | | |

附录7～附录71请见附赠电子文档。